(北牟婁郡紀北町〜
尾鷲市北浦町)

八鬼山道
(尾鷲市矢浜大道〜名柄町)

大吹峠道(熊野市
波田須町〜磯崎町)

波田須道の石畳
(熊野市波田須町)

祈り・祭り

多度大社上げ馬神事
（桑名市）

上野天神祭
（伊賀市）

ハラソ祭
（尾鷲市）

斎王（斎宮歴史博物館，
多気郡明和町）

春日神社の石取祭（桑名市）

唐人踊（津市）

ゲーター祭（鳥羽市）

宮（伊勢市）

磯部の御神田（志摩市）

近代化遺産

旧小田小学校本館(伊賀市)

旧舟木橋(多気郡大台町)

江の浦トンネル(北牟婁郡紀北町)

六華苑（桑名市）

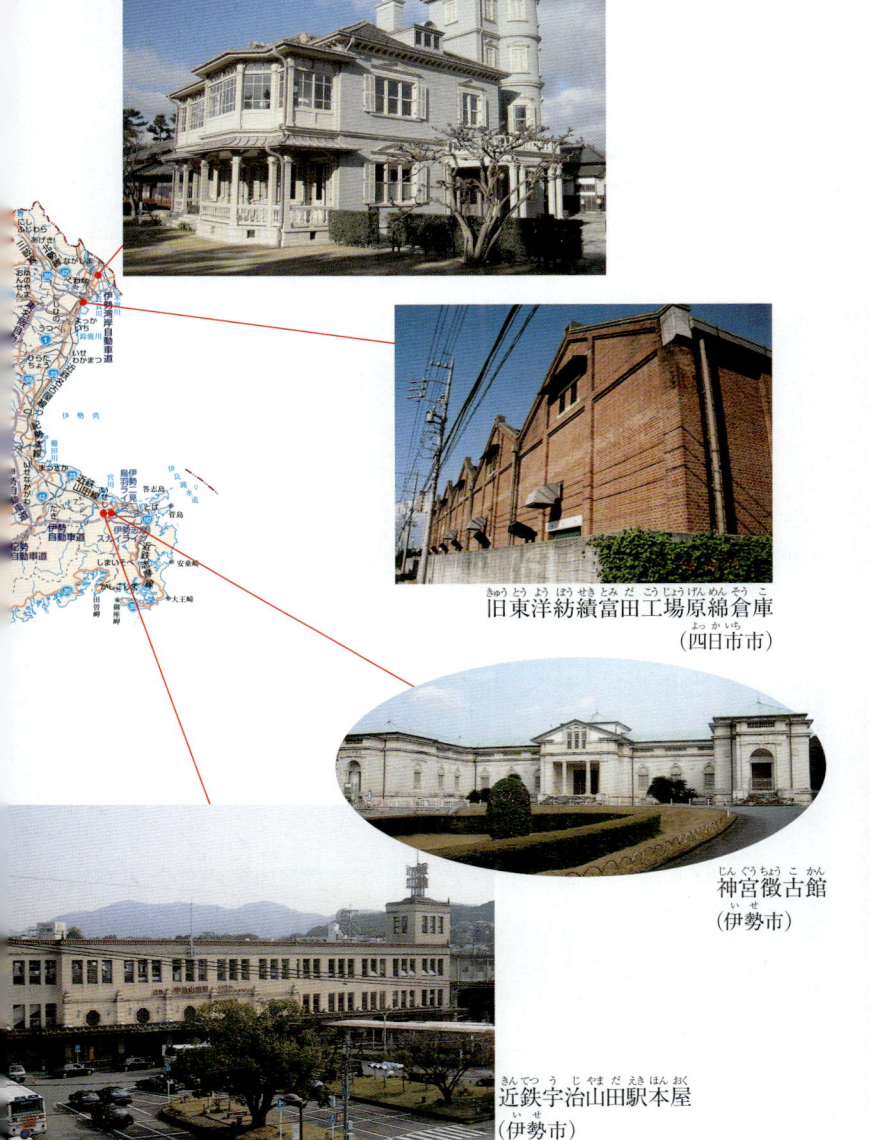

旧東洋紡績富田工場原綿倉庫（四日市市）

神宮徴古館（伊勢市）

近鉄宇治山田駅本屋（伊勢市）

遺跡・遺物

久留倍官衙遺跡（四日市市）

城之越遺跡（伊賀市）

馬塚古墳
（美旗古墳群，名張市）

夏見廃寺復元塼仏壁
（名張市）

鴟尾（松阪市辻垣内瓦窯跡群2号窯出土）

船形埴輪（松阪市宝塚1号墳出土）

土偶（松阪市粥見井尻遺跡出土）

斎宮跡（多気郡明和町）

もくじ　　赤字はコラム

桑名から四日市

❶ 桑名市街の史跡をめぐる -- 4
六華苑／諸戸家住宅と諸戸氏庭園／海蔵寺／七里の渡／桑名城跡と鎮国守国神社／春日神社／石取会館と桑名市博物館／春日神社の石取祭／沼波弄山墓／照源寺／大福田寺／焼蛤と時雨蛤

❷ 多度・長島を歩く --- 18
多度大社／多度祭りの上げ馬神事／徳蓮寺／柚井遺跡／輪中の郷／長島城跡

❸ 員弁の歴史を訪ねる --- 24
猪名部神社／刻限日影石／いなべ市郷土資料館／東林寺

❹ 朝日町から四日市北部へ --- 28
朝日町歴史博物館／橘守部誕生地遺跡／縄生廃寺跡／善教寺／旧東洋紡績株式会社富田工場原綿倉庫／久留倍官衙遺跡／広古墳群／大樹寺／伊勢国朝明郡と久留倍官衙遺跡

❺ 四日市中心部から四日市南部へ --- 36
四日市市立博物館／鵜森公園・浜田城跡／四日市旧港港湾施設(稲葉翁記念公園)／四日市港の歴史／末広橋梁／日永の追分／采女の杖衝坂／伊勢安国寺跡・顕正寺／水沢茶／四郷郷土資料館(旧四郷村役場)

❻ 湯の山街道を西へ --- 45
生桑毘沙門天／智積養水／竹成の大日堂と五百羅漢／千種城跡／杉谷遺跡／猫谷第一堰堤・猫谷第二堰堤

伊勢国の拠点，鈴鹿から津

❶ 鈴鹿川を遡って-- 54
  高岡城跡／寺田山古墳群／伊勢国分寺跡／菅原神社／加佐登神社と白鳥塚古墳／高神山観音寺／伊勢国府跡／能褒野陵／峯城跡／軍都鈴鹿

❷ 鈴鹿の中心白子・神戸・平田-------------------------------------- 62
  勝速日神社／江島若宮八幡神社／大黒屋光太夫／白子山観音寺／須賀神社／伊奈冨神社／神宮寺／妙福寺／神戸城跡／神戸の見付／龍光寺／林光寺／如来寺と太子寺／府南寺／王塚古墳と西ノ野古墳群／椿大神社と獅子神楽／伊勢型紙／法雲寺／桃林寺

❸ 東海道と亀山・関-- 77
  石薬師宿／石薬師寺／庄野宿／石上寺／亀山宿／亀山城跡／遍照寺／慈恩寺と野村一里塚／関宿／九関山地蔵院／正法寺山荘跡／鹿伏兎城跡／坂下宿と鈴鹿峠

❹ 伊勢別街道から寺内町一身田へ------------------------------------ 90
  石山観音／椋本と角屋／明合古墳／寺内町一身田／専修寺

❺ 津の城下と伊勢街道に沿って-------------------------------------- 97
  津偕楽公園／四天王寺／津城跡／恵日山観音寺／西来寺／子安山地蔵院／津市内の戦争遺跡／真教寺／結城神社

❻ 伊賀街道を長野峠へ-- 106
  谷川士清旧宅／大円寺の曼荼羅／平氏発祥伝説地／光善寺の薬師如来坐像／長野氏城跡

❼ 雲出川流域に沿って-- 111
  久居城下／延命寺の家形石棺／真盛上人誕生地／久居周辺の石造物／白山比咩神社本殿／河口頓宮と川口の関／成願寺／下之川の仲山神社と牛蒡祭／北畠氏館跡庭園と霧山城跡／真福院と三多気のサクラ／国津神社と日神石仏群

豪商を生んだ城下町と街道の繁栄

❶ 城下町松阪を訪ねて-- 124
  松阪城跡／本居宣長旧宅（鈴屋）／文化財センター・はにわ館／本居

もくじ

宣長と国学研究／松阪商人の館(旧小津家住宅)／宝塚古墳出土の埴輪／三井家発祥地／継松寺／清光寺／樹敬寺／来迎寺／龍泉寺／朝田寺／機殿神社／瑞巌寺庭園

❷ 嬉野・三雲の史跡を歩く -- 137
向山古墳とその周辺／天白遺跡／嬉野考古館／阿坂城跡／永善寺／月本の追分／松浦武四郎／薬師寺／松ヶ島城跡

❸ 和歌山街道に沿って -- 145
大河内城跡／大石不動院とその周辺／粥見井尻遺跡とその周辺／水屋神社／泰運寺とその周辺

❹ 熊野街道に沿って -- 151
宝塚古墳／本居宣長奥墓／大日堂とその周辺／長盛寺とその周辺／坂倉遺跡／近長谷寺とその周辺／神宮寺とその周辺／丹生水銀／北畠具教三瀬館跡とその周辺／滝原宮／長久寺とその周辺

美し国，伊勢・志摩

❶ 伊勢道・熊野道を伊勢へ --- 166
斎宮歴史博物館／六地蔵石幢／安養寺／竹大與杼神社／離宮院跡／田丸城跡／田宮寺／広泰寺

❷ 度会郡南部の史跡 -- 174
正法寺／蓮華寺(太神宮法楽寺)／一之瀬城跡／浮島／甘露寺／愛洲の館／久昌寺

❸ 外宮周辺から内宮へ -- 180
豊受大神宮(外宮)／等観寺／旧豊宮崎文庫跡／世義寺／伊勢河崎商人館／大湊とその周辺／光明寺／神宮文庫／神宮徴古館／寂照寺／旧林崎文庫／皇大神宮(内宮)／金剛證寺／伊勢市内の無形民俗文化財

❹ 二見から鳥羽・志摩へ -- 196
二見浦／鳥羽城跡／神島・答志島・坂手島・菅島／海の博物館／庫蔵寺／伊雑宮／志摩国分寺跡／おじょか古墳／仙遊寺／和具観音堂／爪切不動尊

もくじ

秘蔵の国，伊賀

❶ 上野城下の史跡-- 212
　　上野城跡／伊賀の忍者／菅原神社／上野天神祭／入交家住宅
❷ 伊賀市北部の史跡-- 218
　　百地城跡／敢国神社／勝手神社の神事踊／霊山寺／福地城跡／伊賀焼／新大仏寺／高倉神社／西蓮寺／観菩提寺
❸ 伊賀市南部の史跡-- 230
　　勝因寺／花垣のヤエザクラ／猪田神社／丸山城跡／城之越遺跡／阿保宿跡／大村神社
❹ 名張市の史跡-- 237
　　美旗古墳群／夏見廃寺跡／観阿弥ふるさと公園／名張藤堂家邸跡／大来皇女と夏見廃寺／赤目の峡谷／極楽寺の松明調進行事

世界遺産と神話の東紀州

❶ 東紀州北部をめぐる-- 248
　　熊野参詣道伊勢路／大昌寺／長楽寺／旧熊野街道の煉瓦隧道群／海山町郷土資料館（旧向栄館）／安楽寺
❷ 尾鷲市内をめぐる-- 260
　　尾鷲神社／土井本家住宅と土井子供くらし館／九木神社と真巌寺／曽根遺跡とその周辺
❸ 東紀州南部をめぐる-- 264
　　鯨供養塔／室古神社・阿古師神社／徐福の宮／鬼ヶ城／花の窟神社／田垣内家石蔵／竹原八郎屋敷跡／大丹倉／赤木城跡／熊野市・南牟婁郡の巨木／貴禰ヶ谷社／瀞八丁

あとがき／三重県のあゆみ／地域の概観／文化財公開施設／無形民俗文化財／おもな祭り／有形民俗文化財／散歩便利帳／参考文献／年表／索引

もくじ

[本書の利用にあたって]

1. 散歩モデルコースで使われているおもな記号は，つぎのとおりです。なお，数字は所要時間(分)をあらわします。

    ・・・・・・・・・・・・・・・・・ 電車　　　　　＝＝＝＝＝＝＝＝＝ 地下鉄
    ――――――― バス　　　　　・・・・・・・・・・・・・・・・・・・・・ 車
    ------------- 徒歩　　　　　～～～～～～～～～ 船

2. 本文で使われているおもな記号は，つぎのとおりです。

🚶	徒歩	🚌	バス	✈	飛行機
🚗	車	⛴	船	Ｐ	駐車場あり

    〈M ► P.○○〉は，地図の該当ページを示します。

3. 各項目の後ろにある丸数字は，章の地図上の丸数字に対応します。

4. 本文中のおもな文化財の区別は，つぎのとおりです。

    国指定重要文化財＝(国重文)，国指定史跡＝(国史跡)，国指定天然記念物＝(国天然)，国指定名勝＝(国名勝)，国指定重要有形民俗文化財・国指定重要無形民俗文化財＝(国民俗)，国登録有形文化財＝(国登録)
    都道府県もこれに準じています。

5. コラムのマークは，つぎのとおりです。

泊	歴史的な宿	憩	名湯	食	飲む・食べる
み	土産	作	作る	体	体験する
祭	祭り	行	民俗行事	芸	民俗芸能
人	人物	伝	伝説	産	伝統産業
!!	そのほか				

6. 本書掲載のデータは，2007年6月末日現在のものです。今後変更になる場合もありますので，事前にお確かめください。

Kuwana
Yokkaichi

桑名から四日市

桑名城跡(九華公園)

四日市港の風景

桑名から四日市

◎北勢地区散歩モデルコース

1. JR関西本線・近鉄名古屋線・養老線桑名駅 _8_ 薩摩義士墓所(海蔵寺) _6_ 六華苑・諸戸家住宅・諸戸氏庭園 _3_ 七里の渡 _5_ 桑名城跡(九華公園) _5_ 春日神社 _4_ 石取会館 _1_ 桑名市博物館 _15_ 桑名駅

2. JR関西本線・近鉄名古屋線・養老線桑名駅 _5_ 照源寺 _5_ 大福田寺 _10_ 勧学寺 _1_ 三岐鉄道北勢線馬道駅

3. 近鉄養老線下野代駅 _3_ 徳蓮寺 _3_ 下野代駅 _3_ 近鉄養老線多度駅 _15_ 古い家並み _10_ 多度大社 _25_ 多度駅

4. 近鉄名古屋線伊勢朝日駅 _12_ 朝日町歴史博物館 _35_ 縄生廃寺跡 _18_ 朝日町資料館 _1_ 橘守部誕生地遺跡 _6_ 伊勢朝日駅 _5_ 近鉄名古屋線近鉄富田駅 _5_ 善教寺 _10_ 旧東洋紡績株式会社富田工場原綿倉庫 _8_ 富田の一里塚跡 _5_ 近鉄富田駅

5. 近鉄名古屋線・湯の山線・内部線近鉄四日市駅 _3_ 四日市市立博物館 _5_ 鵜森公園・浜田城跡 _3_ 近鉄四日市駅 _8_ 四日市旧港港湾施設(稲葉翁記念公園) _18_ 末広橋梁 _15_ 近鉄四日市駅

6. 東名阪自動車道四日市IC _3_ 智積養水 _20_ 千種城跡 _12_ 杉谷遺跡 _7_ 竹成の大日堂・五百羅漢 _25_ 四日市IC

---

①六華苑
②諸戸家住宅・諸戸氏庭園
③海蔵寺
④七里の渡
⑤桑名城跡・鎮国守国神社
⑥春日神社
⑦石取会館・桑名市博物館
⑧沼波弄山墓
⑨照源寺
⑩大福田寺
⑪多度大社
⑫徳蓮寺
⑬柚井遺跡
⑭輪中の郷
⑮長島城跡
⑯猪名部神社
⑰刻印日影石
⑱いなべ市郷土資料館
⑲東林寺
⑳朝日町歴史博物館
㉑橘守部誕生地遺跡
㉒縄生廃寺跡
㉓善教寺
㉔旧東洋紡績株式会社富田工場原綿倉庫
㉕久留倍官衙遺跡
㉖広古墳群
㉗大樹寺
㉘四日市市立博物館
㉙鵜森公園・浜田城跡
㉚四日市旧港港湾施設(稲葉翁記念公園)
㉛末広橋梁
㉜日永の追分
㉝采女の杖衝坂
㉞伊勢安国寺跡・顕正寺
㉟四郷郷土資料館(旧四郷村役場)
㊱生桑毘沙門天
㊲智積養水
㊳竹成の大日堂・五百羅漢
㊴千種城跡
㊵杉谷遺跡
㊶猫谷第一堰堤・猫谷第二堰堤

桑名市街の史跡をめぐる

桑名藩11万石の城下町，東海道の宿場町。六華苑・七里の渡・桑名城跡を中心に，史跡や文化財をめぐる。

六華苑 ❶
0594-24-4466
〈M ▶ P. 2, 5〉 桑名市桑名字鷹場663-5 Ｐ
JR関西本線・近鉄名古屋線・近鉄養老線桑名駅 🚶 20分

コンドル設計の洋館 桑名の実業家諸戸家邸宅

六華苑の洋館

桑名駅東口から，左の階段をおり，八間通を東へ約200m歩く。1944（昭和19）年まで，駅と町の中心を結ぶ区間約1kmの日本でいちばん短い市電が走っていた道路である。さらに，国道1号線を横切って700mほど進み，田町交差点を左折し，約380m行くと揖斐川の堤防道路に出る。長良川河口堰を右手遠方にみながら160mほど歩くと，左に六華苑の入口がある。

六華苑は，桑名の実業家2代諸戸清六の邸宅である。初代清六の後継者となった25歳の当主の新居として，1913（大正2）年に完成した。初代清六は，今の桑名郡木曽岬町で生まれ，明治時代に一代で財をなし，「日本一の山持ち」といわれた人物である。1991（平成3）年に桑名市が取得し，整備後，六華苑として1993年から一般公開している。

広大な苑内には，旧諸戸家住宅の洋館・和館（国重文）などの建物と，旧諸戸氏庭園（国名勝）などがある。とくに洋館は，鹿鳴館やニコライ堂（東京都千代田区）などを設計したイギリス人建築家ジョサイア・コンドルの作である。木造2階建てで4層の塔屋をもつ，ビクトリア朝様式の住宅で，外壁の淡いブルーが印象的である。内装は，アール・ヌーボーなどのデザインが施されている。塔屋は様式に従えば3層であるが，揖斐川の眺望を好んだ清六の希望により4層に変更されたといわれる。また，洋館の西側は隣の和館と接続し

桑名市中心部の史跡

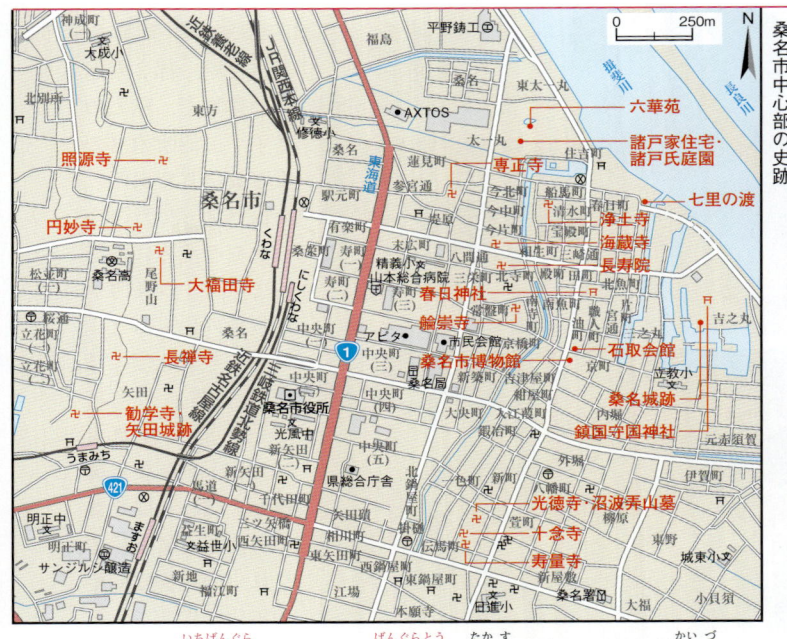

ている。ほかに一番蔵・二番蔵・番蔵棟，高須藩(現，岐阜県海津市)から移築したと伝えられる旧高須御殿，稲荷社，表門(いずれも県文化)がある。庭園は，洋館・和館の南側に広がる芝生広場と主庭園，和館北側の内庭の３つからなる。主庭園は，邸宅と同時期に築造された池泉回遊式の庭園で，築造時の姿をほぼ保っている。

諸戸家住宅と諸戸氏庭園 ❷
0594-25-1004

〈M▶P.2, 5〉桑名市太一丸18 P
JR関西本線・近鉄名古屋線・近鉄養老線
桑名駅 徒歩15分

明治の元勲も訪れた豪邸と庭園

六華苑の南に隣接して，初代諸戸清六の諸戸家住宅(国重文)と諸戸氏庭園(国名勝)がある。1884(明治17)年頃，初代清六が江戸時代の桑名の豪商山田彦左衛門屋敷地跡を取得し，拡張・改修したものである。六華苑の諸戸邸を「東諸戸」，こちらを「西諸戸」とよんで区別したという。現在は，財団法人諸戸会が所有する。2003(平成15)年から一般公開され，春と秋の公開期間中のみ見学できる。

敷地南側，道路に面して主屋，表門(いずれも国重文)，米を収めた煉瓦蔵(県文化)がある。主屋は，店舗・住居として使用された，

桑名市街の史跡をめぐる

諸戸家住宅主屋・表門

木造平屋一部2階建ての建物で，極太の格子，黒漆喰塗りの重厚な造りである。薬医門型式（門の中心がやや前方に片寄っている）の表門から敷地内に入ると玉突場，その北側には，玄関及び座敷・広間・洋館（いずれも国重文）からなる御殿とよばれる建物群がある。主屋を始め，これらの建物は明治20年代に建造されたものである。

諸戸氏庭園

敷地中央部に，池を中心とした回遊式庭園がある。この庭園は江戸時代からあり，「山田氏林泉図」として『久波奈名所図会』に描かれている。池の西には，表千家6代覚々斎宗左（原叟）作と伝えられる江戸時代の草庵茶室，推敲亭（県文化）が立っている。春はツツジ・フジ・ショウブの花，秋にはモミジの紅葉を楽しむことができる。また，この庭園の西隣に，初代清六が新しくつくった池庭がある。揖斐川から水を引いた汐入りの池を中心に，マツと石が配され，高床式の御殿広間から眺めるように設計されている。山県有朋や大隈重信も訪れたという。

敷地の東側に，山田彦左衛門が桑名藩主を迎えるために建てた御成書院（県文化，非公開）がある。また財団法人諸戸会は，三島平茶碗・虎関師錬墨蹟坐禅語・大覚禅師墨跡与栄意禅人法語（いずれも国重文，非公開）を所蔵している。

海蔵寺 ❸
かいぞうじ
0594-22-3274

〈M ▶ P. 2, 5〉 桑名市北寺町10
JR関西本線・近鉄名古屋線・近鉄養老線桑名駅 🚶 8分

宝暦治水 薩摩義士24人の墓所

　桑名駅東口から八間通を東へまっすぐ約650m行くと，左に海蔵寺（曹洞宗）がある。本堂の左，境内墓地内に薩摩義士墓所がある。
　木曽・長良・揖斐川（木曽三川）の下流域は，洪水のたびに大きな被害を受けた。1753（宝暦３）年に幕府は薩摩藩（現，鹿児島県）に，手伝普請として，この木曽三川の治水工事を命じた。翌年，薩摩藩は家老平田靱負を総奉行に任命し，約1000人を派遣して工事に着手した。宝暦治水とよぶこの工事は難航をきわめ，莫大な出費と工事期間中に，藩士で50人以上の自刃者・33人の病死者という犠牲を出した。1755年に工事は完了したが，総奉行平田はこれらの責任を一身に負い，自刃した。墓所には，平田の供養塔である五輪塔を囲み，コの字形に自刃した薩摩藩士の墓23基が並んでいる。本堂内には，彫刻家内藤伸が，1928（昭和３）年に制作した平田靱負木像がある。
　桑名市内に残る薩摩義士の墓は，海蔵寺の筋向かいの長寿院（臨済宗）に３基，長禅寺（曹洞宗）に１基，常音寺（浄土真宗）に２基（４人）がある。また岐阜県内にも，宝暦治水関連の史跡が多数ある。

海蔵寺薩摩義士墓所

七里の渡 ❹
しちりのわたし

〈M ▶ P. 2, 5〉 桑名市船馬町
JR関西本線・近鉄名古屋線・近鉄養老線桑名駅 🚶 15分

東海道唯一の海路 伊勢国への玄関口

　六華苑第２駐車場から住吉神社のほうへ進み，揖斐川堤防の道をおよそ250m行くと，七里の渡（間遠の渡，県史跡）がある。1601（慶長６）年，徳川家康は江戸と京都を結ぶ東海道宿駅制度を設置した。41番目の宮（熱田，愛知県名古屋市）宿から42番目の桑名宿までの７里（約28km）は舟で渡ったことから，この渡場には七里の渡という名がついた。航路は，時代や天候，潮の状態によってさまざま

桑名市街の史跡をめぐる

七里の渡

であり、所要時間は3〜4時間程度であった。宮宿から佐屋宿（現、愛知県愛西市）まで行き、佐屋宿から桑名宿までは3里（約12km）の海路も設置された。

　七里の渡の渡場は、北は揖斐川、東は桑名城の北西角に面し、その風景は歌川広重の「東海道五十三次　桑名」『伊勢参宮名所図会』『久波奈名所図会』などに描かれている。渡場には高札場、伊勢の国一の鳥居（天明年間〈1781〜89〉設置）、舟に乗降する人びとを監視する番所や乗船の手配をする船役所があった。現在の渡場跡は、近年の揖斐川改修工事の高潮堤防によって揖斐川と隔てられ、当時の姿から大きくかわったが、2003（平成15）年に蟠龍櫓（七里の渡の東にあった桑名城隅櫓の1つ）を復元した水門管理所（2階は展示コーナー）が建てられ、景観の整備も行われている。

　渡場周辺は桑名宿の中心でもあり、本陣・脇本陣、問屋場が立ち並んでいた。桑名市内の旧東海道には、「東海道」と記した石柱の道標が各所に設置されている。これらは2001（平成13）年に東海道宿駅制度400年を記念して建てられたもので、七里の渡から町屋橋跡まで、約4kmの史跡をめぐる散策コースとなっている。

桑名城跡と鎮国守国神社 ❺
0594-22-2238

〈M▶P.2.5〉桑名市吉之丸9　P
JR関西本線・近鉄名古屋線・近鉄養老線
桑名駅🚶15分

海道の名城　松平定綱・定信が祭神

　七里の渡から旧東海道を南へ200mほど歩き、左折する。多聞橋と舟入橋を渡ると左手に、1990（平成2）年につくられた桑名藩初代藩主本多忠勝の銅像がある。右手が桑名城跡（県史跡）。

　桑名城は、揖斐川に面した平城で、その形から扇城ともいわれた。この地に初めて城館が構えられたのは、永正年間（1504〜21）といわれ、東城と称した。その後、文禄年間（1592〜96）に、豊臣秀吉の家臣一柳直盛が城郭を築き、桑名城と称した。1601（慶長

桑名から四日市

桑名城跡(九華公園)

6)年，徳川四天王の1人本多忠勝が入城，修築を行い，天守・三之丸などを完成させた。同時に桑名の町割にも着手し，城下町が形成された(慶長の町割)。5代藩主松平定綱のときには，「海道の名城」といわれたが，1701(元禄14)年，7代藩主松平定重のとき大火により，天守・二之丸・三之丸などを焼失，その後，天守は再建されなかった。明治時代に入ると，城の石は四日市築港工事に払い下げられ，その後も堀の多くが埋め立てられるなど，城跡は大きくかえられた。1928(昭和3)年，松平定信没後百年を記念して，旧桑名町により本丸・二之丸跡が整備され，九華公園となった。現在は，サクラ・ツ

桑名藩主一覧(『目でみる桑名の江戸時代』による)

代	襲封	藩主名(生没)	備考
初代	慶長6年(1601)	本多忠勝(1548～1610)	
2代	15年(1610)	忠政(1575～1631)	元和3年(1617)姫路へ移封
3代	元和3年(1617)	松平定勝(1560～1624)(久松)	伏見より移封
4代	寛永元年(1624)	定行(1587～1668)	寛永12年(1635)伊予松山へ移封
5代	12年(1635)	松平定綱(1592～1651)(久松)	大垣より移封
6代	承応元年(1652)	定良(1632～57)	
7代	明暦3年(1657)	定重(1644～1717)	宝永7年(1710)越後高田へ移封
8代	宝永7年(1710)	松平忠雅(1683～1746)(奥平)	福山より移封　定逵
9代	延享3年(1746)	忠刻(1718～82)	定輝
10代	明和8年(1771)	忠啓(1746～86)	定儀
11代	天明7年(1787)	忠功(1756～1830)	定賢[白河移封]
12代	寛政5年(1793)	忠和(1759～1802)	定邦
13代	享和2年(1802)	忠翼(1780～1821)	定信[楽翁]
14代	文政4年(1821)	忠堯(1801～64)	文政6年(1823)忍へ移封　定永
15代	6年(1823)	松平定永(1791～1838)(久松)	白河より移封
16代	天保9年(1838)	定和(1812～41)	
17代	12年(1841)	定猷(1834～59)	
18代	安政6年(1859)	定敬(1846～1908)	

桑名市街の史跡をめぐる

ツジ・ハナショウブの名所として，市民の憩いの場所となっている。

本丸跡には，天守台跡，神戸櫓跡などがあり，天守台跡に剣の形をした碑がある。これは戊辰戦争(1868〜69年)で，幕府方についた18代藩主松平定敬(京都守護職 会津藩〈現，福島県会津若松市〉主松平容保の実弟)の書になる戊辰殉難招魂碑である。また本丸跡入口には，桑名藩の戦争責任を負って切腹した，桑名藩士森陳明(五稜郭の戦い時，新撰組頭取改役)を顕彰する「精忠苦節」碑がある。

桑名城の遺構として現存するものに，江戸時代初期に築造された桑名城壁がある。三之丸堀の東岸の石垣で，旧東海道と平行して，七里の渡の南側から南大手橋まで約500mにわたる。

桑名城本丸跡に，松平定綱と松平定信を祭神とする鎮国守国神社がある。神社のおこりは，白河藩(現，福島県白河市)主松平定信が，先祖の定綱を鎮国大明神として，白河城内にまつったことに始まる。その後，1823(文政6)年に定信の子定永が，桑名藩15代藩主として復封された際，桑名城内に遷座され，のち定信も守国大明神として，ともにまつられた。明治時代からそれぞれ鎮国神社・守国神社と称していたが，戦後に鎮国守国神社となった。境内には，1934(昭和9)年に竣工した楽翁公百年祭記念宝物館(例大祭5月2・3日のみ一般公開)がある。おもな収蔵品として，定信の命によりつくられた当時の文化財図録『集古十種』版木1451枚，鎌倉時代末期から室町時代初期の写本である，部首分類漢和辞書『三宝類聚名義抄』蓮成院本(ともに国重文)，定信が30歳のときの自画像絹本着色松平定信像(県文化)がある。

春日神社 ❻
0594-22-1913
〈M ▶ P.2, 5〉桑名市本町46 P
JR関西本線・近鉄名古屋線・近鉄養老線桑名駅🚶15分

九華公園から八間通に戻り，左折し旧東海道へ出る。80mほど行くと，右手に春日神社の銅鳥居(県文化)がある。高さ6.9m，柱の回り57.5cmの青銅製で，1667(寛文7)年に，桑名藩7代藩主定重が桑名の鋳物師辻内善右衛門に命じてつくらせたものである。「勢州桑名に過ぎたるものは銅の鳥居に二朱女郎」と俗諺にいわれ，桑名の名物であった。鳥居の正面には，1995(平成7)年に再建された楼門がある。春日神社は通称であり，正式名称は桑名宗社で，桑

青銅鳥居と石取祭

春日神社青銅鳥居

名神社と中臣神社の両社からなる。両社とも『延喜式』神名帳に記されている式内社である。桑名神社は、この地方の開発の祖神とされる天津彦根命とその子天久々斯比乃命を祭神とし、三崎大明神ともいう。中臣神社は、伊勢国造の遠祖とされる天日別命を祭神としている。もとは桑名から西にあったが、正応年間(1288〜93)に、桑名神社境内へ遷座したという。さらに永仁年間(1293〜99)には、奈良の春日大社の祭神を勧請して合祀したことから、春日大明神とも称した。その後、「春日神社」「春日さん」の呼称が一般的になった。

　8月の第1日曜日とその前日の土曜日、春日神社を中心に行われる桑名石取祭の祭車行事は桑名地方最大の夏祭りで、2007(平成19)年3月に、国重要無形民俗文化財に指定された。

石取会館と桑名市博物館 ❼
0594-24-6085／0594-21-3171

〈M▶P.2,5〉桑名市京町16／京町37-1 P
JR関西本線・近鉄名古屋線・近鉄養老線
桑名駅🚶15分／🚶15分

　春日神社の銅鳥居から、三之丸堀を左にみながら、旧東海道を約250m行って突き当りを右折し、120mほど行くと、石取会館がある。この建物は、もともとは、1927(昭和2)年に建造された四日市銀行(現、三重銀行)桑名支店である。大正時代から昭和時代前期にかけて、銀行建築で流行したギリシャ神殿風の列

石取会館

桑名市街の史跡をめぐる　11

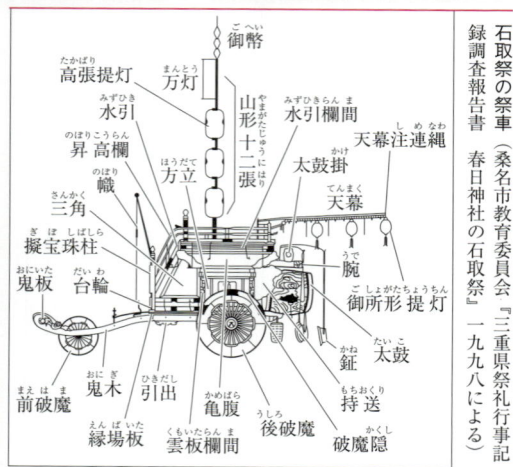

石取祭(渡祭)

石取祭の祭車を展示　県内初の市立博物館

柱を取り付けたモダンなビルである。1991(平成3)年に桑名市に寄贈されて,1992年から石取会館として開館した。館内には,江戸時代末期の石取祭の祭車が展示されている。

石取祭の祭車は,幾多の変遷を経て現在の型式に至った。車輪は3輪の御所車で,台車の上に階段や高欄をもつ初層部が載っている。上部には,山形十二張の提灯飾りが立てられる。また提灯飾りのかわりに,造り物とよばれる,

石取祭の祭車(桑名市教育委員会『三重県祭礼行事記録調査報告書　春日神社の石取祭』一九九八による)

御幣
高張提灯
万灯
水引
山形十二張
水引欄間
昇高欄
天幕注連縄
幟
方立
太鼓掛
三角
天幕
擬宝珠柱
腕
鬼板
台輪
御所形提灯
太鼓
鉦
前破魔
鬼木
引出
亀腹
持送
縁場板
雲板欄間
後破魔
破魔隠

桃太郎・鏡獅子などのからくり人形を飾るものもある。祭車後部には,直径約80cmの大太鼓と,その両側に,青銅製で直径約50cmの大鉦が吊されている。祭車を飾る彫刻や幕類,塗り・蒔絵,金具などは,それぞれに趣向をこらしたもので,美術的価値も高い。彫刻のなかには,信州諏訪(現,長野県)の立川富重の1862(文久2)年作や高村光雲作がある。祭車の観賞も,石取祭の見どころになっている。

館内には,石取祭を紹介するビデオコーナー,各町内の祭車の写真パネルの展示などもある。

石取会館の筋向かいに,桑名市博物館がある。1971(昭和46)年,桑名市立文化美術館として開館し,1985年に県内初の市立博物館と

桑名石取祭の祭車行事（春日神社の石取祭）

コラム

40台余りの祭車が並ぶ「日本一やかましい祭」

「ゴンゴンチキチキ，ゴンチキチン」と石取囃子が町内に響く。太鼓と鉦を打ち鳴らし，約40台の祭車(山車)が町内を練り歩く。春日神社の石取祭は，「日本一やかましい祭」，「天下の奇祭」として知られる。もともとは，桑名神社の例祭である比与利祭の準備として，近くの町屋川で祭場用(諸説あり)の石を取り，奉納する神事であった。宝暦年間(1751～64)に比与利祭から独立した祭礼となり，今日に近い形になったといわれる。

祭りは，6月の第1日曜日の御籤占式(本楽日の渡祭の順番を籤で決める)から始まる。最後の山車降し(後片付け後の慰労会)まで，多くの行事がとり行われ，期間も2カ月間にわたる。本番は8月第1日曜日の本楽日と前日の試楽日の2日間である。

・試楽日のおもな行事

叩き出し(午前0時)

春日神社の神楽太鼓を合図に各町の祭車がいっせいに鉦と太鼓を打ち始める。

献石神楽(午前10時)

各町の代表者が，町屋川から採取した石を詰めた俵を，神前に奉納する。

試楽(夕刻～午前0時)

組(数カ町で構成され，11組まである)内の各町の祭車が集まり，各組内を練る。

・本楽日のおもな行事

二時の叩き出し(午前2時)

送り込み・整列(午後)

全祭車が各町から移動し，所定の整列場所へ渡祭順に並ぶ。

渡祭(午後6時半～)

練り込みともいう。祭車が春日神社へ参拝する。第1番目に参拝する祭車を花車という。祭車を神社楼門前に曳き出し，渾身の力で太鼓と鉦を叩く。「コラサー」と囃し立てるかけ声と熱気で祭は最高潮を迎える。約7分間でつぎの祭車と交替し，渡祭は夜中まで続く。

なお，桑名市赤須賀の赤須賀神明社，同市多度町内母神社，同市長島町稲荷社境内秋葉社でも同様の祭礼が行われる。また，石取祭車や石取囃子を用いる類似祭礼は，数十カ所におよぶ。その範囲は，いなべ市・四日市市・鈴鹿市，愛知県名古屋市・弥富市，岐阜県の一部などにも広がっている。

石取祭の祭車

桑名市街の史跡をめぐる　13

して再開館した。建物は，百五銀行旧桑名支店を増改築したものである。収蔵品は，松平定信の絵画作品や江戸時代後期の桑名藩士親子の交換日記である自筆本「桑名日記」「柏崎日記」(県民俗)，古萬古・有節萬古などがある。年に数回ある企画展などで展示される。

沼波弄山墓 ❽
0594-22-2935(光徳寺)

〈M▶P.2,5〉桑名市新町58
JR関西本線・近鉄名古屋線・近鉄養老線桑名駅🚶25分，または桑名駅🚌長島温泉行，市内A・B循環法盛寺前🚶1分

萬古焼の創始者沼波弄山の墓所

　桑名市博物館から旧東海道に沿って南へ約850m行くと，寺院が軒を連ねる新町・伝馬町の中に，光徳寺(浄土宗)がある。本堂横の墓地内に，萬古焼の創始者である沼波弄山墓 附 沼波家墓所(県史跡)がある。石垣の上に3基の墓石が並んでおり，中央が沼波弄山と妻八百の墓である。弄山は江戸で没したが，深川(現，東京都江東区)の法禅寺(浄土宗)から分骨され，当寺に埋葬された。

　弄山は，現在の桑名市西船馬町(七里の渡の西約100mの所に「伝沼波弄山生誕地」の表示板がある)に生まれ，家業は江戸に出店をもつ陶器問屋であった。幼い頃から茶道を学び，元文年間(1736〜41)に，別邸があった現在の三重郡朝日町小向に窯を築き，作陶を始めた。作品に「萬古」(永久)，「萬古不易」(いつまでもかわらないこと)の銘を押したことから，萬古焼とよばれた。売れ行きもよく，将軍家の御用も受けたことから，別邸があった江戸の向島小梅(現，東京都墨田区)にも窯を開き，弄山も江戸に移った。作品は色絵陶器や写しものを特色としたが，オリエント・中国の水注を模倣した盛盞瓶や器の口縁部に切り込みを入れ，雪の結晶を形どった雪輪鉢，更紗文・オランダ語文を取り入れるなど，器種や文様に

沼波弄山墓

14　桑名から四日市

独特のものがある。弄山の時代の作品を古萬古とよび，その後につくられた萬古焼と区別している。

一時，途絶えていた萬古焼を，1832（天保3）年に現在の朝日町小向で再興した「萬古焼中興の祖」森有節の墓は，輪崇寺（浄土真宗）にある。大正・昭和時代に，萬古焼の継承者として活躍した初代加賀月華の墓は，弄山と同じ光徳寺墓地内にある。現在に萬古焼の伝統技法を伝える桑名萬古（色絵）の3代加賀瑞山（初代瑞山は月華の弟）は，三重県の無形文化財保持者に指定されている。

光徳寺の南隣には，江戸時代初期の金地着色祭礼図屛風（県文化，京都国立博物館に寄託）を所蔵する十念寺（浄土宗）があり，さらに南隣には，狩野永徳の嫡子で，桑名で没した狩野光信の墓が残る寿量寺（日蓮宗）がある。

照源寺 ❾
0594-22-3924

〈M ▶ P.2,5〉桑名市 東方1308
JR関西本線，近鉄名古屋線・近鉄養老線桑名駅 🚶 5分

桑名藩主の菩提寺 久松松平家の墓所

桑名駅西口を出てすぐ右折して約150m進み，突き当りを左折，西へ約250m進むと照源寺（浄土宗）がある。桑名藩3代藩主松平（久松）定勝の菩提寺として，1624（寛永元）年に，嫡子の4代藩主松平定行が創建した寺である。初めは崇源寺と称したが，のち照源寺と改号した。創建時の建造とされる山門をくぐると，左に鐘楼堂，正面に本堂があり，本堂左奥の裏山に，松平定綱及一統之墓所（県史跡）がある。定行は1635（寛永12）年に，伊予松山（現，愛媛県松山市）へ移封となったが，弟の定綱が桑名藩5代藩主となった。

1710（宝永7）年，7代藩主定重は，越後高田（現，新潟県上越市）へ移封され，子孫はさらに陸奥白河へ移された。その後，1823（文政6）年，定永が白河藩から桑名藩に復封されている。墓所はこの久松松平家のものである。おもな墓としては，定勝・定綱・15代定

照源寺山門

桑名市街の史跡をめぐる　15

永・16代定和,高田藩9代藩主定輝・10代定儀,白河藩12代藩主定信のものがあり,ほかに藩主夫人・子弟など,あわせて26基が県指定となっている。また定綱に殉死した家臣の墓2基もある。

そのほか,市内に残る桑名藩主の墓としては,照源寺の南約200mにある円妙寺(日蓮宗)墓地内に,6代松平定良の墓がある。浄土寺(浄土宗)には,初代本多忠勝の墓がある。

大福田寺 ❿
0594-22-0199

〈M ▶ P.2,5〉 桑名市東方1426
JR関西本線・近鉄名古屋線・近鉄養老線桑名駅🚶5分

寺宝は4点の国重文

桑名駅西口から,西へ約180mまっすぐ進み,突き当りを左折,すぐの信号を右折し,坂を100mほどあがった左に,大福田寺(真言宗)がある。寺伝によれば,聖徳太子が伊勢の山田(現,伊勢市)に創建した寺という。その後,荒廃したが,鎌倉時代に忍性(ハンセン病患者救済などの社会事業に尽くした律宗の僧)と桑名地方の豪族額田部実澄が,現在の桑名市大福に移し,七堂伽藍の大寺院を再建したという。室町時代の作である絹本著色忍性上人像・絹本著色額田部実澄像(国重文)が寺宝として残されている。当時は福田寺また大寺とよび,のち足利尊氏によって大の字が加えられ,大福田寺と改号したという。

明応年間(1492～1501),兵火により焼失したが,1501(文亀元)年,住職叡煕が全国を勧進して,再建をはたした。このときの三条西実隆(和漢の学にすぐれた公卿)筆になる紙本墨書勧進状(国重文)も現存する。また,同寺の本尊である木造阿弥陀如来立像(県文化,8月20日のみ開帳)は,ヒノキの寄木造で,後頭部胎内に「文亀三(1503)年」の墨書銘がある。その後,大福田寺は寛文年間(1661～73)に現在地へ移転した。

寺宝として,釈迦の生涯の主要8事蹟を描いた,鎌倉時代作の絹本著色釈迦八相成道図(国重文)がある。なお,大福田寺が所蔵する国指定重要文化財は,いずれも奈良国立博物館に寄託されている。本堂横には聖天堂があり,松平定信の寄進とされる歓喜天がまつられている。おもな行事として,毎年4月1・2日の桑名聖天火渡り祭がある。稚児行列,火渡り神事,伊勢太神楽(国民俗)の奉納などが行われる。

16 桑名から四日市

焼蛤と時雨蛤

コラム

「時雨で茶々漬」「その手は桑名の焼蛤」

木曽・長良・揖斐川の河口は、三川の真水と伊勢湾の海水がまじり、汽水域とよばれる。ハマグリが豊富にとれる産地として有名であった。古くから、このハマグリを使った桑名名物に、焼蛤がある。

ことわざにも「その手は桑名の焼蛤」（その手はくわないの意味）といわれている。また十返舎一九の『東海道中膝栗毛』(1811年刊)でも、弥次さん、喜多さんが「桑名につきたる悦びのあまり、めいぶつの焼蛤に酒くみかはして」いる。茶屋の店先で焼く様子が、歌川広重の「狂歌入東海道五十三次 桑名・富田立場之図」、歌川国貞の「東海道五十三次之内桑名之図」などの浮世絵にも描かれている。当時、焼蛤を商う茶屋は、桑名宿から現在の三重郡朝日町・四日市市富田（江戸時代は桑名藩領）の東海道沿いに軒を並べていた。現在は、桑名産ハマグリの漁獲量が少なく、地物の焼蛤は高級料理となっている。

「桑名の殿さん　時雨で茶々漬」とお座敷小唄で謡われる「殿さん」は、明治・大正時代に米相場で大成功した「大旦那衆」のことであるが、時雨蛤も焼蛤とともに茶屋でみやげ用として売られていた桑名名物であった。時雨蛤は、ハマグリの身をたまり醬油で煮込み、炊きあげたもので、初め煮蛤とよばれていた。時雨の由来は、初冬の時雨の降る頃がおいしいということから、名づけられたという。ハマグリのほか、アサリやシジミなどの時雨がある。多くの製造販売店があり、今日も桑名の特産品である。お茶漬けや温かいごはん、おにぎりによく合う。

専正寺（浄土真宗）には、1823（文政6）年にハマグリを供養するために建てられた蛤墳がある。現在も、桑名時雨蛤商組合により、供養が営まれる。

時雨蛤

大福田寺の北にある坂をおよそ260mのぼり、桑名高校の北西角を左折、南へ600mほど行くと、勧学寺（真言宗）に着く。本堂には、平安時代後期作の木造千手観音立像（県文化、開帳は8月9・10日）が安置されている。勧学寺が立つ丘陵は走井山とよばれ、永禄年間（1558～70）に、矢田半右衛門俊元が築いた矢田城跡である。現在は走井山公園として整備されている。

桑名市街の史跡をめぐる　17

② 多度・長島を歩く

多度は多度大社・多度神宮寺と上げ馬、長島は輪中と一向一揆という歴史・文化を今に伝えている。

多度大社(たどたいしゃ) ⓫
0594-48-2037
〈M ▶ P. 2, 20〉 桑名市多度町(くわな)多度1681 Ⓟ
近鉄養老線多度駅 🚶25分

多度祭りの上げ馬
多度神宮寺関連の社宝

多度の古い家並み

多度大社表参道

多度駅から北へ約300m進むと多度橋がある。橋を渡ってすぐ左折し、標高403mの多度山を右にみながら700mほど行くと、門前町の風情を残す古い家並みがある。さらに700mほど歩くと多度大社に着く。『延喜式』式内社のうち、大社とされる名神大社である。「お伊勢参らばお多度をかけよ　お多度かけねば片参り」(『伊勢音頭〈多度祭りの唄〉』)と謡われ、伊勢神宮に対して、北伊勢大神宮ともよばれた。これまで多度大神宮、多度神社と称してきたが、1996(平成8)年から正式名称を多度大社とした。

表参道の石段をのぼると、多度祭資料館がある。本神楽殿の横を抜けて、宝物殿、芭蕉句碑、参道をさらに進み、落葉川に架かる小さな橋を渡ると、左に天津彦根命を祭神とする本宮、右に天目一箇命の別宮(一目連神社)がある。

社伝によれば、多度大社の創建は、5世紀末の雄略天皇の時代

多度祭りの上げ馬神事

コラム

全国で2カ所の上げ馬 2mの絶壁に挑む

多度大社の上げ馬は、少年騎手とウマが一体となり、高さ約2mの土の絶壁を駆けあがるという勇壮な神事である。また、あがったウマの数などにより、コメの豊凶を占い、種蒔きの時期を判断する神事でもある。起源は南北朝時代といわれ、1978(昭和53)年に三重県の無形民俗文化財に指定された。2002(平成14)年に、三重県の無形民俗文化財に指定された猪名部神社上げ馬と全国で2カ所である。

多度大社の例祭は、毎年5月4・5日に行われる多度祭りである。上げ馬神事や流鏑馬神事などが奉納される。上げ馬はサカアゲともいわれ、表参道石段に向かって左側の坂で行われる。ノリコとよばれる少年騎手は、4月1日のミクジオロシとよばれる神占により6人が選出され、翌日から連日乗馬の練習に励む。またノリコの家・部屋には注連縄が張られ、ノリコの布団・炊事道具なども新調し、精進潔斎の日々を送る。

祭りの当日の4日は、陣笠に裃姿で乗馬し、2回ずつ計12回。5日は、花笠に鎧姿で1回ずつ計6回坂に挑む。約100mの助走路を駆け、坂の途中の両側に並ぶ青年たちの間を抜け、いっきに絶壁をあがる。どよめきと歓声で祭りは最高潮に達する。

最近は動物愛護団体から、ウマへの虐待との批判を受けている。多度大社は、興奮剤の使用禁止を申し合わせたり、坂の絶壁を低くするなどの改善をしている。

多度大社の上げ馬神事

という。奈良時代、神仏習合の流行によって、多度神宮寺が建立された。788(延暦7)年につくられた社宝紙本墨書神宮寺伽藍縁起并資財帳(竹峡添、国重文)によれば、763(天平宝字7)年、満願禅師によって創建され、3重の東塔・西塔があったという。その後、神宮寺は法雲寺(現在、町内にある浄土真宗の法雲寺とは別寺)と改号した。1533(天文2)年には法雲寺を本寺とし、末寺をあわせると「都合寺院七十坊僧侶三百余輩」(「多度山衆僧次第」)という大寺院であったという。しかし、織田信長の北伊勢侵攻の兵火に遭い、多度大社や法雲寺の建物は焼失した。

多度町周辺の史跡

社宝として，1929(昭和4)年に，多度大社東側の神宮寺跡から出土した密教法具の1つである平安時代の金銅五鈷鈴(国重文)がある。また，1770(明和7)年に，本宮裏山の経塚から出土した銅鏡30面(国重文)は，円鏡・六稜鏡など，多様な鏡形と多種の文様をもつ平安時代の和鏡である。これらの社宝は，宝物殿に収蔵・展示されている(1月1日から1週間，5月4・5日のみ開館)。

多度大社は，かつて雨乞い祈願が盛んであったが，現在は交通安全・厄除けなどの祈願に訪れる人が多い。毎年5月4・5日に開催される多度祭りの多度大社上げ馬神事(県民俗)は，近県からも多くの見物客で賑わう。

徳蓮寺 ⓬
0594-48-6572
〈M ▶ P.2, 20〉桑名市多度町下野代3171 P
近鉄養老線下野代駅 🚶 3分

庶民の願い252枚の小絵馬

下野代駅から近鉄養老線の線路沿いに100mほど南へ行くと，右手に徳蓮寺(真言宗)へのぼる長い石段がある。寺伝によれば，820(弘仁11)年，弘法大師空海により建立されたという。空海作と伝える虚空蔵菩薩を本尊とすることから，虚空蔵寺ともいう。本堂内の壁には，252枚の小絵馬(県民俗)がかかっている。明和年間(1764～72)から昭和時代にかけて奉納されたもので，多くは，江戸時代後期から明治時代のものである。絵馬の図柄は，ウナギ・ナマズが半

徳蓮寺の小絵馬

数以上を占めている。境内の鐘楼脇に、1854(嘉永7＝安政元)年の大地震の犠牲者を供養する万霊塔があることから、地震除けのために奉納されたと考えられている。ほかに、トラ・ウシ、人の目(眼病平癒)、サイコロに錠(賭事を絶つ)などの図柄がある。また寺宝として、平安時代後期の紺紙金銀阿惟越致遮経 巻下(県文化、桑名市教育委員会寄託)を所蔵している。

　徳蓮寺の約1.3km西に、日本武尊尾津前御遺跡(県史跡)がある。『日本書紀』によれば、ヤマトタケルが東征の途中、尾津浜(現、桑名市多度町御衣野辺り)のマツの下に剣をおき忘れ、帰途、再び立ち寄ると剣がそのまま残っていたので、感激して歌を詠んだという伝承地である。現在は草薙神社があり、マツがあったという場所に小さな祠が立っている。

柚井遺跡 ⓭

〈M ▶ P.2, 20〉 桑名市多度町柚井字一番割一ノ谷
近鉄養老線多度駅 🚶13分

日本最初の木簡出土地

　多度駅から北へまっすぐ約1.3km。養老線の踏切手前にある工場の間の道を左折すると、水田が広がっている。1928(昭和3)年、この地で耕地整理事業が行われた際に発見されたのが柚井遺跡である。このとき多くの遺物が採集され、なかでも木簡(柚井遺跡出土1号・2号、県文化)2点は、のちに日本で最初に出土した木簡と評価された。どちらも墨書で、「櫻樹郷」(現、岐阜県養老郡養老町・大垣市上石津町付近)の文字が記されており、荷札木簡と考えられている。ほかにも、下駄・斎串(祭祀の場に刺し立てた細長く薄い板状の串)などの多種多様な木製品、100点以上の墨書土器なども出土して

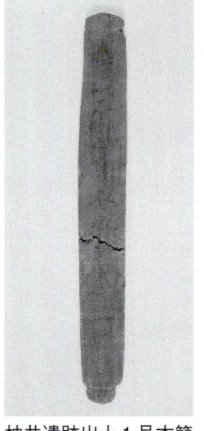

柚井遺跡出土1号木簡

多度・長島を歩く　21

いる。

 1号木簡は桑名市博物館に，2号木簡は伊勢市の皇學館大学史料編纂所に収蔵されている。そのほか，柚井遺跡から出土した遺物は，桑名市多度町の桑名市郷土館に収蔵されている。

輪中の郷 ⓮
0594-42-0001

〈M ▶ P. 2, 23〉 桑名市長島町西川1093 Ｐ
JR関西本線長島駅・近鉄名古屋線近鉄長島駅🚌10分，または 東名阪自動車道長島IC🚗 2 km

長島輪中の歴史と暮らしを学ぶ

 東名阪自動車道長島ICを降りて，料金所から200mほどのIC前交差点を左折する。約1km走り，高架左の側道へ出る。突き当りの堤防下の道を左折し，約500mで輪中の郷に着く。

 輪中の郷は，1993(平成5)年，長島町が「輪中」をテーマに建てた施設である。輪中とは，川の水面より低く，まわりを堤防に囲まれた島，または水防と治水のために組織された共同体をいう。歴史と文化を紹介する歴史民俗資料館と，産業を紹介し体験できる産業体験館からなっている。歴史民俗資料館では，長島の一向一揆(1570～74年)を題材にした自主映画「葦と女」の上映や輪中ジオラマ，長島城模型，移築・復元された水屋(洪水に備え，母屋より土台を高くした所に建てた避難所)と母屋，民具などを常設展示している。また企画展・特別展も開催される。

輪中の郷

長島城跡 ⓯

〈M ▶ P. 2, 23〉 桑名市長島町西外面
JR関西本線長島駅・近鉄名古屋線近鉄長島駅🚶15分

長島藩主増山氏の居城

 JR長島駅・近鉄長島駅から南へ約600m行くと，長島中学校と長島中部小学校があり，両校の敷地がほぼ長島城跡と重なる。木曽三川の河口という水上交通の要衝，天然の要害でもあるこの地に，最初に城を構えたのは，1482(文明14)年，土豪伊藤重晴といわれる。

22　桑名から四日市

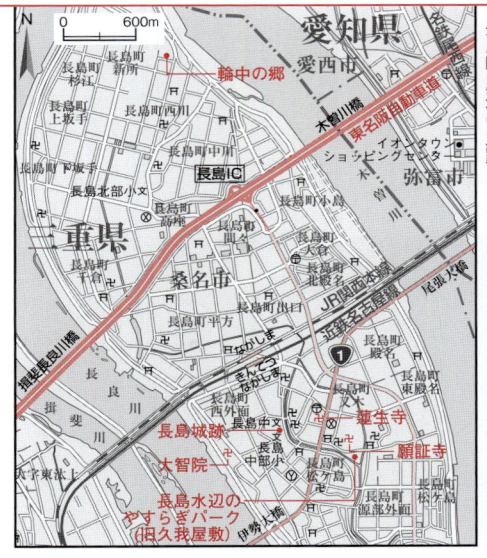

その後，城主は長島の一向一揆を指導した願証寺・滝川一益・織田信雄らとかわった。江戸時代に入っても，菅沼氏が長島藩主となったが，その後，桑名藩主（兼領）などに移っている。1702（元禄15）年からは増山氏が入封し，長島藩２万石の城主として明治維新まで８代続いた。小学校校門近くに，旧長島藩士らが，1888（明治21）年に建立した増山氏世系碑がある。城の遺構としては，城跡から東へ約250mの蓮生寺（浄土真宗）に増山藩主時代の大手門が現存している。明治時代初期に払い下げられ，山門として移築された。

　城跡から南西へ約800m，長良川左岸堤防下に，大智院（真言宗）がある。1689（元禄２）年に松尾芭蕉が門人曽良の案内で訪れた寺院で，その際に詠んだ挨拶句をしたためた直筆の色紙を所蔵する。

　城跡の東側に，堀として利用された長島川がある。川沿いの遊歩道を進み，国道１号線を越え，さらに200mほど行くと，「長島水辺のやすらぎパーク」に出る。長島藩重職にあった久我氏が，1879（明治12）年に建造した邸宅旧久我屋敷とその周辺を整備して，観光施設としたものである。「やすらぎパーク」から北へ100mほど行くと，田園の中に願証寺（浄土真宗）がある。もとは祐泉寺，誓来寺と称していたが，1876（明治９）年，願証寺と改めた。本堂横には，1975（昭和50）年に行われた長島の一向一揆400年の追悼法要の際に建てられた長島一向一揆殉教之碑がある。織田信長に滅ぼされた長島一向一揆の願証寺（寺跡は明治時代の河川改修工事によって長良川に没した）とは別寺であるが，今日ではその寺号を継ぐ寺院となっている。

員弁の歴史を訪ねる ❸

員弁は、鈴鹿山脈・養老山地に囲まれているが、桑名と近江を結ぶ要地で、田園が広がる。各地に寺院や文化財が散在する。

猪名部神社（いなべじんじゃ） ⓰
0594-76-2424
〈M ▶ P.2, 25〉員弁郡東員町北大社796
三岐鉄道北勢線東員駅 🚶15分

「いなべ」のルーツ 大社祭の上げ馬

猪名部神社

東員駅から南へ約400m進み、交差点を東員町役場方面へ右折、西へ約800m行くと、猪名部神社の森が目に入る。創建は明らかでないが、『延喜式』式内社である。猪名部は伊勢国13郡の1つ、員弁郡の古名である。郡名の由来となった猪名部氏の祖神である伊香我色男命を主神とする。また境内社瑞穂神社は、『続日本後紀』を編纂した春澄（猪名部）善縄ほかを祭神とする。境内の高塚大神の碑が立つ石垣の塚は、猪名部氏祖先の墓と伝えられている。もとは径21mの円墳であったが、1908（明治41）年に現在の姿に変更された。かつてはほかに数基の古墳が存在し、本殿の位置には全長約29mの前方後円墳もあったという。なお『延喜式』式内社の猪名部神社を、いなべ市藤原町長尾にある同名の猪名部神社とする説もある。

大祭は、4月の第1土・日曜日に行われる大社祭であり、流鏑馬と上げ馬神事（県民俗）が奉納される。猪名部神社の上げ馬の起源は多度大社よりも古く、鎌倉時代といわれる。

猪名部神社から南へ約1.7km、東員町長深に瑞応寺（臨済宗）がある。室町時代の絹本著色景川和尚像（県文化、非公開）を所蔵する。同寺の開基と伝えられる京都妙心寺の景川宗隆（実性禅師）の頂相（禅宗の高僧の肖像画）である。また長深は、大正・昭和時代に不世出の弁慶役者と称された、歌舞伎役者7代目松本幸四郎の生誕地でもある。

三岐鉄道北勢線穴太駅より南へ約400m行くと、道路左側に穴太薬師堂がある。堂内に安置されている木造薬師如来坐像(県文化)はヒノキの一木造で、平安時代中期の作と考えられている。詳しい由来は不明であるが、江戸時代に現在地へ移され、地域の人びとの信仰を集めたと伝えられる。

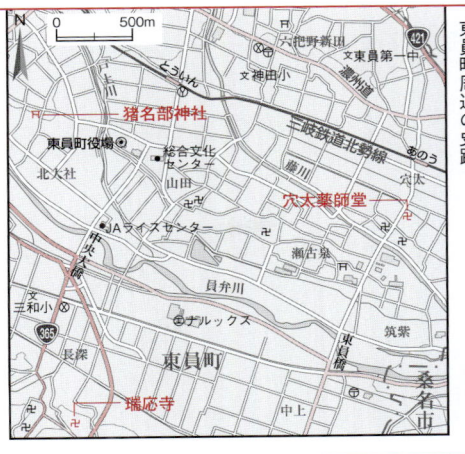

東員町周辺の史跡

刻限日影石 ❶⑦

江戸時代の水争い
分水時刻計る日時計

〈M ► P. 2, 26〉 いなべ市員弁町 笠田新田
三岐鉄道北勢線楚原駅 🚗 5分

楚原駅から2kmほどであるが、車の利用が望ましい。いなべ市役所前から国道421号線を西へ約800mの所にある員弁警察署東交差点を北へ約600m行き、突き当りを右折、約100mで北へ左折して約200m進むと、道路右側に、低い塀で囲まれた高さ60cmほどの刻限日影石(県民俗)がある。

すぐ北側にある笠田大溜は、江戸時代に灌漑用の溜池として築造・拡張され、周辺の水田をうるおしてきた。しかし、用水分配をめぐり、笠田新田村(現、いなべ市員弁町笠田新田)と大泉新田村(現、いなべ市員弁町大泉新田)の間で、しばしば水論(水争い)がおきていた。1847(弘化4)年に至り、給水時間を、大泉新田は日の出から夕刻の七ツ半(午後5時頃)まで、笠田新田は夕刻七ツ半から日の出までとし、この時刻を計るためにできたのが刻限日影石である。大泉新田の庄屋懸野松右衛門が建てたもので、七ツ半になると

刻限日影石

員弁の歴史を訪ねる

いなべ市周辺の史跡

この石柱の影が、やや後方にある三日月とよばれる日影請石にかかるようになっている。

　員弁町では、灌漑用の多くの溜池が築造されたが、いなべ市内の大安町・北勢町には、「まんぽ」（間歩、間風）がある。約10mごとに竪穴を掘り、2つの穴の両側から掘り進めて貫通させる。これを繰り返して延ばしていくもので、地下水を集める横穴式用水路である。灌漑用だけでなく、洗い場などの生活用としても利用された。大安町にある片樋のまんぽは、江戸時代後期に掘られた、長さ約1kmにおよぶ大規模なもので、地下水路の一部を自由に見学できる。

いなべ市郷土資料館 ⓲
0594-78-2526

〈M ▶ P. 2, 26〉いなべ市大安町平塚525
三岐鉄道三岐線三里駅 🚶 3分

　三里駅前を右へ、三岐鉄道三岐線の踏切を渡り、簡易郵便局を右折すると、すぐ右手にユニークな外観をもついなべ市郷土資料館がある。天秤式で屋内に柱がない構造の建物で、旧大安町庁舎であった。1986（昭和61）年に資料館として開館した。1階から3階まで、考古関係、民俗民具、第二次世界大戦中の軍装品など、多くの資料を常設展示している。昭和時代初期の日本間を復元したコーナーもある。

　三里駅から三岐線上り富田行でつぎの大安駅で下車し、線路沿いの道を南へ約1km行くと、右手に光蓮寺（臨済宗）がある。本堂に

光蓮寺木造薬師如来坐像

まつられている本尊の木造薬師如来坐像(県文化)は、ヒノキの寄木造で平安時代の作とされている。本堂裏山は梅戸城跡である。本堂裏墓地内にある宝篋印塔は、戦国時代の城主梅戸高実の墓と伝えられる。

東林寺 ⑲
0594-72-5844

〈M ▶ P.2〉 いなべ市北勢町川原2913-1　P
三岐鉄道北勢線阿下喜駅🚌川原行川原学校前🚶10分

南北朝時代の宝篋印塔
養老の裏滝

　川原学校前バス停から北へ700mほど、川原の集落からややはずれた所に東林寺(臨済宗)がある。バスの便数は少なく、車の利用が望ましい。阿下喜駅から北へ約800mの交差点を左折する。西へ約2km走り、交差点を右折して国道306号線に出る。約500m行き、瀬木交差点を右折し、道沿いに約7km走ると、川原の集落に着く。寺伝によれば、創建は神亀年間(724〜729)で、本尊の聖観世音菩薩像は行基作という。本堂のすぐ左側に、南北朝時代の石造宝篋印塔(県文化)がある。高さ約1m、相輪の先端部分を欠いているが、やや外反する隅飾突起のついた笠・塔身・基礎が揃っている。また、塔の基礎部分の正面右側に、「貞和四(1348)年二月」、左側には「浄心妙因」(鎌倉幕府執権北条時宗の姪で、美濃国守護土岐頼貞の妻)の銘が刻まれている。

　境内には、樹齢数百年と推定されるスギの大木が林立し、東端には高さ約22mの白滝がある。岐阜県にある養老の滝を表滝(雄滝)とよぶのに対し、この白滝を裏滝(雌滝)という。

東林寺石造宝篋印塔

員弁の歴史を訪ねる

④ 朝日町から四日市北部へ

東海道に沿って，四日市へ。壬申の乱の際，大海人皇子が通った古代以来の要衝の地である。

朝日町歴史博物館 ⑳
059-377-6111
〈M▶P. 2, 30〉三重郡朝日町柿2278 P
JR関西本線朝日駅🚶4分，または近鉄名古屋線
伊勢朝日駅🚶12分

縄生廃寺の発掘をビジュアルに展示

JR朝日駅の北側，朝日町体育館の奥の新しい建物が朝日町教育文化施設で，図書館や児童館などと併設されて朝日町歴史博物館がある。常設展示では，縄生廃寺跡の発掘調査で明らかになった瓦の出土状況のレプリカや，三重塔の復元模型などの展示が目を引く。ほかには，江戸時代の国学者橘守部や萬古焼中興の祖といわれる森有節，近代の日本画家栗田真秀・水谷立仙，俳人中村古松ら朝日町出身の人物に関する資料も展示されている。朝日町周辺の歴史散歩のスタートにするとよいだろう。

また，この博物館から東へJR線の線路を越えて，県道66号線を約15分歩くと，朝日町役場の80mほど東側に朝日町資料館がある。資料館は，1916（大正5）年に建てられた旧朝日町役場庁舎を活用したもので，国の登録文化財にも指定された建物である。資料館内には，近世，近・現代の農具や生活用品などの民俗資料が収蔵・展示されている。

縄生廃寺三重塔の復元模型

橘守部誕生地遺跡 ㉑
〈M▶P. 2, 30〉三重郡朝日町小向 P
JR関西本線朝日駅🚶10分

本居宣長を批判した独学の国学者

朝日町役場の入口に「橘守部翁生誕之地」の石碑があり，この場所が橘守部誕生地遺跡として，県史跡に登録されている。この碑は，1952（昭和27）年に建てられたもので，鈴鹿市出身の歌人佐佐木信綱の賛歌2首「くちせぬ名を国つ学の道の上に残せる大人はこの里

「橘守部翁生誕之地」の石碑

そ生みし」「時じくのかぐのこのみのかぐわしきたかき名仰がむ八千とせの後も」が刻まれている。

　江戸時代後期の著名な国学者である橘守部は，1781（天明元）年に朝明郡小向村（現，朝日町小向）の庄屋の家に生まれた。津の国学者谷川士清の門人でもあった父飯田元親は，1792（寛政4）年に一揆加担の疑いをかけられ，一家は離散，守部は大坂の親戚に身を寄せた。その後，江戸に移住し，ほとんど独学で国学を学んだ。同じ伊勢国出身の本居宣長の影響を強く受けながらも，宣長の学説を批判して『難古事記伝』を著し，『日本書紀』を重視する立場から，独自の古道説を唱えた。晩年は，武蔵国（現，東京都・埼玉県・神奈川県の一部）・上野国（現，群馬県）一円に多くの門人をもち，平田篤胤・伴信友・香川景樹と並んで，天保の四大家と称される。1849（嘉永2）年に69歳で没した。墓は，東京都墨田区向島の長命寺にある。

縄生廃寺跡 ㉒

〈M ▶ P. 2, 30〉三重郡朝日町縄生字中谷
近鉄名古屋線伊勢朝日駅🚶15分，またはJR関西本線朝日駅🚶22分

塔心礎から舎利容器が発見された白鳳期の寺院跡

　近鉄伊勢朝日駅から県道66号線を北へ500mほど進み，JR線・近鉄線の線路を続けて越えた西側に，苗代神社がある。この神社の前の道を南西へ200mほど進んだ所で，「縄生廃寺跡　400m」と書かれた右折の案内板に従い住宅地の間を抜け，約200m先の標柱から右折すると竹藪に入る。竹藪をのぼった送電用鉄塔の先50mほどの所が縄生廃寺の塔跡である。発掘後，埋め戻して保存されており，基壇状の覆土から，塔の規模がうかがえ，説明板も立っている。

　縄生廃寺跡は，江戸時代から「金光寺跡」として知られ，瓦片が多量に出土したと伝えられていたが，1986（昭和61）年9月から翌年3月に行われた電力会社の送電用鉄塔建設工事にともなう発掘調査で，古代寺院の塔跡の存在が確認された。出土した軒丸瓦など

朝日町周辺の史跡

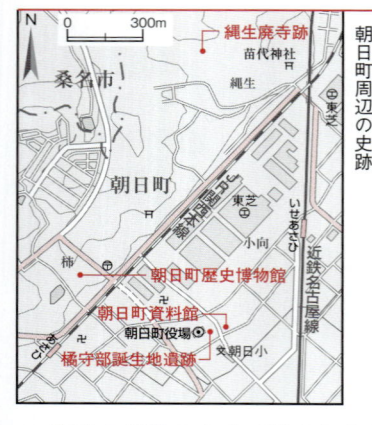

から、7世紀末から8世紀初頭に造営された、白鳳期の寺院の一部であることがわかった。塔は、地面を削り出し、瓦を積む基壇化粧が施された、東西10m・南北10.2mの基壇上に建てられていた。塔の中心にあたる心柱は、基壇上面から約1.5m掘り下げておかれた礎石の上に立てられた地下式心礎であった。屋根の一部は、倒壊時の状態のままで出土したが、その3種類の軒丸瓦には、飛鳥(現、奈良県明日香村)の山田寺や川原寺の軒丸瓦に類似したものがみられ、創建時期の判断の決め手となった。

塔の心礎中心の舎利孔とよばれる小さな穴から、唐三彩碗をともなう舎利容器(釈迦の骨といわれる「舎利」を納める容器)が発見され、日本でもっとも古い例の1つとして、1989(平成元)年に重要文化財に指定された。この舎利容器は、2cmほどの鉛ガラス製の卵形容器で、外容器(ろくろ挽きの滑石製有蓋壺)の中に納められ、その上から唐三彩碗がかぶせられた状態で出土した。このような舎利容器や唐三彩碗の出土は、北勢地域の古代を考察するうえで、大変重要である。

縄生廃寺はきわめて貴重な遺跡であるため、塔跡にあたった送電用鉄塔建設予定地は変更され、埋め戻した後で保存された。また、舎利容器を含む出土品は、三重県縄生廃寺塔心礎納置品として重要文化財に一括指定され、すべて文化庁が保管している。

縄生廃寺塔心礎納置品

善教寺 ㉓
059-365-4460
〈M ▶ P. 2, 32〉四日市市南富田町7-3 P
近鉄名古屋線近鉄富田駅🚶5分

近鉄富田駅から東南方向へ，十四川沿いに5分ほど行くと，善教寺（浄土真宗）の本堂がみえる。善教寺には木造阿弥陀如来立像と像内納入文書（ともに国重文）がある。阿弥陀如来立像は寄木造で，玉眼，漆箔が施され，鎌倉時代に流行した安阿弥様とよばれる様式の特徴がみられる。安阿弥は，東大寺（奈良県奈良市）の金剛力士像などの制作で有名な快慶の法号である。

この像の胎内には，鎌倉時代の文書が多数納入されていた。阿弥陀如来立像と十一面観音菩薩像を，それぞれ717体刷った全長30mにもおよぶ摺仏や，「延応元(1239)年七月二七日筑後守藤原実重」の日付署名がある作善願文，13世紀前半の18年間におよぶ作善日記（堂塔の造営や読経・写経，寺や僧への施物などの善根を記した日記）など，さまざまなものがある。作善日記には，北勢地方の寺社に関する内容，伊勢信仰や熊野信仰に関する記述が多くみられ，北勢地域の信仰について知ることができるだけでなく，鎌倉時代における地方武士の信仰や生活を研究するうえでも，貴重な史料である。また，藤原実重が杉谷（現，菰野町杉谷）の阿弥陀堂の造営や維持にかかわったことも記されており，杉谷遺跡との関連で注目される。

仏像の胎内から発見された作善日記

善教寺

旧東洋紡績株式会社富田工場原綿倉庫 ㉔

〈M ▶ P. 2, 32〉四日市市富州原町2-40 P
JR関西本線富田駅🚶5分，または近鉄名古屋線近鉄富田駅🚶10分

近鉄富田駅東口から東へ徒歩5分ほどで，JR富田駅に着く。このJR富田駅の北西，旧東海道が近鉄線の高架橋と交差する付近に，富田の一里塚跡（県史跡）の標柱がある。一里塚は，江戸時代に整備

ショッピングモールに生きる赤レンガ倉庫

朝日町から四日市北部へ

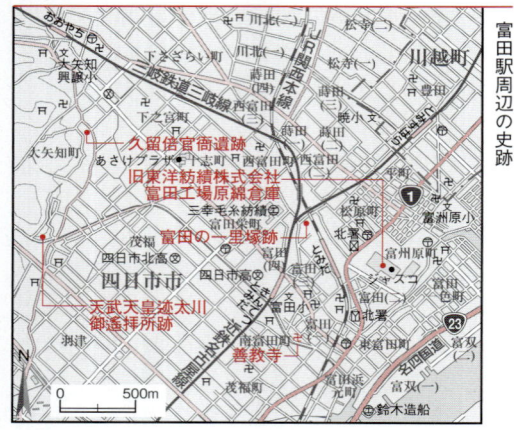

旧東洋紡績株式会社富田工場原綿倉庫

富田駅周辺の史跡

された街道上の距離の目印として，1里（約4km）ごとに街道の両側に築かれたものである。なお，1806（文化3）年の「東海道分間延絵図」によれば，現在の四日市市域には，富田のほか，三ツ谷（海蔵川の北詰）・日永・釆女（杖衝坂をのぼり詰めた辺り）の3カ所に一里塚があった。

再びJR富田駅に戻り，さらに東側すぐの国道1号線を越えた所に，巨大なショッピングモールがある。この中に，赤レンガ造りの旧東洋紡績株式会社富田工場原綿倉庫（国登録）が現存する。

東洋紡績株式会社は，四日市の事業家伊藤伝七が創設した三重紡績会社と大阪紡績会社が，1914（大正3）年に合併した会社で，富田工場は，1918年に完成した第1工場を始め，1934（昭和9）年までに，ミシン糸工場・原綿倉庫・ガス焼室・事務所・学院・講堂棟・社宅・寮などが建設され，約20万m^{2}の敷地は，1931（昭和6）年の大阪合同紡績株式会社合併後，世界最大となった東洋紡績株式会社の工場の中でも，最大規模の施設であった。現在は，このうちの原綿倉庫のみが，広大なショッピングモールの一角に残っている。これは，加工前の精錬されていない綿を保管していた倉庫で，1918年に建設された。レンガ造り・平屋建て，木造トラスの構造で，屋根は

32　桑名から四日市

切妻造のセメント瓦葺きである。現在は，内装を一変させて，レストランなどとして利用されている。

久留倍官衙遺跡 ㉕

〈M ▶ P. 2, 32〉 四日市市大矢知町
三岐鉄道三岐線大矢知駅 🚶 12分

保存・整備が進む貴重な古代官衙遺跡

大矢知駅から南へ600mほど歩いた標高約30mの丘陵上に，久留倍官衙遺跡(国史跡)が広がっている。1999(平成11)年から始まった国道1号線北勢バイパス建設にともなう発掘調査で，弥生時代から中世までの各時代の遺構・遺物が発見された。

なかでも2003年からの調査で発掘された大型の掘立柱建物群は，古代の郡役所(評衙・郡衙)であることが確認され，政治を行う政庁，米穀の貯蔵施設である正倉，外部に付属する事務，あるいは宿泊・給食施設とみられる建物までが，一括して確認された。全国でもこのような例はわずかしかなく，東海地方では，初めての発見である。政庁の規模は約41m×約52mと典型的なものであるが，ほかの郡衙にはみられない八脚門・楼閣をもち，東を向くこともわかった。奈良時代の地方行政のしくみやこの地域の権力のあり方を考察するうえで，重要な遺跡である。

久留倍官衙遺跡は，多くの人びとの努力と理解により，保存運動が進み，2004年には，国道1号線北勢バイパスの構造変更による保存が決定，2006年7月には，国史跡に指定され，四日市市でも史跡公園として整備を進める計画が進行中である。

久留倍官衙遺跡の発掘状況

広古墳群 ㉖

〈M ▶ P. 2〉 四日市市大鐘町1529-56〜63
三岐鉄道三岐線平津駅 🚶 15分

方墳を主体とする珍しい群集墳

平津駅から三岐線の線路沿いを200mほど北西に行き，道なりに右折して突き当りを左折，県道9号線を右折して，朝明川に架かる千代田橋を渡る。川の左岸を西側に進み，東名阪自動車道の高架をくぐると，右手前方にみえてくる丘陵上に広古墳群(一部，県史跡)

朝日町から四日市北部へ　33

広古墳群

が所在する。古墳群は、四日市市教育委員会の説明板から右折、2つ目のコンクリート製の大きな説明板から左に20mほどの、下野地区史跡委員会の説明板の所から、雑木林を10mほどのぼった所にある。

　広古墳群は2つの支群からなり、A群に方墳3基、B群に方墳1基と円墳3基が現存する。北勢地域では珍しい、方墳を主体とする群集墳である。A群の方墳2基（1号墳・2号墳）が県指定史跡となっている。1号墳は丘陵の南端に位置し、下辺約19m・上辺約10m・高さ2～4m、2号墳は1号墳から約40m北北東の丘陵東端にあり、下辺約12m・上辺約7m・高さ約2mである。また、B群の1号墳は1辺約31mの大型方墳で、墳丘の1辺の中央から片寄った場所に造出しがつくという珍しい墳形である。A・B両群の7基とも、これまでに発掘調査などは実施されておらず、時期を特定する資料はないが、5世紀後半から6世紀前半の、古墳時代中期の築造と推定されている。

大樹寺 ㉗
059-339-1282

〈M ▶ P.2〉四日市市市場町1005
三岐鉄道三岐線保々駅 🚶11分

中世禅宗の大道場 今に残る仏涅槃図

　保々駅を出て右に約150m進み、四つ辻を右折して三岐線の踏切を越え、突き当りを右折して100mほど進んだ丁字路を左折する。豊栄橋を渡って橋詰の信号を左折、朝明川沿いに進んで三岐線の高架手前で右折し、300mほど先の四つ辻を右に曲がると大樹寺がある。

　大樹寺（臨済宗）は、この辺りを所領とした朝倉氏の要請により、桃隠玄朔が15世紀中頃に創立した寺で、朝倉氏の菩提寺であったと伝えられる。中世には、北勢地域の禅宗の一大修養道場であったが、1573（天正元）年の織田信長による北伊勢侵攻に際し、滝川一益の攻撃を受け、灰燼に帰した。現在の寺は、江戸時代前期に文華が復興し、広山がその跡を継いだものである。大樹寺には、仏涅槃

伊勢国朝明郡と久留倍官衙遺跡

コラム

律令国家の重要地 伊勢国朝明郡

　伊勢国朝明郡(現，四日市市，三重郡)は，672年の壬申の乱のとき，大海人皇子(のちの天武天皇)が伊勢神宮を遙かに拝したと『日本書紀』に記述がある地域で，久留倍官衙遺跡から約750m南には「天武天皇迹太川御遙拝所跡」(県史跡)の石碑がある。

　また，740(天平12)年の藤原広嗣の乱のときの聖武天皇の東国行幸においても，朝明郡に至っていることが『続日本紀』に記され，奈良時代にも国家的に重視された地域であった。久留倍官衙遺跡は，鈴鹿・朝明・桑名の各郡を結ぶ古代の東海道の推定地に東面し，この付近が壬申の乱時の大海人皇子の経路や聖武天皇の行幸の経路にあたる可能性が高い。また，朝明郡内には，壬申の乱での褒章として下賜されたとも考えられる唐三彩の碗を，舎利容器の一部として塔心礎に納めた縄生廃寺(朝日町)があり，久留倍官衙遺跡とあわせて，律令国家の地方支配の拠点である「郡」の構造が，多面的に考えられる全国的にも貴重な地域である。

天武天皇迹太川御遙拝所跡

図・真源大沢禅師像・禅源大済禅師像(いずれも県文化)などが所蔵されている。いずれも絹本著色で，仏涅槃図は，釈迦の入滅(死)の場面を描いたもので，中央に釈迦が横たわり，その周囲を弟子や菩薩，神々が囲み，釈迦の死を嘆いている。下部には，ゾウやトラなどの動物もみえる。作者は，14世紀の仏画の絵師として知られる詫磨栄賀である。

　真源大沢禅師図は，大樹寺の開山に迎えられた桃隠玄朔の頂相(禅宗の高僧の肖像画)であり，禅源大済禅師図は，桃隠玄朔によって開山に招請された師の日峰宗舜の頂相である。

朝日町から四日市北部へ

⑤ 四日市中心部から四日市南部へ

四日市は東海道の宿場町から、日本有数の港湾都市・巨大コンビナートを擁する工業都市へと、発展・変貌を遂げてきた。

四日市市立博物館 ㉘
059-355-2700

〈M ▶ P. 2, 36〉 四日市市安島1-3-16
近鉄名古屋線・湯の山線・内部線近鉄四日市駅🚶
3分

四日市の歴史を展示　駅前博物館

四日市市立博物館

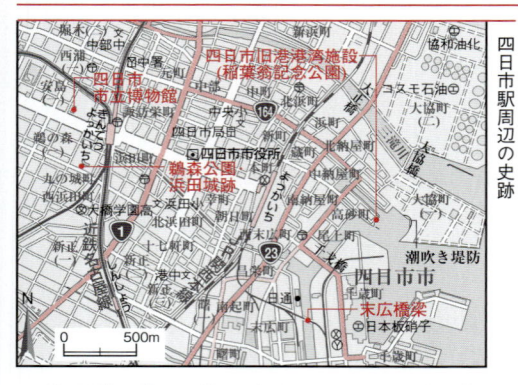

四日市駅周辺の史跡

近鉄四日市駅の200mほど西に立つ四日市市立博物館は、1993(平成5)年に開館した。館内の2・3階は、「伊勢湾(うみ)と鈴鹿山脈(やま)のある四日市の文化と生活環境」を基本テーマにした常設展示で、平津新町で発見された約200万年前のアケボノゾウの巨大な復元骨格模型が出迎える。

その後、地質時代から現代までの四日市市および北勢地域の歩みが、「1. 北勢地域のおいたちと自然環境」「2. 原始・古代の人々の生活」「3. 四日市の四日市庭浦の成立」「4. 東海道と伊勢参宮道の賑わい」「5. 四日市港と近代産業の発展」「6. 戦災からの復興と都市の創造」の6つのテーマ構成で紹介されている。出土した考古資料や文書史料に加え、弥生時代の集落・中世の市などが、ジオラマなどを多用してわかりやすく展示されている。この地域の歴史散歩を始める前に、ぜひ訪れたい施設で

ある。

鵜森公園・浜田城跡 ㉙

〈M ▶ P. 2, 36〉四日市市鵜の森1-13-6
近鉄名古屋線・湯の山線・内部線近鉄四日市駅🚶5分

田原（俵）藤太秀郷愛用の兜鉢

　近鉄四日市駅西口を出て左へ進み，澄懐堂美術館前のY字路を右に行き，南へ約230m進んで右折すると，鵜森公園の入口に着く。

　市民の憩いの場である鵜森公園は，全体が浜田城跡であり，公園内にある鵜森神社の社殿を取り囲むように土塁が残っている。また，公園の池は堀の跡ともいわれている。

　浜田城は1470（文明2）年，田原孫太郎景信の3男田原美作守忠秀が築城したと伝える。田原氏は，上野国赤堀郷（現，群馬県伊勢崎市）を本貫地として赤堀氏と称し，浜田城の南西約800mにあたる赤堀城を居城とした。その後，4代にわたり，浜田城は赤堀氏の一族浜田氏の居城であった。この城が重要な拠点であった時代に，付近で市が開かれるようになり，この市の開催日から四日市という地名が生まれたといわれている。

　浜田城跡に鎮座する鵜森神社は，赤堀三家の祖といわれる田原（俵）藤太秀郷・初代浜田城主田原忠秀らをまつる。同社には，社宝として十六間四方白星兜鉢（国重文）が伝えられている。この兜鉢は16枚の鉄板によって組み合わされ，四方の矧板に銀の鍍金が施されたもので，大ムカデ退治の伝説などで有名な田原（俵）藤太秀郷愛用の品であるとの伝承がある。毎年10月9日の兜祭りには，一般に公開されている。

浜田城跡

四日市中心部から四日市南部へ

四日市旧港港湾施設(稲葉翁記念公園) ㉚

〈M ▶ P.2, 36〉四日市市稲葉町・高砂町 P
近鉄名古屋線・湯の山線・内部線近鉄四日市駅🚌四日市港行相生橋🚶5分

　相生橋バス停から東へ約300m，海に面して稲葉翁記念公園がある。防波堤・西防波堤(潮吹き防波堤)と顕彰碑(波止改築記念碑・稲葉三右衛門君彰功碑)などを含む四日市旧港港湾施設一帯が，1996(平成8)年，港湾施設としては全国で初めて重要文化財に指定された。

　四日市で廻船問屋を営んでいた稲葉三右衛門は，1873(明治6)年に，安政の大地震(1854年)以降，大きく破損し，衰退した四日市港の再建に着手した。その後，さまざまな曲折を経て，三右衛門自身の全財産を始めとする20万円(およそ現在の100億円)と12年の歳月をかけて，近代に相応しくよみがえった四日市港は，やがて国の特別輸出港に指定されるなど，発展した。1889年の暴風雨による破損後の改修工事を担当した服部長七は，左官職の経験をいかして人造石を発明して，防波堤に利用した。

　現在も残る大小2列の防波堤は，潮吹き堤防とよばれ，港外からの大波が小堤を越えて流れ，つぎの大堤に設けられたいくつもの五角形の穴から流れて行く途中で，波の力が弱められる構造になっている。一説によれば，明治政府のお雇外国人で，木曽三川分流工事で有名な，オランダ人技術者ヨハネス・デ・レイケの設計によるともいわれている。なお，稲葉翁記念公園内には，潮吹き堤防のレプリカが設置されていて，実際に大波の力を弱める仕組みをみることができる。

潮吹き防波堤

四日市港の歴史

コラム

コンビナートを支える国際貿易港

　幕末から明治時代初期にかけて，四日市港は伊勢湾内における最大の商業港として賑わい，旅客の往来や物資の集散が盛んであった。1870(明治3)年には，四日市・東京間に汽船による貨客輸送の定期航路が開通し，四日市港は飛躍的に発展した。その後，稲葉三右衛門の尽力により，四日市港は近代的な港として発展を続けた。

　1899年8月4日，四日市港は政府により開港場に指定され，国際貿易港となった。当初は，食料品・肥料などの輸入が中心であったが，その後は綿花や羊毛など繊維原料の輸入港として活況を呈した。第二次世界大戦後は，羊毛の輸入が大幅に伸び，1952(昭和27)年には，外国貿易上とくに重要な港として，特定重要港湾に指定された。

　一方，昭和30年代からは石油化学コンビナートの整備にともなって，原油輸入が急速に伸び，わが国有数の石油化学コンビナートを擁するエネルギー供給基地としても発展した。さらに，1969年からコンテナ貨物の取扱いを開始し，国際海上輸送のコンテナ化にも対応し，現在，東南アジア・中国航路を始めとするコンテナ定期航路網も，年々拡充している。

末広橋梁 ㉛　〈M▶P.2, 36〉四日市市末広町・千歳町
JR関西本線四日市駅 🚶15分

日本最古の現役可動橋

　四日市駅を出てすぐ左の道を，線路沿いに400mほど南へ行く。千歳運河を渡って左折し，東へ200m余り進んだ国道23号線昌栄町交差点から東へ700mほど行くと，四日市港の千歳運河に架かる末広橋梁(旧四日市港駅鉄道橋)がある。四日市港の拡充整備が進むなか，1931(昭和6)年に完成した。通常はおりた状態の鉄橋上を貨車が通過し，運河を船が通る際に，橋が跳ねあげられる。全長58m・幅4mで，中央の桁部分16.6mを橋脚部分に立てられた門型鉄柱の頂部からケーブルで引き上げ，80度の高さまで跳ねあげる構

末広橋梁

四日市中心部から四日市南部へ

造である。

現在も稼働している可動橋は全国で3例しかなく,この末広橋梁はそのうち最古のものであり,1998(平成10)年に重要文化財に指定された。また,「鉄の橋百選」にも選ばれている。

日永の追分(ひなが おいわけ) ㉜ 〈M▶P.2, 40〉四日市市追分3-3013-1
近鉄内部線追分駅 徒歩3分

東海道と参宮街道の分かれ道

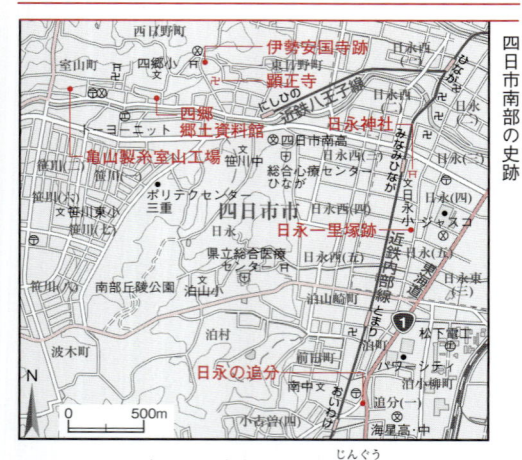

追分駅から東へ3分歩いた所に,日永の追分(県史跡)がある。ここは,京に向かう東海道(とうかいどう)と伊勢(いせ)に向かう参宮街道の分岐点にあたり,桑名(くわな)の七里の渡にある一の鳥居に対する二の鳥居が建てられている。四日市を描いた浮世絵(うきよえ)に,この鳥居を中心に間の宿(あいのしゅく)として多くの旅籠(はたご)や茶店が立ち並び,旅人で賑わう追分の風景がしばしば描かれている。

鳥居は,1774(安永(あんえい)3)年に奉献された後,幾度か建て替えられてきた。現在は,1973(昭和48)年の伊勢神宮(じんぐう)式年遷宮の際に,伊雑宮(いざわのみや)の鳥居を移建した9代目のものが立っている。もともと鳥居は,参宮街道をまたぐように立っていたが,現在は,旧参宮街道(県道8号線)が鳥居の横に新しくできたため,鳥居の下には道がなく,周囲が小公園

化されている。鳥居のほか、常夜灯・道標・清めの手水所があり、常夜灯の1つは、奉献時から存在したと推定される。また、道標は、1849（嘉永2）年に建てられたものである。それより古く、1656（明暦2）年に建てられた道標が、現在、近鉄内部線南日永駅近くの日永神社に残っている。それには、「京」「山田」「南無阿弥陀仏　恵心」「明暦二丙申三月吉日」とあり、現存する日永の追分に関するものとしては、もっとも古いものである。

追分から1kmほど北へ行った所に、日永一里塚跡（県史跡）がある。現在では、民家と倉庫の間のわずかな空き地に標柱が立っているのみで、塚は失われている。

采女の杖衝坂 ㉝ 〈M▶P.2〉四日市市采女町
近鉄内部線内部駅🚶10分

ヤマトタケルノミコト伝説が残る急坂

内部駅から南西へ約600m国道1号線を進み、内部川に架かる橋を越えた所で左折し、旧東海道に入る。集落の中を通ると、采女の杖衝坂の登り口に出る。100mほどの急な坂道に、古い街道の面影が残っている。

『古事記』によれば、東国征討の帰途、伊吹山の神と戦い負傷した倭建命（日本武尊）が、故郷の大和（現、奈良県）へ帰ろうとして伊勢国に入り、尾津前（現、桑名市多度町）から能褒野（現、亀山市）に向かう途中で、伊吹山の神の毒がまわり、「吾が足三重の勾の如くして甚と疲れたり」といったとあり、これが三重郡の名前の由来、のちに県名の由来となった。このとき、瀕死の倭建命が剣を杖がわりにしてのぼったことから、杖衝坂と名づけられたという。坂の中腹には、「史跡　杖衝坂」の石碑や1811（文化8）年建立の永代常夜灯、1756（宝暦6）年に「歩行ならば　杖つき坂を　落馬かな」の句を刻んだ松尾芭蕉の句碑がある。

采女の杖衝坂

四日市中心部から四日市南部へ

伊勢安国寺跡・顕正寺 ㉞
059-321-0225

〈M ▶ P. 2, 40〉 四日市市西日野町　P
近鉄八王子線西日野駅 🚶 8分

足利尊氏の命により建てられた安国寺

近鉄八王子線の終点西日野駅から天白川に沿って西に進み，西日野橋北詰で日野神社の石碑を目印に右折，約380m北に向かうと左手に神社がみえる。その先，道の右手に伊勢安国寺跡(県史跡)を示す標石がある。周辺は「ふるさとの道」として整備され，道の反対側には駐車場も設けられている。

伊勢安国寺跡

安国寺は，南北朝時代(14世紀中頃)に，足利尊氏・直義兄弟により，後醍醐天皇を始め，元弘の変(1331年)以降の戦没者の冥福を祈るために全国に建てられた寺院で，利生塔とよばれる塔と一組でつくられた。安国寺の多くは，既存の寺院を利用して建立されているが，この伊勢安国寺も，平安時代の創建といわれる西明寺が変遷を経た後，あらためて建立されたものと伝えられる。中世には多くの塔頭が立ち並んだ大寺院であったが，今はほとんど面影を残すものがなく，唯一，塔頭の1つであった素慈院(総持庵)が，伊勢安国寺跡の標石から150mほど南に，顕正寺(浄土真宗)として再興されている。

西日野の大念仏の祭りで知られる顕正寺には，かつて伊勢安国寺に安置されていた木造阿弥陀如来坐像や木造仏頭(ともに県文化)が残されている。伊勢安国寺の仏像は，このほか近くの日野神社，日永の薬師堂，西日野から約4km南西の塩浜の地蔵堂などにも伝えられている。また，寺院には珍しい高麗門形式の顕正寺の山門は，その鬼瓦・軒丸瓦に，神戸藩本多家の家紋が刻まれていて，1876(明治9)年に鈴鹿市の神戸城から移築された大手門といわれている。

桑名から四日市

水沢茶

コラム

茶の原木が残るお茶どころ

　三重交通バスの四日市・宮妻峡線の終点宮妻口バス停で降車後，もみじ谷を経て西へ800mほど，宮妻キャンプ場へ行く途中に，「冠山茶の木原」と書かれた看板と「茶の村　いま茶の花の満つるとき　青麦」の句碑が立っている。看板の近くにある駐車場から，南斜面におりた所が「冠山茶の木原」である。バス終点後の道も整備され，駐車場もあるので，車で行くこともできる。

　一帯は集落から離れた山林であるが，内部川の河原までの間に，スギなどの高木の下に雑木や草と一緒に茶の木が植えられている。このうち，とくに原木が密生している約100m²が，史跡として市の記念物に指定されている。

　伝説によると，水沢（現，四日市市水沢町）の浄林寺（現，一乗寺）の僧玄庵が，弘法大師空海が中国から持ち帰った茶の木の種をもらい受け，冠山に播いたのが水沢茶の始まりといわれている。

　現在の水沢茶の生産は，文化・文政年間（1804～30），常願寺（四日市市水沢町）の住職中川教宏により始められた。京都で修行中に宇治の茶園を視察し，茶業の有益性を知った教宏は，水沢に茶園を開き，宇治から職人を雇い入れて製法を習得し，茶業の普及・振興につとめた。幕末に至り，横浜（現，神奈川県）からの貿易で日本茶が欧米に輸出されるようになり，1870（明治3）年に開通した四日市・横浜間の定期航路で，水沢産の茶が運ばれるようになると，製茶工業としておおいに発展した。

　やがて，1899年に四日市港が開港場に指定されると，四日市港からも輸出を行うようになり，1920（大正9）年には，総輸出額の40%を占めるに至った。その後，静岡にくらべて加工の機械化が遅れたことや，第一次世界大戦後の不況の影響で，四日市の製茶工業は衰え，昭和時代初期には，三重県産の茶は大部分が荒茶のまま京都・静岡に送られ，ブレンド用となった。現在では，三重県の茶の生産量は静岡県，鹿児島県についで全国第3位で，また生育中の茶の上に覆いをかけて生産する，上質で香り高い「かぶせ茶」など，特色のある地元特産茶の生産にも力が入れられている。

四郷郷土資料館（旧四郷村役場） ㉟
059-322-5675（四郷地区市民センター団体事務局）

〈M ▶ P.2, 40〉四日市市西日野町3375　P
近鉄八王子線西日野駅🚶10分

大正のモダン建築　現在は郷土資料館

西日野駅から天白川に沿って約700m西に進み，四郷小学校前バ

四日市中心部から四日市南部へ

四郷郷土資料館(旧四郷村役場)

ス停の手前から北へ急な坂道をのぼると、四郷小学校の南側に四郷郷土資料館がある。この建物は地元出身の実業家伊藤伝七の寄付金をもとに、四郷村役場として1921(大正10)年に建設された。伊藤伝七は三重紡績会社(のち大阪紡績会社と合併して、東洋紡績株式会社となる)の創業者で、四郷小学校や市立商工学校の設立にかかわるなど、四日市の産業や教育の発展に寄与した。四郷村役場は、1943(昭和18)年、四日市市に統合されて四日市市役所四郷出張所となり、1982年の文化財指定を受けて、翌83年に四郷郷土資料館とされた。

木造2階建て、一部3階建てで、玄関車寄から入った正面階段の踊り場には、アーチ型の大きな窓が開いている。1階は事務室や村長室など、2階はアール・デコ風の装飾が施された天井をもつ村会議場や小会議室がある。南東の塔屋には、狭いらせん階段が3階まで通っている。現在、1階部分が郷土資料館で、四郷地区の歴史的な産業である製糸・製茶・醸造などに関する展示、大正天皇の皇太子時代行啓時の貴賓室の復元などを行っている。

四郷郷土資料館の北側の道を西へ8分ほど歩いた所に、亀山製糸室山工場の建物が残っている。室山村(現、四日市市室山町)では、伊藤小左衛門が1862(文久2)年に、手繰製糸による製糸業を始め、1874(明治7)年には器械製糸へ移行。経営・設備の近代化が進められ、1903年にこの工場が建設された。その後、昭和時代初期の不況によって、伊藤家が行う事業の部門の1つである伊藤製糸部は、1938(昭和13)年に解散したが、1941年に亀山製糸と合併し、工場も亀山製糸室山工場として、1999(平成11)年まで操業を続けた。

⑥ 湯の山街道を西へ

登山者で賑わう鈴鹿セブンマウンテンの山麓には，豊かな自然とともに，多くの史跡が残っている。

生桑毘沙門天 ㊱
059-331-5733

〈M ▶ P.2〉四日市市生桑町1825-1　P
近鉄湯の山線伊勢松本駅🚶25分，または近鉄名古屋線近鉄四日市駅🚌三重団地行毘沙門前🚶10分

伊勢七福神、生桑の毘沙門さん

　生桑毘沙門天として親しまれている千福寺（信貴山四日市別院，真言宗）は，生桑町の高台にあり，本堂はかなり遠くからみえる。毘沙門前バス停からは，バス通りと交差する小道を西へ約170m行って右折し，80mほど進んで，Y字路を左折して約350m行った2つ目の四つ辻を左に入ると着く。この寺は，736（天平8）年，行基が聖武天皇の勅命によって，永代寺を建立したことが始まりといわれている。1327（嘉暦2）年，臨済宗の僧虎関師錬が中興し，1575（天正3）年には，織田信長の北伊勢侵攻で焼かれるなどの興亡を経た後，明治時代初期に度会郡山田原村（現，伊勢市二見町山田原）の密厳寺の住職であった定峯によって再興された。定峯は，廃仏毀釈によって密厳寺が焼打ちされたとき，同寺の毘沙門天像を背負って生桑まで避難し，堂を再建して安置したといわれる。定峯の後，寺は地元の人びとによって守り継がれてきたが，1958（昭和33）年，真言宗大和信貴山（奈良県平群町）別院として再興され，1977年には新本堂が建立された。

　寺宝としては，鎌倉時代中期の木造毘沙門天立像（県文化）がある。毘沙門天は，多聞天ともよばれ，四天王の1つとして北方を守護する仏教の神である。毘沙門天像は鎧をまとい，右手に戟をとり，左手に宝塔を捧げ，腰をひねり左方を向き，右足をあげて邪鬼を踏んでいる。東大寺南大門（奈良県奈良市）の金剛力士像制作で知られ

生桑毘沙門天

湯の山街道を西へ　45

る運慶の作である浄楽寺(神奈川県横須賀市)の毘沙門天像の形式に倣ったもので,制作年代は13世紀中頃と考えられる。四日市の鎌倉時代彫刻を代表する像である。

智積養水 ㊲

〈M ▶ P.2,46〉四日市市桜町・智積町,三重郡菰野町
近鉄湯の山線桜駅周辺

コイの泳ぐ、「名水百選の湧水」

智積養水と西勝寺

智積養水周辺の史跡

智積養水は,全長約1.8km・幅1〜2mの用水路である。三重郡菰野町神森の水源地「蟹池」から「二分八分」とよばれる分水点を過ぎ,金渓川の川底に埋められた樋管(導水管)である「三十三間筒」で旧村境を越え,桜駅北口広場の智積養水記念公園から近鉄湯の山線の下をくぐり,西勝寺・椿岸神社の間,智積の町並みを南へ流れ矢合川に流れ出ている。

この辺りは,かつて旱損所といわれた。日照りが続くと水が枯れ,豪雨時には上流からの増水による被害を受けるなど,農作物への影響が大きく,水の問題は農民にとって死活問題で,川上と川下の争いも絶えなかった。そのため,村の人びとは,流量豊かで清冽な智積養水を大切にし,「用水」ではなく,暮らしを支え,命を養う水として「養水」とよぶようになったといわれている。

智積養水の始まりは明らかではないが,1711(正徳元)年に四日市陣屋(現,四日市市北町)の代官石原清左衛門正利が,幕府の費用により三十三間筒の伏せ替えをしたとの記録が残ることから,近世初頭,あるいは中世に遡ると考えられる。

現在，智積養水は地域の人びとの努力で美化運動が進み，毎年，放流が続けられたコイも大きく成長している。志摩市磯部町の恵利原の水穴（天の岩戸）と並び，三重県内に2カ所ある環境省選定「名水百選の湧水」の1つである。
　椿岸神社の前の道を東へ数百m，東名阪自動車道の高架をくぐった所に，智積廃寺跡の碑が立つ。智積廃寺は，1966（昭和41）年の東名阪自動車道の建設と水田圃場整備による発掘調査で，建物の遺構や複弁蓮華文軒丸瓦（川原寺式）・単弁蓮華文軒丸瓦（山田寺式），塼仏，須恵器，土師器などの遺物が出土し，7世紀後半から8世紀初頭に建立された寺院であることが明らかになった。遺構は自動車道路建設で消滅し，碑が立つのみだが，出土遺物は四日市市立博物館に展示されている。

竹成の大日堂と五百羅漢 ㊳

〈M ▶ P. 2, 49〉三重郡菰野町竹成2070
🅿
近鉄名古屋線近鉄四日市駅🚌福王山行
竹成🚶すぐ

近世の庶民信仰、小山を覆う神仏像

　竹成バス停で降りて，東側の小道を入るとすぐに，竹成大日堂がある。竹成の大日堂は，1481（文明13）年作の木造大日如来坐像（県文化）を本尊とする寺で，現在は，本尊を安置した小堂と大日堂境内の五百羅漢（県史跡）が残る。
　五百羅漢石仏は，高さ約7mの築山の頂上に，金剛界大日如来と四方仏，そのまわりに，如来・菩薩・羅漢を始めとした468体の石像を安置したもので，なかには，三蔵法師・役行者（役小角）・閻魔大王・七福神・三猿・天狗などもみられ，全国でも珍しい神仏混淆の石仏群である。
　この石仏群は，江戸時代末期，竹成出身の真言宗の僧神瑞が，喜捨を求めて完成したもので，神瑞は中興

大日堂境内の五百羅漢

湯の山街道を西へ　　47

開山照空上人として尊崇された。発願は1852(嘉永5)年で、桑名の石工藤原長兵衛一門によって、1866(慶応2)年に完成した。

築山にのぼって石仏の間を歩き、参拝・見学することができる。

千種城跡 ㊴ 〈M▶P. 2, 49〉三重郡菰野町千草855-6
東名阪自動車道四日市IC🚗10分

今に残る中世の山城　戦国武将の夢の跡

東名阪自動車道四日市ICで降りて、湯の山街道(国道477号線)を西へ約5km、右折して国道306号線を約1.5km、菰野消防署の手前を左折、約1.5kmで千種神社(祭神 天兒屋根命ほか)に至る。この

千種城跡

神社の辺りが、千種城の支城金ヶ原城の跡といわれている。神社の駐車場を利用し、きた道を徒歩でさらに約500m西へ進んだ辺り、右手の小公園のある広場を目印に左折、すぐに右へ曲がると、正面に千種城の石碑・案内板・石段がみえる。この石段をのぼった所が、千種城跡(県史跡)である。

この山城は、西側の本丸、東側の出丸の2つの郭の間を空堀で切り、周囲を土塁で囲んだ中世の典型的な山城の形状をよく残している。南北朝時代(14世紀)に、後醍醐天皇に仕えた千種忠顕の子顕経が築いたと伝えられている。城の下を伊勢から近江(現、滋賀県)への峠越えの道が通じ、軍事的にも経済的にも重要な場所であったと考えられる。千種家は、戦国時代には北伊勢の三家六人衆と称され、三重郡24郷を所領として勢力を誇ったが、やがて織田信長・豊臣秀吉の軍門にくだり、千種顕理が大坂夏の陣(1615年)で戦死して後、廃城となった。なお南側の向城も、この城の支城といわれている。

杉谷遺跡 ❹

〈M ▶ P.2, 49〉 三重郡菰野町杉谷字 南谷2237
東名阪自動車道四日市IC🚗15分

山麓にひっそりと残る中世墓群

千種城跡から国道306号線に戻り、員弁方面へ約4.5km北上する。杉谷川を渡りすぐに左折し、翠巌寺を通り過ぎ、熊野神社の前から徒歩でフェンスに沿うように西の山に入る。山道を400mほどのぼった所が杉谷遺跡（県史跡）である。鈴鹿セブンマウンテンの1つ釈迦ヶ岳(1092m)東麓の朝上扇状地の一角、標高125mほどの丘陵斜面に位置し、鎌倉・室町時代の墓地と考えられる。北側下方には、近世初頭に廃絶した観音寺跡があり、谷を東に越えた台地上には、1570(元亀元)年に千種越えの織田信長を狙撃した杉谷善住坊の居城と伝えられる杉谷城跡がある。

現在、杉谷遺跡には200基近い宝篋印塔・五輪塔などや、墓地に関連した施設とみられる土塁に囲まれた平坦地3カ所が残っている。発掘調査などで、古瀬戸の四耳壺・合子・皿、常滑焼の二筋壺・山皿などが出土し、火葬穴もみつかっていることから、骨壺による改葬を主とした墓地であることがわかった。

杉谷遺跡

菰野町周辺の史跡

湯の山街道を西へ　　49

猫谷第一堰堤・猫谷第二堰堤 ❹

〈M ► P.2〉三重郡菰野町千草
東名阪自動車道四日市IC🚗30分・
🚶20分

デ・レイケ設計の砂防ダム

　朝明渓谷までは、菰野駅から朝明ヒュッテ行きバスで30分ほどだが、このバスは季節運行のため、一般的には自動車の利用となる。自動車の場合、東名阪自動車道四日市ICから国道477号線を西へ約15分、国道306号線を経由して約15分ほどで、朝明キャンプ場の駐車場に着く。そこから徒歩で、林道と登山道を西へ20分ほどのぼった所に、猫谷第一堰堤・猫谷第二堰堤がある。朝明川支流のうち、もっとも奥に築かれた大正時代の砂防ダムである。70～80cmの石を用いて組まれた空石積み堰堤で、明治時代の木曽三川分流工事などで名高い、お雇外国人のオランダ人技術者ヨハネス・デ・レイケの技術が設計にいかされたことから、「オランダ堰堤」とよばれる。また、その形状から「縄だるみ堰堤」ともよばれる。現在も堅固な石積みがその機能をはたしており、建設当時の砂防関連技術の高さを示している。

　下流の朝明川砂防堰堤（T11-1）・朝明川砂防堰堤（T11-2）とともに、1998（平成10）年に国の登録文化財に指定された。

Suzuka
Tsu

伊勢国の拠点，鈴鹿から津

伊勢国分寺跡

県庁所在地津市の町並み

①高岡城跡	⑥高神山観音寺	⑫白子山観音寺	⑱神戸の見付
②寺田山古墳群	⑦伊勢国府跡	⑬須賀神社	⑲龍光寺
③伊勢国分寺跡	⑧能褒野陵	⑭伊奈冨神社	⑳林光寺
④菅原神社	⑨峯城跡	⑮神宮寺	㉑如来寺・太子寺
⑤加佐登神社・白鳥塚古墳	⑩勝速日神社	⑯妙福寺	㉒府南寺
	⑪江島若宮八幡神社	⑰神戸城跡	㉓王塚古墳・西ノ野

伊勢国の拠点，鈴鹿から津

◎鈴鹿川沿岸散歩モデルコース

白子周辺の文化財をめぐるコース　　近鉄名古屋線白子駅_5_勝速日神社_10_江島若宮八幡神社_15_伊勢型紙資料館_15_鈴鹿市伝統産業会館_5_白子山観音寺_3_近鉄名古屋線鼓ヶ浦駅_5_近鉄名古屋線千代崎駅_15_大黒屋光太夫記念館_15_千代崎駅

神戸周辺の文化財をめぐるコース　　近鉄鈴鹿線鈴鹿市駅_10_神戸の見付_15_林光寺_5_観音寺_3_龍光寺_5_神戸城跡_10_鈴鹿市文化会館_25_如来寺・太子寺_10_近鉄鈴鹿線三日市駅

東海道を歩くコース　　近鉄名古屋線四日市駅_30_石薬師宿(佐佐木信綱記念館)_10_石薬師寺_5_石薬師の蒲ザクラ_6_石薬師の一里塚跡_35_庄野宿資料館_5_川俣神社スタジイ_70_石上寺_40_遍照寺_10_亀山城跡_20_慈恩寺_5_野村一里塚_50_「小万凭松」碑_6_東の追分_13_地蔵院_10_西の追分_15_JR関西本線関駅

津城下を歩くコース　　JR紀勢本線・近鉄名古屋線津駅_5_三重県立博物館・津偕楽公園_12_四天王寺_3_塔世橋_20_津城跡_5_石水博物館_15_恵日山観音寺_10_西来寺_8_寒松院_20_閻魔堂(真教寺)_15_結城神社_15_津駅

雲出川流域の文化財をめぐるコース　　伊勢自動車道久居IC_25_白山郷土資料館_4_成願寺_10_南出の白山比咩神社_15_JR名松線関ノ宮駅_10_川口の白山比咩神社_10_真盛上人誕生地_25_久居IC

奥一志をめぐるコース　　JR名松線伊勢奥津駅_10_北畠神社_45_霧山城跡_2_美杉ふるさと資料館_20_三多気のサクラ_10_真福院_15_国津神社_15_日神石仏群_20_JR伊勢奥津駅

古墳群	塚	㊻四天王寺	㊺久居城下
㉔椿大神社	㉟関宿	㊼津城跡	㊾延命寺
㉕法雲寺	㊱九関山地蔵院	㊽恵日山観音寺	⑥⓪真盛上人誕生地
㉖桃林寺	㊲正法寺山荘跡	㊾西来寺	㊿白山比咩神社本殿
㉗石薬師宿	㊳鹿伏兎城跡	㊿子安山地蔵院	㊽成願寺
㉘石薬師寺	㊴坂下宿・鈴鹿峠	㊿真教寺	㊿下之川の仲山神社
㉙庄野宿	㊵石山観音	㊿結城神社	㊿北畠氏館跡庭園・霧山城跡
㉚石上寺	㊶椋本・角屋	㊿谷川士清旧宅	
㉛亀山宿	㊷明合古墳	㊿大円寺	㊿真福院・三多気のサクラ
㉜亀山城跡	㊸寺内町一身田	㊿平氏発祥伝説地	
㉝遍照寺	㊹専修寺	㊿光善寺	㊿国津神社・日神石仏群
㉞慈恩寺・野村一里	㊺津偕楽公園	㊿長野氏城跡	

53

鈴鹿川を遡って

1

鈴鹿川左岸には古墳群を始め、陵墓参考地や伊勢国の中心的な遺跡・城跡など、古代から中世にかけての史跡が点在する。

高岡城跡 ❶

〈M ▶ P. 52, 55〉鈴鹿市高岡町 P
JR関西本線・伊勢鉄道河原田駅 🚶25分

信長も手を焼いた北伊勢の中世城郭跡

高岡城跡遠望

　河原田駅前の道を約150m行き、交差点を左折して県道103号線を南に1kmほど進む。鈴鹿橋を渡ってすぐ右折し、鈴鹿川沿いを約500m行った左手の標高50mほどの小高い丘陵の東端上に、高岡城跡がある。高岡城は、室町時代に築かれた神戸城(鈴鹿市神戸)の北方を守る出城で、神戸氏重臣の山路弾正を城主とした。南と東には鈴鹿川がめぐり、北は深い自然の谷をなす要害の地で、西方は丘陵が続いているため、長さ約50m・幅4～5mの空堀が設けられた。1567(永禄10)年と翌年、北伊勢に侵攻した織田信長は、この高岡城を攻略できずに和睦したほど、堅固な城であった。

　現在、頂上は平坦で展望がよく、東に伊勢湾、南に鈴鹿市内神戸城方面を一望できる公園として、市民に利用されている。

寺田山古墳群 ❷

〈M ▶ P. 52, 55〉鈴鹿市高岡町・石薬師町
JR関西本線河曲駅 🚶25分

鈴鹿川左岸丘陵地には古墳が連なる

　河曲駅の東約500m、木田橋詰めで左折し約300m行くと、不燃物リサイクルセンターがある。その東側に隣接した丘陵上に、大小の古墳が南北に並ぶ寺田山古墳群が所在する。もとは13基の古墳群を形成していたが、現在は6基を残す。丘陵南端部にある寺田山1号墳は、全長約80mの鈴鹿市内最大規模を誇る前方後円墳である。築造は古墳時代前期と考えられ、鈴鹿川下流域の平野部を支配した有力首長の墳墓と考えられている。

54　伊勢国の拠点、鈴鹿から津

鈴鹿川左岸周辺の史跡

　寺田山古墳群から国道１号線方面に約900m西へ行った，三重県消防学校や石薬師高校のある石薬師町寺東には，石薬師東古墳群が存在していた。このうち発掘調査によって，63号墳の周溝部から破砕された埴輪片が出土し，全体を復元した結果，全長約108cm・高さ81cmの馬形埴輪（県文化）であることがわかった。意匠は古墳時代の馬具を再現した写実性の高いものである。馬形埴輪と

石薬師東古墳63号墳出土馬形埴輪

しては三重県内最大で，古墳時代中期の５世紀末頃に制作されたと考えられ，三重県埋蔵文化財センターに保管されている。また，石薬師の約500m北に北町古墳，約400m南に南町古墳がある。ともに前方後円墳であったが，道路建設などで削り取られており，今は原形をほとんどとどめていない。

伊勢国分寺跡 ❸
059-374-1994（鈴鹿市考古博物館）

〈M ▶ P. 52, 55〉鈴鹿市国分町299ほか [P]
JR関西本線河曲駅🚶30分

古代伊勢国の中心広大な畑地には瓦片

　河曲駅から県道115号線を約300m東に向かって左折し，JR線の踏切を渡って，木田町を抜けると，駅の北側に広がる台地に出る。この付近一帯に広がる畑地には，今も瓦片が多数散乱しているが，ここが伊勢国分寺跡（国史跡）である。
　奈良時代に聖武天皇の詔により，全国に設置された国分寺の１つであり，伊勢国ではこの地に建てられた。国分町には「堂跡」という小字を中心にして，古代の瓦片が広く散布していることが以前から知られている。ここは僧寺跡であり，尼寺跡も国分町内にあ

鈴鹿川を遡って　55

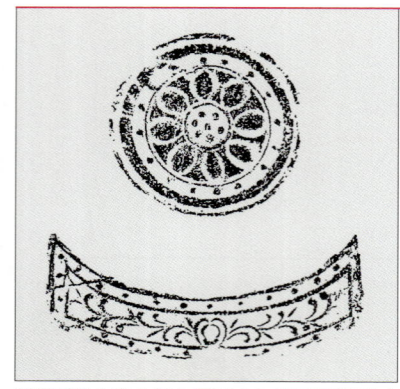

伊勢国寺出土軒丸瓦(上)と軒平瓦(鈴鹿市教育委員会「伊勢国分寺跡Ⅰ」による)

ると推定されている。この地の豪族大鹿氏の氏寺であったとされる南浦(大鹿)廃寺は，以前は尼寺と想定されたこともあったが，出土した瓦片の年代が国分寺建立以前の白鳳期のものであったことが判明した。

国分寺の史跡指定地内は，中央付近の植樹された畑地に碑が建てられ，礎石らしきものが2〜3点認められるにすぎないが，継続的に鈴鹿市教育委員会が史跡周囲の発掘調査を行っており，区画溝や建築物の遺構などを多数検出している。また，国分寺と同じ型式の瓦が，鈴鹿市加佐登町の川原井瓦窯跡から出土しており，国分寺の瓦の一部が同窯で焼かれたことがわかる。

伊勢国分寺跡に南接して，鈴鹿市考古博物館がある。展示内容は伊勢国分寺跡を中心としているが，鈴鹿市内全域の遺跡から出土した旧石器時代以降の遺物も並び，鈴鹿市の古代史を学ぶことができる。館内の「考古ラボ」では，パソコンで鈴鹿市内の遺跡を調べることができ，申し込めば土笛作りや勾玉作りなどの体験学習会に参加することもできる。3階の展望デッキからは，隣接する伊勢国分寺跡の全景を見渡すことができる，研究施設を併設した体験型博物館である。

菅原神社 ❹

〈M ► P. 52, 55〉鈴鹿市国分町811　Ｐ
JR関西本線河曲駅 🚶25分

小さな神体 国分の天神さん

伊勢国分寺跡から東方1.1kmほどの所に，菅原神社(祭神菅原道真ほか)がある。ここには，菅原道真像とも伝える，高さ51cmでヒノキの一木造の木造天神坐像(県文化)がある。冠をいただき，笏をもつため胸の前で手を組むが，笏は現在は失われている。顔にくらべて衣服の部分が簡略化されているが，高い大きな冠や長く垂れた顎髭が道真の風貌を漂わせ，穏やかな容姿に，平安時代末期の特徴がよく出ている。両袖より下は，虫害のため腐食している。

菅原神社木造天神坐像

　社伝によると，菅原神社は1147(久安3)年の創建で，安置する天神坐像は，菅原道真の近臣の三重郡采女(現，四日市市)の豪族舎人兵衛兼重が，道真自身の像を賜ったものであるという。

　現在，この天神坐像は「国分の天神さん」の神体として親しまれている。また，毎年2月には，作物の豊凶を占う粥試しの神事が行われる。

加佐登神社と白鳥塚古墳 ❺
059-378-0951

〈M ▶ P.52, 57〉鈴鹿市加佐登2010　P
近鉄鈴鹿線平田町駅🚌椿行加佐登神社前🚶5分

　加佐登神社前バス停から約500m北に向かうと，鈴鹿フラワーパークの東の森の中に，加佐登神社(祭神日本武尊ほか)がある。鬱蒼と茂る木々の中の長い石段をのぼると，加佐登神社の拝殿がみえる。日本武尊が身につけていたという笠と杖を，神体としてまつったのが神社の始まりとされる。

白鳥塚古墳

　拝殿の近くにある「白鳥御陵」の案内板に従って北西に5分ほど歩くと，白鳥塚古墳(県史跡)がある。伝説では，日本武尊が東征の途中にこの地で没したが，魂はハクチョウとなって大和(現，奈良県)へ飛び立ったという。昔から茶臼山や丸山，経塚などとよばれ，日本武尊の墓として最有力視され

加佐登町周辺の史跡

鈴鹿川を遡って

てきた古墳である。東西約78m・南北約60m，高さ約13mの三重県内最大の円墳で，5世紀後半から6世紀にかけて築造されたと考えられていた。しかし，最近の調査で，東方に前方部をもつ帆立貝式古墳である可能性が高くなり，築造年代も5世紀前半まで遡ることになった。古墳全体に直径10cm前後の石がみられることから，築造時は葺石が施されていたと考えられる。

神社に隣接した伝説の巨大古墳

高神山観音寺 ❻
059-379-0331

〈M▶P.52,57〉鈴鹿市高塚町1777　P
近鉄鈴鹿線平田町駅🚌椿行荒神山・フラワーパーク🚶1分

「荒神山の血煙り」で名高い境内

加佐登神社から加佐登調整池沿いに約1.5km西へ向かうと，**高神山観音寺**(真言宗)がある。寺の縁起によると，812(弘仁3)年に，弘法大師空海が日本武尊の神霊を，仏像としてまつったことが始まりという。

通称は「荒神山」で，吉良の仁吉の喧嘩(荒神山の喧嘩)を題材にした浪曲「荒神山の血煙り」によって，全国にその名が知られるようになった。江戸時代，とくに観音会式の日には，寺の裏の松林に多くの賭場が立ったというが，1866(慶応2)年4月に桑名穴太(現，桑名市)の徳次郎に賭場を奪われた神戸の長吉が，仁吉や清水次郎長の子分らの応援を得て，争った。この荒神山の喧嘩で仁吉は死亡したが，寺にはこのとき使用された火縄銃や弾痕なども残っている。境内には，仁吉の碑も建てられた。本堂の手前の鐘楼堂には，1647(正保4)年に春日局が寄進した梵鐘もある。

また，毎年4月7日の春祭りには，火のついた薪の上を裸足で渡る火渡り神事が行われる。

高神山観音寺

伊勢国府跡 ❼

〈M ▶ P. 52, 60〉 鈴鹿市広瀬町 [P]
東名阪自動車道鈴鹿ICより🚗10分

畑地に眠る伊勢国の役所跡

高神山観音寺から西南に2kmほど行くと、畑の中に伊勢国府跡の案内板がある。伊勢国府跡（国史跡）は、鈴鹿川の支流安楽川左岸の河岸段丘上にあり、長者屋敷遺跡とよばれ、古代の瓦が大量に出土する場所として知られていた。昭和30年代、発掘調査の結果から、古代三関の1つである鈴鹿関との関係で、軍団機能を兼ね備えた奈良時代の伊勢国府跡と考えられていたが、1992（平成4）年以降の調査によって、政庁跡や役所関係の遺構が多数確認され、この遺跡が、奈良時代中頃から平安時代初期にわたる国府跡であることが明らかになった。

国府は全国におかれた古代の役所で、伊勢国では地名から鈴鹿市国府町にあったと推定されてきたが、現在は国府町よりも以前の一時期に広瀬町に国府がおかれたと考えられるようになった。

正殿跡は、案内板の西側の森の中にあたり、東西約80m・南北約110mの築地塀で囲まれていた。伊勢国分寺跡と同様に、今後の調査結果によって遺跡の全貌が明らかにされるであろう。

伊勢国府跡

能褒野陵 ❽

〈M ▶ P. 52, 60〉 亀山市田村町名越1409 [P]
JR関西本線井田川駅🚶25分

県内最大級の古墳陵墓参考地に認定

井田川駅を出て、すぐ西側にある県道641号線を北へ約300m行き、丁字路を左折して国道1号線を渡り、800mほど行った信号を右折する。そこから約850m先の安楽川に架かる能褒野橋を渡ると、前方に森がみえる。近年、公園として整備された「のぼのの森」である。ここに能褒野神社（祭神日本武尊ほか）があり、その西側に能褒野王塚古墳（能褒野陵）がある。

能褒野王塚古墳は日本武尊の墓といわれ、全長90mにおよぶ前方

能褒野町周辺の史跡

能褒野陵

後円墳である。古墳の周囲には、大小十数基の陪冢（ばいちょう）があると考えられ、能褒野神社境内とその一帯が古墳群をなしている。日本武尊の墓は長い間、その位置が未確定であったが、1879（明治12）年11月に当時の内務省（ないむ）は、正式に同古墳を日本武尊の陵墓と認定し、能褒野陵とした。現在は宮内庁の管轄であるため、陵墓の入口は門で閉じられており、柵越しに古墳をみることができる。

峯城跡（みねじょうあと） ❾ 〈M ▶ P. 52, 60〉 亀山市川崎町（かわさきちょう）森4155
JR関西本線亀山駅🚉 長沢（ながさわ）行川崎農協前🚶20分

　川崎農協前バス停から県道637号線を西に約250m行くと、川崎農協がある。そこから県道を離れて北西に約300m行くと、標高70m

60　伊勢国の拠点，鈴鹿から津

軍都鈴鹿

コラム

市内に残る軍事施設や軍需工場の跡

　第二次世界大戦中，鈴鹿市広瀬町から亀山市能褒野町にかけての一帯には，北伊勢陸軍飛行場がおかれていた。三畑町には旧北伊勢陸軍飛行場掩体(国登録)が残っている。掩体は，敵の攻撃に備え，航空機を避難・分散させるために設けられた格納施設であるが，この掩体は，1943(昭和18)年頃に建設されたものと考えられる。コンクリート製で，幅29.6m・奥行8.4mの長方形部分に，台形部分が接続した不正六角形であり，半円筒形のアーチ状の屋根が全体を覆っている。終戦時には内部に天井近くまで土が詰まっていたといい，実際に使用される前に終戦を迎えたと考えられている。

　このほか，鈴鹿市内には飛行場を始め，気象連隊基地など数多くの軍事施設があった。戦後，それらの跡地は工場や教育施設，さらには大型ショッピングセンターなどとして利用されている。現在も敷地内に格納庫など，当時の施設の一部が残っている所も多い。

旧北伊勢陸軍飛行場掩体

要衝地に築かれた丘陵の中世城館跡

ほどの亀山丘陵の東端部に峯城跡(県史跡)がある。城の東を巡見街道(国道306号線)が通る要衝の地である。本丸跡には土塁や天守台，櫓台などが残る。築城の時期や経緯は詳らかではないが，亀山城主関盛政の5男政実が，1367(正平22)年に築き，峯越前守と称して3代にわたって居城とした。1584(天正12)年，豊臣秀吉の攻撃によって落城したと伝え，その後，廃城となった。

　峯城跡から安楽川に沿って県道302号線を西に6kmほど進むと，野登山(851m)の麓に着く。山頂には野登寺(真言宗)が立ち，境内には野登山のブナ林(県天然)が広がっている。

　また，峯城跡からフラワーロードを西に6kmほど進むと，亀山市立白川小学校に着く。校地には1954(昭和29)年建築の白川小学校校舎北棟と南棟(ともに国登録)がある。木造平屋建，上部白漆喰塗，片廊下式の校舎で，昭和中期の学校建築の姿をよく残している。

鈴鹿川を遡って

② 鈴鹿の中心白子・神戸・平田

鈴鹿市は近鉄主要駅のある白子、市役所など公共機関の集中する神戸、大規模新商業施設が広がる平田の3地区に分かれる。

勝速日神社 ❿
059-372-0748

〈M ▶ P.52,64〉鈴鹿市白子本町10-15
近鉄名古屋線白子駅 5分

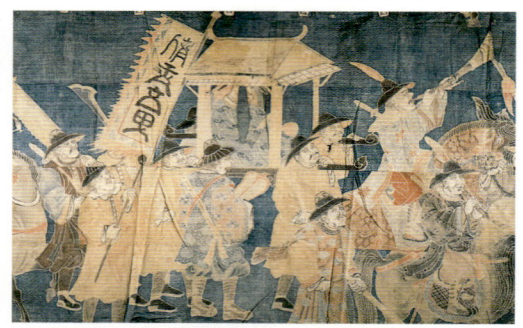

近世白子商人の財力が支えた春祭り

朝鮮通信使行列図染絵胴掛(部分)

白子駅東口を出て、すぐ前にみえる森が勝速日神社(通称かってさん、祭神勝手明神)である。この神社の屋台行事(県選択)は、毎年4月15日に近い土・日曜日に行われる祭礼で、4台の山車が曳き出される。山車はいずれも木造の2階屋形で、高さが3.6m、漆を塗り、金箔で仕上げが施され、つづれ織りの幕が垂らされるなど、江戸時代の白子商人の豊かさがうかがえる。

また、朝鮮通信使行列図染絵胴掛(県民俗)が、西町山車蔵の中から1997(平成9)年に発見された。これは、夜露から山車を保護するための幕で、長さは9mを超える江戸時代の友禅染によるものである。現在は鈴鹿市博物館に保管されており、当日、申請すれば見学できる。山車は祭礼前に組立てが行われるが、この組立ての過程も、屋台行事の一部として文化財(県選択)に指定されている。

江島若宮八幡神社 ⓫
059-386-4773

〈M ▶ P.52,64〉鈴鹿市東江島町5-7 P
近鉄名古屋線白子駅 15分

白子港の繁栄を今に伝える海上交通の神様

白子駅東口から海岸方面に向かい、塩浜街道(県道6号線)を北に歩くと、やがて江島若宮八幡神社(祭神大雀命ほか)がみえる。白子は江戸時代、紀州藩(現、和歌山県)領の港町として繁栄し、伊勢・松坂木綿や伊勢型紙(国民俗)などで、その名を馳せる伊勢商人たちが活躍した所でもある。廻船問屋は組を組織しており、神社の参道にある大常夜灯は、海上交通の安全を期して大伝馬町組と

大黒屋光太夫

コラム

「鎖国」の世にロシアに漂流再び帰国した男

大黒屋光太夫は、1751(宝暦元)年に亀山藩領南若松村(現、鈴鹿市)で生まれ、のち廻船神昌丸の船頭として活躍していた。1782(天明2)年12月、17人の船乗りを乗せた神昌丸は白子港から江戸へ米や木綿などを積んで出帆したが、遠州灘(現、静岡県域)で暴風雨に遭い、船は8カ月ほど漂流したのち、アリューシャン列島のアムチトカ島に漂着した。

4年後、カムチャツカ半島に到着したときには、生存者は光太夫を含めわずか6人になっていたが、シベリア総督に帰国を歎願するため、さらにイルクーツクに移った。許可は出なかったものの、ここで出会った博物学者キリル・ラクスマンの仲介により、1791(寛政3)年、ロシアの都ペテルブルクで光太夫は女帝エカチェリーナ2世に謁見する。彼は漂流の苦難などを語り、待望の帰国を許された。翌年10月、キリルの子である軍人アダム・ラクスマンに伴われて、光太夫・小市・磯吉の3人だけが根室(現、北海道根室市)に戻ったが、ここで小市は死亡した。漂流からは、すでに9年半が過ぎていた。

帰国後は、「鎖国」中の海外帰国者ということもあって、江戸番町(現、東京都千代田区)の薬園内に軟禁された。幕府や洋学者の関心は大きく、11代将軍家斉を始め、老中松平定信らとも会った。とくに、将軍侍医桂川甫周による聞き取り記録の『北槎聞略』は、当時のロシア事情を紹介した貴重な史料となった。のちに2人は特別に一時帰郷を許され、光太夫は伊勢参宮も行ったが、1828(文政11)年に78歳の数奇の生涯を江戸の薬園内で閉じた。

故郷若松には光太夫らの供養碑があり、付近の若松小学校内に大黒屋光太夫資料室が設けられていたが、2005(平成17)年に新しく大黒屋光太夫記念館として生まれかわった。

大黒屋光太夫(右から2人目)

白子組の両組が1820(文政3)年に奉納したものである。

神社の収蔵庫には、江島若宮八幡神社絵馬群(県民俗)71面が保存されている。1652(承応元)年のものが最古で、寛文年間(1661～73)の絵馬が多い。図柄は七福神や武者絵・廻船図・町絵図および

鈴鹿の中心白子・神戸・平田 63

白子駅周辺の史跡

歴史に題材をとったものなどであり，当時の人びとの信仰や生活などをうかがい知ることができる貴重な資料である。なお，絵馬は事前の電話連絡で拝観できる。

紀州藩主の庇護を受けた白子の古刹

白子山観音寺 ⑫
059-386-0046

〈M ▶ P.52, 64〉鈴鹿市寺家3-2-12 P
近鉄名古屋線 鼓ヶ浦駅 大 3分

　鼓ヶ浦駅から線路を越えて南に歩くと，白子山観音寺（通称子安観音，真言宗）がある。ここは聖武天皇の勅願寺として，奈良時代に創建されたと伝えられる。

　正面の観音寺仁王門（県文化）は，1703（元禄16）年建立の楼門で，両脇に金剛力士像を配置する。仁王門をくぐると正面に，銅灯籠（県文化）がみえる。1666（寛文6）年に津（現，津市）の鋳物師辻玄種によってつくられ，高さは2.5m，ほぼ完形で現存する。ここから左手前方のサクラが白子不断ザクラ（国天然）である。四季を通じて花や葉が絶えないことからこの名がつけられ，古くから有名であった。このサクラは，本尊観世音の霊験により咲くとして尊ばれており，当寺の安産のお守りにサクラの葉が添えられている。また，サクラの葉の虫食いの巧妙な自然模様から，伊勢型紙彫刻が始められたという説も残されている。

　仁王門の右手の鐘楼（1777〈安永6〉

白子山観音寺と白子不断ザクラ

64　伊勢国の拠点，鈴鹿から津

年建立)の奥に静思庵があり，俳人山口誓子の作品が集められている。また，境内奥には歴史資料館もあり，事前の連絡で見学することができる。

須賀神社 ⓭ 〈M ▶ P.52〉鈴鹿市東玉垣町
近鉄鈴鹿線柳駅🚶15分，または近鉄白子駅🚌中央病院行西玉垣🚶5分

楽しい踊りと調べ 唐人おどりは津と鈴鹿

国道23号線の西玉垣バス停の東方約800mの千代崎中学校のすぐ北東に，須賀神社(牛頭天王社，祭神素戔嗚尊ほか)がある。ここで，毎年4月の第1土・日曜日の春の例祭に，玉垣の唐人おどり(県選択)が，東玉垣自治会唐人おどり保存会によって披露される。これは，江戸時代の朝鮮通信使を表現したもので，ひょうきんな面をかぶり，唐人服を着た3人が笛や太鼓・鉦の囃子とともに，跳ね踊るものである。踊りの始まった時期は不明であるが，「文化十三(1816)年」の銘をもつ太鼓があることから，この頃にはすでに始まっていたと考えられる。唐人おどりが伝承されている所は，ほかに三重県の津市と岡山県瀬戸内市(旧牛窓町)と数少ない。

西玉垣バス停に戻り，国道23号線を横切って西に200mほど入ると，左手の小さな広場に地蔵堂と地蔵大マツ(県天然)がある。樹高約16m，枝の張りは約30mにおよぶ巨木で，樹齢は200年弱と推測される。

また，近鉄名古屋線長太ノ浦駅から南に向かって右手の水田の中に，1本の大木がみえるが，それが長太の大クス(県天然)である。樹高20m余り，樹齢は1000年を超えると言い伝えられている。以前は神木としてまつられ，木の根元には大木神社があったという。

玉垣の唐人おどり

鈴鹿の中心白子・神戸・平田

伊奈冨神社 ⓮
059-386-4852

〈M ▶ P.52, 66〉 鈴鹿市稲生西2-24-20 P
近鉄名古屋線白子駅🚌鈴鹿コミュニティバス稲生局前
🚶5分，または伊勢鉄道鈴鹿サーキット稲生駅🚶8分

神宝は豊富　春はツツジが咲き誇る

「いのう」は現在では「稲生」と表記され，稲作との関わりがうかがえる地名である。古い歴史をもつ地域であり，南方の御園や徳居には古墳群や窯跡が確認されている。

鈴鹿サーキット稲生駅の南西，500mほどの所に，伊奈冨神社（祭神保食神ほか）がある。『日本三代実録』によると，865（貞観7）年に『延喜式』式内社に列せられたとされ，かつては大宮・西宮・三大神の3社に分かれ，広大な社領を有していた。鳥居をくぐった参道左手に，伊奈冨神社庭園（県名勝）がみえる。弘法大師空海が一夜で掘ったと伝えられる，大八島をあらわした細長い池が直線に並んだ庭園である。

社殿右手には宝物庫がある。木造男神坐像（国重文）は，平安時代前期の作，50cm余りの大きさで，崇神天皇像と伝えられ，地主神像（土地の神）としては最古のものである。3面の木造扁額（国重文）は，それぞれ楷書・行書・草書と書体をかえて書かれている。作者は藤原経朝で，「文永十一（1274）年」の銘をもつ。伊奈冨神社神宝（県文化）は，平安時代後期の随神像15体と，室町時代作の翁と媼の2面の能面，鎌倉時代後期作の獅子頭である。この獅子頭は，顎裏に「弘安三（1280）年」の墨書があり，県内で最古といわれる。胴上部に「嘉禎二（1236）年」の墨書が残る陶製三足壺（県文化）は，足の一部に欠損はあるものの，ほぼ完形である。また，73枚の伊奈冨神社棟札

稲生駅周辺の史跡

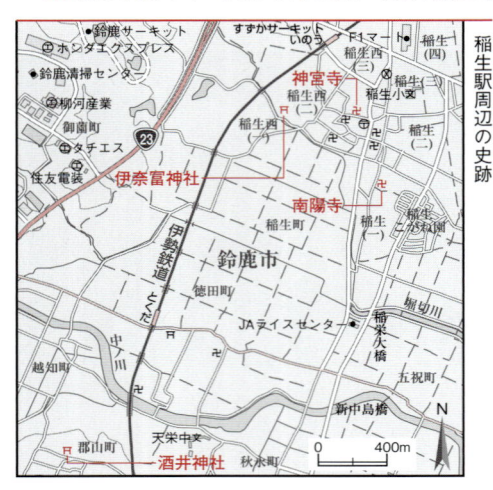

66　伊勢国の拠点，鈴鹿から津

稲生山のツツジ

(県文化)は、室町時代から明治時代初期にかけてのもので、神社の造営・修理などの様子を知ることのできる資料である。これらは雨天時をのぞき、事前連絡で拝観できる。また、勢州稲生村三社絵図(県文化)は、室町時代の掛軸であるが、保存の都合上、拝観はできない。

平安時代から始まる伊奈冨神社の獅子神楽(県民俗)は、3年に1度、大宮・西宮・三大神・菩薩堂の4座に分かれた4頭が舞う。獅子神楽は2月上旬から4月中旬にかけて行われ、期間中は、稲生町内の各地区や寺院を巡回し、4月15・16日は伊奈冨神社の境内で奉納される。

また、境内には約5000株の稲生山の躑躅(県名勝)が群生している。室町時代に植えられたと伝えられ、4月上旬から約3週間、花を楽しむことができる。

神宮寺 ⑮
059-386-3918

〈M ▶ P.52,66〉鈴鹿市稲生西2-8-16 P
近鉄名古屋線白子駅🚌鈴鹿コミュニティバス稲生局前🚶3分、または伊勢鉄道鈴鹿サーキット稲生駅🚶10分

集落の中に仏像の宝庫

伊奈冨神社から200mほど東に歩くと神宮寺(真言宗)がある。この寺の開祖は行基といわれ、伊奈冨神社の別当寺であったが、1868(明治元)年の神仏分離令により、仏像や経典が移されたと伝えられる。石段をのぼり、山門をくぐった左手に収蔵庫があり、平安時代後期につくられた木造持国天立像・多聞天立像、木造薬師如来立像(ともに国重文)が収められている。右側には木造男神坐像(県文化)が安置されており、伊奈冨神社の旧神像で、淳和天皇像と伝えられる。

神宮寺から南へ徒歩10分ほどの所に、南陽寺(真言宗)がある。釈迦堂ともよばれ、現在は無住で近隣の釈迦堂自治会が管理している。木造釈迦如来坐像(県文化)は、像高81cmと小さいながらも優美な仏像である。胎内背板には「貞和二(1346)年」の銘がある。

神宮寺・南陽寺ともに，雨天時をのぞき，事前連絡で仏像の拝観が可能である。

妙福寺 ⑯
059-372-1261

〈M ▶ P.52〉鈴鹿市徳居町2040 P
近鉄名古屋線白子駅🚌亀山駅行徳居🚶8分，または東名阪自動車道鈴鹿ICより🚗30分

郊外の古刹はかんこ踊りでも賑わう

徳居バス停から南に8分ほど歩くと，妙福寺（真言宗）がある。妙福寺は，行基が薬師如来像と阿弥陀如来像を安置したのが始まりとされ，本堂には，本尊の薬師如来像と阿弥陀如来像を収めた厨子を挟んで，4体の像が安置されている。向かって右手には，木造大日如来坐像と木造釈迦如来坐像，左手には木造大日如来坐像（いずれも国重文）と聖観音菩薩坐像がある。釈迦如来像・大日如来像ともに平安時代後期の作である。また，毎年8月12日には，五穀豊穣と家内安全を願って，境内で薬師踊り（かんこ踊り）が行われる。

徳居町から約2km東の鈴鹿市郡山町は，縄文時代から古墳時代頃までの遺跡が多い所である。現在は団地の造成が進んでいるが，その北辺にある酒井神社（祭神素戔嗚尊ほか）は，古来，郡山新宮や郡山大明神ともよばれてきた。境内は旧奄芸郡の郡衙跡に想定されている。神社には，平安時代末期から室町時代までの酒井神社文書（県文化）20通が残されている。

妙福寺木造大日如来坐像

神戸城跡 ⑰

〈M ▶ P.52,69〉鈴鹿市神戸5-10ほか P
近鉄鈴鹿線鈴鹿市駅🚶15分

神戸氏の居城
今は市民の憩う公園

鈴鹿市駅の南西約800mの所に，神戸城跡（県史跡）がある。かつては広大な敷地を有したが，現在は堀も埋め立てられ，県立神戸高校（二之丸・三之丸跡）と神戸公園になっており，天守台の石垣と本多神社を残すばかりである。

14世紀なかば，関盛澄が神戸氏として飯野寺家（現，鈴鹿市飯野

68　伊勢国の拠点，鈴鹿から津

神戸城跡

寺家町)に沢城を築いたが,1550年代の神戸具盛のとき,現在地に神戸城を築いて移った。7代友盛のときに織田信長の勢力が迫り,1568(永禄11)年に信長の3男信孝を養子に迎え,和睦を図った。城主となった信孝は,1580(天正8)年に城を拡張し,金箔の瓦を乗せた5重の天守閣を築いたという。本能寺の変(1582年)後,信孝の死により天守閣は解体されて桑名城に移され,江戸時代を通して天守閣は再建されなかった。

友盛の死後に神戸氏は断絶し,江戸時代には神戸藩の藩庁とされ,18世紀前半まで,一柳直盛・石川氏3代が城主となり,以降は本多氏の支配となった。1748(寛延元)年,幕府若年寄として活躍した初代本多忠統のときに城の改築が許され,二重櫓や隅櫓などが再建された。本多氏の治世は約140年間7代忠貫まで続き,1875(明治8)年に城は解体された。

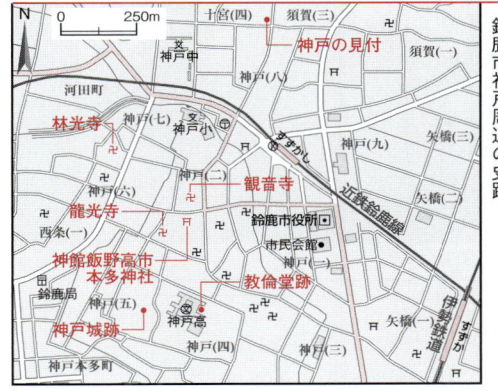

鈴鹿市神戸周辺の史跡

現在,隅櫓の鯱1対は,鈴鹿市文化会館に展示され,大手門は四日市市西日野の顕正寺山門に,太鼓櫓は鈴鹿市東玉垣の蓮華寺鐘楼として移築されている。

忠統は荻生徂徠の高弟であり,政治手腕のみならず,文才も備えていたことから,学問を奨励し,神戸城内に藩校三教堂をつくった。三教堂はのちに藩校教倫堂になったと考えられ,現在の県立神戸高校の校庭に,教倫堂跡(県史跡)の碑が建てられている。

鈴鹿の中心白子・神戸・平田　69

神戸の見付 ⑱

〈M ► P. 52, 69〉鈴鹿市神戸8丁目・須賀3丁目
近鉄鈴鹿線鈴鹿市駅 🚶10分

街道両側に残る防御の石垣

鈴鹿市駅から線路沿いに西へ100mほど行き，右折して300mほど北上すると，道の両側に幅4m・高さ3mほどの石垣と長い土塁がみえる。神戸の見付（県史跡）である。かつては伊勢街道神戸宿の北の入口で，城下の防御と治安のために，石垣・土塁・木戸を設け，夜間の通行を禁止した。1806（文化3）年の「伊勢路見取絵図」には，石垣の上の忍び返しが描かれ，1869（明治2）年の絵図には，柵と鉄の扉も描かれている。そばには，番所や祠もあったという。

神戸の見付

龍光寺 ⑲
059-382-1189

〈M ► P. 52, 69〉鈴鹿市神戸2-20-8　Ｐ
近鉄鈴鹿線鈴鹿市駅 🚶10分

往時の繁栄を知る神戸氏の菩提寺

　神戸城跡の北方約250mの所に，龍光寺（臨済宗）がある。1423（応永30）年，称光天皇勅願寺として，伊勢国司北畠満雅が沢城2代城主神戸実重に命じて創建させた。初めは西条の沢山（現，西条町）にあったが，神戸氏の移転とともに，現在地に移った。神戸氏の菩提寺でもある。

　東門より境内に入ると，奥正面に本堂がみえる。本堂の北側に，「坐忘亭」と称する数寄屋風の書院（県文化）が軒を連ねている。坐忘亭という名は，神戸藩主本多忠統が江戸藩邸に建てた書院の名にちなんでいるという。事前連絡で見学することができる。

　また，毎年3月なかばの涅槃会（神戸の寝釈迦）には，京都東福寺の画僧明兆が描いたといわれる「釈迦涅槃図」が開帳され，参拝者で賑わう。16畳ほどの大きさで，それまで涅槃図に52種の動物の中で描くことが許されなかったネコが描かれている。涅槃会の期間中の3日間，寺の境内は縁日で賑わい，涅槃図以外の宝物も拝観で

きる。なお，境内に鈴鹿市出身の斎藤緑雨の生家を復元した「緑雨亭」が2006（平成18）年4月に完成した。

龍光寺の北門に隣接して，神館飯野高市本多神社（神戸宗社，祭神天照大御神ほか）があり，神社の道を隔てた北側の住宅の間に，本多家の菩提寺観音寺（浄土宗）がある。境内には「元応二（1320）年」の銘をもつ，高さ1mの光明真言板碑があり，鈴鹿市内最古の石碑とされる。

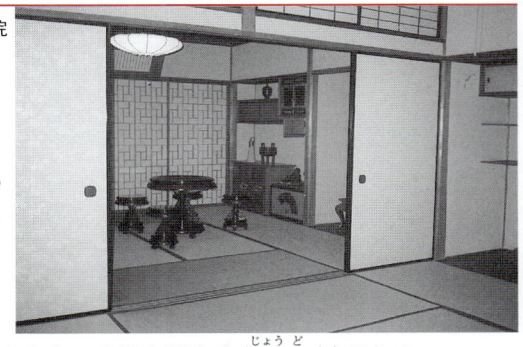

龍光寺書院

林光寺 ⑳　〈M ▶ P. 52, 69〉鈴鹿市神戸6-7-11　P
059-382-0610　近鉄鈴鹿線鈴鹿市駅 🚶 10分

本尊は年に一度真夜中に開帳

龍光寺の北西約300mの所に，740（天平12）年に行基が開いたと伝えられる林光寺（真言宗）がある。現在の本堂は江戸時代初期に再建されたが，外陣の格天井は，桃山時代の様式を残し，花鳥の彩色画をみることができる。

本尊の木造千手観音立像（国重文）は，平素は秘仏であるが，毎年8月9日夜10時30分から法要時にのみ開帳される。開帳は翌10日午前1時までである。藤原時代の作で，坐高127cm，衣文の流れも穏やかで美しい。毎年8月16日には，「えんまさん」と称される法会があり，境内の閻魔堂には地獄絵がかけられる。

林光寺木造千手観音立像

如来寺と太子寺 ㉑　〈M ▶ P. 52〉鈴鹿市三日市2-21　P
近鉄鈴鹿線三日市駅 🚶 10分

三日市駅から約230m南にあるバス通りを，西へ曲がって約300m

鈴鹿の中心白子・神戸・平田

太子寺木造善然上人坐像

並んで位置する三日市の古刹

進むと，北側に如来寺と太子寺（ともに浄土真宗），それを護持する4院（良珠院・常超院・寿福院・摂取院）がみえる。如来寺・太子寺は，推古朝（592〜628）に，聖徳太子が開祖となり，創建された。1234（文暦元）年に親鸞がこの地に巡教してから浄土真宗に改宗され，親鸞の弟子顕智上人や善然上人が教えを広めて，伊勢国内の信者をふやしていった。

毎年8月4日には，オンナイ念仏会（県民俗）が行われる。浴衣姿の男たちが東西2組に分かれ，飾りをつけた傘鉾と提灯を2つずつもち，太子寺を出発，何カ所もの聖跡を念仏を唱えながら，午後8時頃から約1時間かけてまわる。傘鉾の周辺にしゃがみ，合間に鉦を鳴らしながら，ゆったりと南無阿弥陀仏を繰り返す節回しはもの悲しく，鎌倉時代の念仏会の姿を伝えているという。この念仏会は，1310（延慶3）年に説法に出ていた顕智上人の行方がわからなくなり，心配した村人が念仏を唱えながら雨の中を探したことが起源とされている。「オンナイ」とは，「御身無」が変化したものと伝えられる。

如来寺には，本尊の一光三尊仏とともに，顕智上人像が安置されている。太子寺には，本尊の聖徳太子十六歳孝養像（秘仏，17年ごとに開帳）と木造善然上人坐像（国重文）が安置されている。善然上人坐像は，鎌倉時代後期の代表的彫刻で，毎年6月20日前後の日曜日の午後1時から拝観できる。

如来寺と太子寺のある三日市の南の地子町と三日市の境には，金生水沼沢植物群落（国天然）がある。ここは沼沢を含んだ低湿地で，絶えず清水が湧き出すという。近年，乾燥化が進んでいるため，保護・増殖推進委員会によって，水源の確保や整備を中心とした事業が進められている。

伊勢国の拠点，鈴鹿から津

府南寺 ㉒
059-378-0539　〈M▶P.52, 73〉鈴鹿市国府町2548　P
近鉄鈴鹿線平田町駅🚌亀山駅行国府🚶5分

山門には両側に金剛力士像

　国府バス停から東へ約200m行くと，突き当りに府南寺(真言宗)がある。もとこの地には無量寿寺と府南寺(国府観音ともいう)があったが，天正年間(1573〜92)の兵火で，府南寺が焼失した。そのため2寺を合わせて府南寺とした。山門には木造金剛力士立像(国重文)がある。向かって左が阿形，右が吽形で，ともに像高は2mを超え，鎌倉時代末期の作と考えられる。

　府南寺境内から東に出た所に，アイナシ(県天然)がある。ナシの変種で，種子がほとんど発芽せず，植物学上，非常に珍しい。1972(昭和47)年に国内2番目に発見された貴重な植物である。

　また，府南寺の約1km南西にある西城戸地区の東北端の宅地内に，西の城戸のヒイラギ(県天然)がある。葉のトゲがほとんどない全緑葉で，ヒイラギとしては珍しい大木である。

府南寺木造金剛力士立像

鈴鹿市国府町周辺の史跡

王塚古墳と西ノ野古墳群 ㉓
〈M▶P.52, 73〉鈴鹿市国府町13-8ほか
近鉄鈴鹿線平田町駅🚌亀山駅行鈴国橋🚶10分

道路沿いにある周溝も明確な前方後円墳

　鈴国橋バス停から南に約530m歩くと，道路右側の畑の中に大きな古墳がみえる。これが王塚古墳(国史跡)である。鈴鹿川の東岸に位置し，全長約63mの前方後円墳である。型式から古墳時代後期(6世紀)のものと推定される。一帯に広がる西ノ野古墳群の中で最大規模であり，西ノ野1号墳にあたる。古墳東側のくびれ部に不明瞭ながら造出しがみられ，周溝の外周には，幅約3m・高さ約1m

鈴鹿の中心白子・神戸・平田　73

王塚古墳

の土手がめぐる。明治時代に盗掘を受けたため、遺物については不明である。古墳の北東部に陪冢(ばいちょう)と考えられる径8mほどの小円墳(えんぷん)が1基ある。

王塚古墳からさらに50mほど南に行くと、道路に沿って左側に西ノ野5号墳がある。全長約30mの前方後円墳である。古墳からは人物埴輪(はにわ)や家形埴輪(いえがた)などが発見されており、王塚古墳よりも築造時期は古いと考えられている。周辺には、陪冢の小円墳5基が衛星状に配置されている。

椿大神社(つばきおおかみやしろ)と獅子神楽(ししかぐら) ㉔
059-371-1515

〈M ▶ P.52,76〉鈴鹿市山本町(やまもとちょう)1871　P
近鉄鈴鹿線平田町駅🚌鈴鹿コミュニティバス椿大神社🚶すぐ、または東名阪自動車道鈴鹿ICより🚗7分

県外からも参拝者 伊勢国の一の宮

椿大神社バス停は、神社境内にある。椿大神社(祭神猿田彦大神(さるたひこ)ほか)は、仁和年間(にんな)(885〜889)には伊勢国一の宮に、醍醐天皇(だいご)治世下(897〜930年)には『延喜式』式内社に列し、『日本三代実録』の865(貞観7)年4月15日の条に、正五位下(しょうごいげ)を授けられたとある。江戸時代には亀山藩の保護下にあった。

ここには、椿神社の獅子神楽(県民俗)が伝えられている。行満大明神(ぎょうまんだいみょうじん)が創始し、聖武天皇の頃に盛んになったとされ、天地人四方八方を祓い清める神事として、神社および氏子の尽力により古式が守ら

椿大神社の獅子神楽

伊勢国の拠点、鈴鹿から津

伊勢型紙

コラム

産

人間国宝を生んだ鈴鹿の伝統的産業

　伊勢型紙の起源については定かではないが、室町時代末期には型紙が確実に存在したと考えられている。江戸時代に入ると紀州藩（現、和歌山県）の保護を受けて、白子・寺家（ともに現、鈴鹿市）を中心に伊勢型紙が発展していった。伊勢型紙とは、着物の柄や文様を染めるのに用いる型紙のことで、型紙製作技術そのものも含む。江戸時代には「白子型」ともいわれた。和紙を加工した型地紙に、彫刻刀で文様や図柄を彫るもので、その技法には突彫・縞彫・錐彫・道具彫などがある。これらの技術は、それぞれの専門の職人が伝承しており、国の重要無形文化財（工芸）に指定されている。

　鈴鹿市寺家にある鈴鹿市伝統産業会館では、型地紙の工程に始まり、彫りのデザイン、染められた着物などが順にわかりやすく展示されている。事前に申し込めば、簡単な型紙彫りの体験もでき、作品の販売も行われている。付近には、江戸時代に型紙問屋として、東北から関東一円で幅広く商売を営んでいた寺尾家の住宅が修復されて伊勢型紙の資料などを収蔵・展示する伊勢型紙資料館もある。

　なお、伝統産業会館では伊勢型紙のほかに、奈良と並ぶ生産量を誇る鈴鹿墨の展示・販売も行われている。

れてきた。3年に1度、町民によって奉納される。2月21日の舞初めより4月12日の舞納めまで、土・日曜、祝日に各地を巡舞する。

　椿大神社を登山道の出発地として、西へ約2km、標高906mの入道岳をのぼって行くと、海抜700m付近から、樹齢200〜300年の入道岳イヌツゲ及びアセビ群落（県天然）をみることができる。頂上までのぼると鳥居があり、山頂には椿大神社の奥の宮がまつられている。

法雲寺 ㉕　〈M▶P.52,76〉鈴鹿市大久保町2088　**P**
近鉄鈴鹿線平田町駅🚌鈴鹿コミュニティバス大久保🚶7分、または東名阪自動車道鈴鹿ICより🚗10分

鈴鹿山麓にひっそりとたたずむ御堂

　大久保バス停から西へ約500m行くと、法雲寺（浄土真宗）がある。門をくぐって正面やや左に、木造薬師如来坐像（県文化）を安置する堂がある。堂内には2体の仏像があり、右が薬師如来像、左が釈迦如来像である。薬師如来像は高さ142cm、ヒノキの寄木造で、平安時代の柔らかさと鎌倉時代の力強さという、それぞれの特徴をあ

わせもつ。

　法雲寺の北隣に大久保城跡があり，木立の中に土塁と空堀が残っている。ここは，戦国時代の武将峯氏の家老であった，大久保伊豆守の居城であった。

桃林寺 ㉖
059-371-0528
〈M ▶ P. 52, 76〉鈴鹿市小岐須町800　P
近鉄鈴鹿線平田町駅🚌鈴鹿コミュニティバス桃林寺🚶3分，または東名阪自動車道鈴鹿ICより🚗10分

　椿大神社から東海自然歩道を約1.5km南に行くと，桃林寺（臨済宗）がある。山門をくぐると正面に本堂がみえるが，本堂に向かって左に，75cmほどの小さな銅鐘（県文化）がかかっている。室町時代の作で，県内でもっとも古いものとされる。もとは尾張国津島（現，愛知県津島市）常楽寺にあったものが，永禄年間（1558〜70）に神戸の龍光寺に運ばれ，1817（文化14）年に末寺である桃林寺に与えられたという。

　桃林寺から南へ約500m，御幣川に沿って約1.5kmの小岐須渓谷をのぼると，左手に石大神（県天然）が聳える。石大神は巨大な石灰岩で，『延喜式』式内社である石神社に比定する説もある。さらに1kmほどのぼると，白色石灰岩でできた小岐須の屛風岩（県天然）がみえる。近くには小岐須渓谷キャンプ場もあり，シーズン中は家族連れなどで賑わう。

76　　伊勢国の拠点，鈴鹿から津

東海道と亀山・関

3

国道1号線に沿うように東海道の旧宿場町が続き，現在の落ち着いたその家並みには，当時の面影が漂う。

石薬師宿 ㉗
059-374-3140（佐佐木信綱記念館）

〈M ▶ P. 52, 78〉 鈴鹿市石薬師町　P（佐佐木信綱記念館）

近鉄名古屋線四日市駅🚌平田町行自由ヶ丘🚶5分

東海道の宿　卯の花の町

　自由ヶ丘バス停から国道1号線の南側にある旧東海道（現，四日市市）を西にたどり，釆女町（四日市市）から急勾配の杖衝坂を越えて，国道1号線を横切ると，東海道44番目の宿である石薬師宿に入る。以前は連子格子をはめた古い家並みが連なっていたが，近年改築が急増し，古い家並みはほとんど姿を消してしまった。国道1号線を横切って南へ約600mの所に，小沢本陣跡を示す案内板がある。建物は明治時代になって建て替えられているが，当時の貴重な宿帳や調度品が多数保存されている。

　本陣跡から南に100mほど進むと石薬師小学校があり，隣接して歌人佐佐木信綱の生家と佐佐木信綱記念館がある。信綱は石薬師で生まれ，幼年期をすごした後に東京へ移ったが，生家内部には当時の調度品が配置され，記念館には信綱の遺品・著書・原稿などが収蔵・展示されている。

　記念館前を通る旧東海道を南へ約450m行くと，国道1号線の上をまたぐ瑠璃光橋に出る。橋を渡ってさらに100mほど行くと，石薬師寺に至る。山門前の道を東へ約80m行くと御曹子社があり，社の鳥居の南に石薬師の蒲ザクラ（県天然）がみえる。寿永年間（1182～85），源範頼が平家追討の途中で石薬師寺に戦勝祈願をし，鞭にしていたサクラの枝を地面にさかさに刺したところ，芽をふいて

佐佐木信綱生家と記念館

石薬師宿から庄野宿周辺の史跡

育ったという。そのため、「逆さ桜」ともよばれている。樹高約6mで、株元から幹が数本に分かれており、ヤマザクラの変種とみられ、白色から淡紅色の花が咲く。

旧東海道に戻り南へ進み、上野町の古い家並みの坂をくだり蒲川に架かる橋を渡ると、すぐ左手に石薬師の一里塚跡(県史跡)がある。第二次世界大戦前は、一里塚辺りからつぎの庄野宿にかけて松並木が残っていた。

石薬師宿は、四日市と亀山の宿間が長かったため、1616(元和2)年に設けられた。もとは鈴鹿川付近にあったが、水害を避けてこの地に移ったといわれる。「東海道五十三次」の中で、歌川広重が描く「石薬師」には、寺の裏手に鷹飛山が描かれているが、明治時代に切り崩されて旧東海道を埋め立てたため、現在ではこの姿をみることはできない。

石薬師寺 ㉘
いしやくしじ
059-374-0394
⟨M ► P. 52,78⟩ 鈴鹿市石薬師町1 [P]
近鉄名古屋線四日市駅🚌平田町行上田口🚶5分

上田口バス停から、国道1号線を約400m行った瑠璃光橋の東詰に石薬師寺(真言宗)がある。ここは石薬師宿の南端にあたり、寺の駐車場は国道1号線沿いにある。寺は8世紀に白山の開祖である大徳泰澄によって開かれたといわれる。かつては大伽藍を形成していたが、天正年間(1573～92)に織田信長の兵火により、ほとんど焼失したという。現在の薬師堂は、1629(寛永6)年に建立された。堂内は、当初、本尊を安置する内陣と一般礼拝の外陣に二分されていたが、1789(寛政元)年の修理の際に、内・外陣境の結界をはずして現在のように一室に改修された。

江戸時代の参勤交代時に通行する諸大名の多くは、藩主みずから参堂して、道中の無事安全を祈願したといい、寺の石の階段の丸み

「東海道五十三次」に描かれた名刹

伊勢国の拠点、鈴鹿から津

石薬師寺

は、藩主の通行に支障のないよう配慮したともいわれている。また、村人は境内に入る際、素足で参拝したという。

　秘仏の石薬師の石仏（薬師如来立像）は、高さ190cm・幅110cmの花崗岩の自然石に浅く線彫りされたもので、平安時代に弘法大師空海が素手で彫り、開眼供養したといわれている。毎年12月20日に開扉され、檀家の人たちの手で「おすす払い」が行われる。

庄野宿 ㉙
059-370-2555（庄野宿資料館）
〈M ▶ P.52, 78〉鈴鹿市庄野町
JR関西本線加佐登駅🚶10分

東海道宿場の面影を残す家並み

　石薬師寺前の旧東海道を約650m行くと、国道1号線に出る。国道1号線を南に約2km行った庄野北交差点を右折すると、この付近が東海道45番目の宿である庄野宿の北端にあたり、石柱と案内板が立てられている。現在も残る格子造りの家と、ややカーブした狭い道が、街道であったことを伝えている。

　案内板から300mほど行った左側に、問屋であった旧小林家住宅（旧屋号油屋）があり、現在は庄野宿資料館になっている。「嘉永七（1854）年」銘の棟札をもつ建築物で、館内には庄野宿の本陣・脇本陣文書や高札など、宿駅関係の資料が展示されている。

　庄野宿資料館から南へ約350m行き、本陣跡や脇本陣跡を過ぎると、右手に川俣神社（祭神大国主命ほか）があり、境内に川俣神社のスダジイ（県天然）がある。スダジイは、暖地に自生するブナ科の常緑高木であるが、このスダジイは、樹高15m・幹周り5m以上

川俣神社のスダジイ

東海道と亀山・関

の巨木で，枝は東西に約19m，南北に約16mの広がりをみせている。太い幹には，注連縄が張られて柵も設置され，神木として保存されている。

　川俣神社から南へ約500m行って国道1号線を横切り，さらに400mほど進むと，「従是東神戸領」と記された領界石と女人堤防碑が立つ。この辺りは，鈴鹿川とその支流安楽川の合流点で，昔から水害が頻発していた。江戸時代，領民は神戸藩に何度も川の修築を申し出たが許されず，1829（文政12）年に女性たちが藩命にさからい，死罪を覚悟で堤防を補強した。女性たちは，いったんは処刑場に送られたが，赦免の早馬が到着し，救われたという。

石上寺 ❸⓪
0595-82-0788　〈M▶P.52〉亀山市和田町1185　P
近鉄鈴鹿平田町駅🚌亀山行和田🚶6分

往時の繁栄が石上寺文書に残る

　和田バス停から県道41号線を西に約500m行くと，石上寺（真言宗）がある。796（延暦15）年に大和国（現，奈良県）石上神宮の神託を受けた紀真龍が，那智（現，和歌山県）の熊野那智大社をこの地に勧請したと伝える。のちに鎌倉幕府の祈禱所となり，広大な土地が寄進されたが，戦国時代に織田信長勢の兵火に遭って衰微し，江戸時代初期に小堂を建てて再興したという。

　寺に伝わる紙本墨書石上寺文書（県文化）は，南北朝時代のものが多く，中世における石上寺と熊野那智大社との関わりや，信仰のあり方が知られる。現在は，亀山市歴史博物館に寄託されている。

亀山宿 ❸①
〈M▶P.52,81〉亀山市東町ほか
JR関西本線亀山駅🚶10分

東海道にある城下町停車場としても繁栄

　亀山駅を出て北に約200m行き，県道565号線の陸橋を渡ってさらに約200m行くと，石坂池のそばに出る。この辺りが，東海道46番目の亀山宿の中央部にあたり，池の手前，道の左側にある西町問屋場跡の高台につくられたお城見庭園からは，亀山城周辺を見渡すことができる。お城見庭園から旧東海道を約150m東に向かい，遍照寺を通り，亀山城の大手門跡に出る。この付近にある百五銀行の筋向かいが，高札場跡や本陣跡・脇本陣跡であり，城下町らしく，鋭く屈曲した細い道に沿って町並みが続く。そこから少し歩くと，江戸口門跡を示す案内板があり，ここから旧東海道は再び屈曲する。

亀山市中心部の史跡

また、お城見庭園から西に向かうと西町に入るが、家の軒先には、店の屋号を記した看板がさがる。やがて屈曲した街道を下り坂にさしかかると、右手梅厳寺の入口に京口門跡の説明板がある。ここには江戸時代「亀山に過ぎたるものの二つあり、伊勢屋蘇鉄に京口御門」と謡われた、堂々たる門があったという。その先を約300m南に入ると、南野町に亀山城主石川氏の菩提寺宗英寺（臨済宗）があり、道の正面に宗英寺のイチョウ（県天然）がある。樹高約40m・幹周り約8m、枝張りは東西約14m・南北約17mで、樹齢600年ともいわれ、県内最大級のイチョウとして知られる。

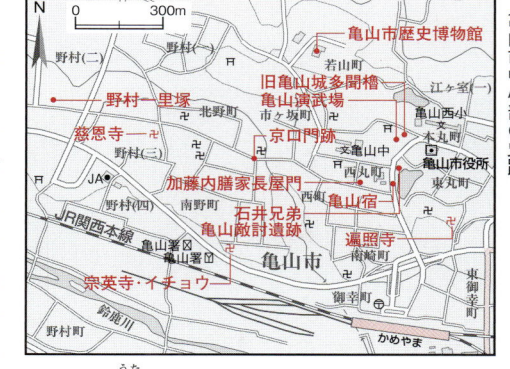

亀山中学校運動場前の道を南に入ってすぐの青木門跡付近に、1991（平成3）年春に復元された武家屋敷加藤内膳家長屋門と土蔵・長屋がある。加藤家は亀山藩家老職（禄高600石）をつとめ、1744（延享元）年に石川氏の入封にともない、現在地に屋敷地を与えられた。長屋門などの建築年代は確定できないが、幕末までに数度の改築を受けており、江戸時代中期以降の建造と考えられる。

宗英寺のイチョウ

亀山城跡 ㉜

0595-83-3000（亀山市歴史博物館）

〈M▶P.52,81〉亀山市本丸町576-1　P
JR関西本線亀山駅🚶10分

幾度も主が交替した城　今は多聞櫓が残る

亀山駅を出て北に約200m行き、県道565号線の陸橋を渡ると、正面の石垣上に城郭の一部がみえる。これが三重県内で唯一残る、江戸時代の城郭建造物である旧亀山城多聞櫓（県史跡）である。多聞櫓は、安政東海地震（1854年）によって大破したが修理され、明治

東海道と亀山・関　81

旧亀山城多聞櫓

時代には，士族授産の木綿緞通工場として使われた。そのため，明治時代初期に城内のほとんどの建造物が取りこわされるなかで，唯一破壊をまぬがれた貴重な建物である。また，二之丸御殿の式台と玄関の一部は，西町の遍照寺本堂として移築されている。

亀山城は櫓や城壁がチョウが舞うようにみえることから，粉蝶城(胡蝶城)ともよばれた華麗な城郭であった。丘陵状の地形を利用して，1590(天正18)年に岡本良勝が築造し，その後は頻繁に城主がかわり，1744(延享元)年に備中松山から石川総慶が入部し，1871(明治4)年の廃藩置県まで統治した。

櫓の西下には亀山演武場が復元されており，亀山藩御流儀心形刀流武芸形(県文化)が伝承されている。心形刀流は，亀山藩武芸指南役山崎雪柳軒が免許皆伝を得て，1864(元治元)年亀山に演武場を開設し，柳生新陰流にかわって御流儀となった。

城跡近くの石坂池の畔には，石井兄弟亀山敵討遺跡の碑が立つ。1673(延宝元)年，小諸藩(現，長野県)藩士石井正春が養子の赤堀源五衛門に殺された。正春の遺児4人のうち，2男と4男は赤堀が亀山藩に仕えていることを知り，29年の歳月をかけて，1701(元禄14)年に亀山城下で仇討ちをはたした。この仇討ちは「元禄曽我兄弟」と称されて，歌舞伎や講談などに取り上げられ，称賛された。碑は，1932(昭和7)年に亀山保勝会によって建てられた。

亀山城跡の北西約500mの所にある亀山古城跡には，1995(平成7)年秋に開館した亀山市歴史博物館がある。ここには，亀山市みどり町で発掘調査された井田川茶臼山古墳石室の実物大模型や亀山城主の遺品，亀山宿の町並み模型や歴史資料類を展示している。なお，館の玄関横の庭には，1999年の発掘調査で出土した，亀山城石坂門の石垣が移設・保存されている。

遍照寺 ㉝
0595-82-0595

〈M▶P.52,81〉 亀山市西町524
JR関西本線亀山駅🚶10分

両脇侍菩薩の胎内には墨書が残る

　亀山城跡から旧東海道を南に行き，石坂池を過ぎてすぐの角を左折して200mほど行くと遍照寺（天台宗）がある。亀山城二之丸御殿の玄関を移築した本堂には，ヒノキで制作された高さ約1mの木造阿弥陀如来立像（県文化）が安置されている。端麗に整った衣文は，鎌倉時代の代表的仏師快慶晩年の作風を継ぐものであるが，顔の表情や衣文の細部を詳細に検討すると，快慶の弟子世代以降のものと考えられ，鎌倉時代中期の作とされる。

　さらに，この像の両脇侍として，木造観音菩薩坐像・木造勢至菩薩立像（県文化）が安置されている。前者は像高30.8cm，後者は像高45.6cmの小像で，ともにやや前屈みの姿勢をとる。ヒノキによる鎌倉時代中期の作であるが，規模や作風から，3体は当初から三尊形式をなすものではないかと考えられている。

遍照寺木造阿弥陀如来立像（右）と脇侍

慈恩寺と野村一里塚 ㉞
0595-82-3535（慈恩寺）

〈M▶P.52,81〉 亀山市野村町
JR関西本線亀山駅🚶15分

平安時代の代表的仏像と街道沿いの巨木

　遍照寺から戻って，旧東海道を約1km西に向かうと，街道沿い南側に慈恩寺（浄土宗）があり，本堂に木造阿弥陀如来立像（国重文）が安置されている。像高163cm，ヒノキの一木造で，胸や腹，大腿部の肉付きは厚くて力強く，県内における9世紀初めの代表作である。もとは野村にあった薬師寺（長福寺）の本尊薬師如来であったとされ，後世の補修の際に，両手首から先を阿弥陀印としたものと考えられている。薬師寺（長福寺）は，慈恩寺の縁起によれば，行基が728（神亀5）年に聖武天皇の勅願によって創建し，薬師如来像を彫刻して安置したと伝える。1716（正徳6）年に長福寺は慈

東海道と亀山・関　83

野村一里塚

恩寺と改称された。

　さらに西に約400m進むと、野村一里塚(国史跡)がある。1914(大正3)年に南側の塚が取りこわされ、残った北側は、1935(昭和10)年に補修して、石垣と鉄柵が設けられた。一里塚としては、ほぼ完全な形をとどめている。高さ約3mの塚上には、幹周り約6m、樹齢約400年のムクの巨木がある。以前は高さ33mもあったが、のちに、18mほどに切除された。

関宿(せきじゅく) ㉟　〈M ▶ P. 52,84〉亀山市関町(せきちょう)新所(しんじょ)・中町(なかまち)・木崎(こざき) P
JR関西本線関駅 🚶10分

東海道宿場の町並みを今にいかす

　野村一里塚から旧東海道を約1.3km行くと、国道1号線に出るが、国道を横切り、そこから約1.5kmが、江戸時代に松並木が続いていたという大岡寺畷(たいこうじなわて)である。道は再び国道1号線に出、横切ると「小万凭松(おまんもたれのまつ)」碑と小さなマツがみえてくる。ここが関宿の入口である。東海道47番目の宿である関は、中世より「関地蔵宿」として繁栄してきた所で、天正年間(1573〜92)に東海道の道筋が変更され、中町(なかまち)が新設されて、新所町・木崎町とともに関三町を構成する「関宿」が誕生した。現在は、東(ひがし)の追分(おいわけ)から西(にし)の追分に至る街道に沿った家並み約1.8kmと、その北側に接する寺社を含む地域が、関町関宿伝統的建造物群保存地区とされ、江

関宿周辺の史跡

84　伊勢国の拠点、鈴鹿から津

関宿の町並み

戸・明治時代の建造物が約半数、第二次世界大戦前までの建造物を含めると、約7割が伝統的要素をもつ木造建造物群となっている。

宿の入口にあたる東の追分(県史跡)には、道の左に大鳥居が立つ。ここは旧東海道と旧伊勢別街道(現、県道10号線)の分岐点で、鳥居は伊勢神宮の一の鳥居であり、遷宮の際に内宮の宇治橋から移している。常夜灯や道標も残っているが、この東にあった一里塚は明治時代初期に取りこわされたという。関駅の北約400m、宿場中ほどにある延命寺(浄土真宗)の山門は、旧川北本陣の門であり、延命寺の南西約200mにある脇本陣跡の波多野家の斜め向かいには、関まちなみ資料館と伊藤本陣跡がある。続いて郵便局を過ぎて2つ目の角を入ると、福蔵寺(天台宗)がある。福蔵寺の境内には織田信長の3男信孝の墓や、仇討ちで有名な関の小万の大きな墓碑が立ち、旧萩野脇本陣の門が移されている。さらに右手には旅籠「玉屋」歴史資料館があり、ここを過ぎると、やがて地蔵院である。

地蔵院から西に向かい観音堂を過ぎると、西の追分(県史跡)に出る。加太(現、関町加太)を越えて奈良に向かう大和街道の起点であり、2mを超える高さの道標や常夜灯が立つ。

西の追分から北へ800mほどのぼると、観音山公園がある。山頂近くの観音堂には、1857(安政4)年に大坂の石工村上佐吉が彫った33体の観音像がおかれ、観音堂からは関宿が一望できる。

九関山地蔵院 ㊱ 〈M ▶ P. 52, 84〉 亀山市関町新所1173-2 P
0595-96-0018   JR関西本線関駅 🚶 10分

関宿のランドマーク 信仰篤い地蔵堂

「関の地蔵」として親しまれてきた九関山地蔵院(真言宗)は、関町関宿伝統的建造物群保存地区の中心的存在である。741(天平13)年、行基が地蔵を安置したのに始まる。

本堂(国重文)は、1700(元禄13)年に建立された。江戸幕府5代将軍徳川綱吉の母桂昌院がこの地蔵を熱心に信仰し、その結果、綱

東海道と亀山・関　85

九関山地蔵院

吉が生まれたとされる。また本堂に向かって左側には、1630（寛永7）年再建の旧本堂があり、愛染明王像を安置したことから、のちに愛染堂（国重文）ともよばれた。小堂ながら銀箔透彫りの扉をもつ豪華な造りである。堂前の鐘楼（国重文）は17世紀中頃の建造物で、1671（寛文11）年の梵鐘改鋳の際に修理された。庭園も県内七名園の1つで、築山のエゾザクラは藤原定家の歌にもみえる。なお、棟札ならびに建立記録である造営文書も附指定されている。

正法寺山荘跡 ㊲ 〈M ► P.52,84〉亀山市関町鷲山 P
JR関西本線関駅 🚶40分

関氏栄華の跡　今は市民の憩いの場

九関山地蔵院から北へ200m、亀山市役所関支所の横の道を北に約1.5km行った鷲山に、正法寺山荘跡（国史跡）がある。正法寺は亀山城主関盛貞が、永正年間（1504〜21）の初めに創建した寺で、京都大徳寺に属した。盛貞は羽黒山（290m）と小野川に囲まれたこの寺を、山荘として利用し、何似斎を号として連歌師宗長らの文人を招いて親交をもった。『宗長手記』にも、「寺のさま高雄山神護寺（京都府京都市）にも似たり」と述べられている。

1977（昭和52）年からの発掘調査で、東西約40m・南北約60mの土壇を始め、礎石建物や掘立柱建物、石組の井戸や溝などが明らかとなり、途中、火災を受けたことも確認された。調査後に史跡整備さ

正法寺山荘跡

れ，サクラの名所として，シーズン中は多くの行楽客で賑わう。

鹿伏兎城跡（かぶとじょうあと）㊳ 〈M▶P.52〉亀山市関町加太市場（いちば）
JR関西本線加太駅🚶20分

静寂のなかに残る山上の中世城館跡

加太駅のすぐ北にある北山（264m）の頂上に，鹿伏兎城跡（県史跡）がある。城跡へは，加太駅から線路沿いに西に少し歩き，小さな踏切を渡ると，神福寺（臨済宗）の山門正面に出る。門前の案内板に従って，寺横の細い道からのぼることになる。山頂までは約360mであるが，登山道は未整備でわかりにくいので注意を要する。

14世紀中頃，亀山城主関盛政の4男盛宗は，鹿伏兎谷を領して鹿伏兎氏を称した。正平年間（1346～70）に築かれ，初め牛谷城とよばれていたのを，6代定好の頃に鹿伏兎城と改称したが，1583（天正11）年に豊臣秀吉勢の攻撃を受けて，落城した。鹿伏兎谷は伊勢と大和両国を結ぶ大和街道を押さえる要衝の地であり，周囲の展望もよく，中世城館の立地としては，きわめてよい条件を備えていた。城郭は大小7カ所の台地上につくられ，神福寺から少しのぼった辺りから，土塁や石垣の一部が残っているのがわかる。

なお，神福寺は亀山城主関盛貞の子定俊が，1394（応永元）年に居館を兼ねて建立した鹿伏兎氏の菩提寺であり，静寂のなかにたたずむ禅寺である。

鹿伏兎城跡

坂下宿と鈴鹿峠（さかしたじゅくとすずかとうげ）㊴ 〈M▶P.52,88〉亀山市関町坂下（さかした）
JR関西本線関駅🚌草津行坂下🚶5分

坂は照る照る鈴鹿はくもる

関宿西の追分から国道1号線とほぼ重なった道を2kmほど行くと，数軒からなる筆捨地区がある。ここは東海道48番目の宿である坂下宿の中間にあたる立場（たてば）で，四軒茶屋（筆捨茶屋）とよばれていた。この付近から鈴鹿川の渓谷越しにみえる筆捨山（289m）は，戦国時代の絵師狩野元信が山の景観に惹かれて筆をとったものの，激変す

東海道と亀山・関　87

坂下の町並み

る天候に筆が追いつかず、ついに投げ捨てたという伝承をもつ景勝地で、歌川広重の「東海道五十三次」にも描かれている。

　再び国道1号線を約500m行き、一里塚の碑を右に折れて旧道に入り、しばらく行くと鈴鹿馬子唄会館がみえ、会館の向かいには、鈴鹿峠自然の家(国登録)がある。この木造建築物は、1938(昭和13)年に建てられた旧坂下尋常高等小学校(のち坂下小学校)の校舎で、正面中央に車寄があり、廃校後の現在も、宿泊研修施設として活用されている。

　坂下宿は、初め現在地より西に約1.1kmの文字通り鈴鹿峠のすぐ下にあったが、1650(慶安3)年の洪水で被災したため、宿場全体が移転したという。かつて「東海道一」といわれた大竹屋などの本陣3軒と脇本陣1軒、旅籠48軒が立ち並ぶ大きな宿場であった。本陣跡を示す石柱のある辺りは、かつての坂下宿の中心地であるが、今では静かな町並みとなっている。

　鈴鹿山脈は、三重県側は険しく滋賀県側はなだらかになっており、鈴鹿峠は、箱根峠(神奈川県足柄下郡・静岡県田方郡函南町)と並ぶ旧東海道の難所であった。また天候の変化も激しく、鈴鹿馬子唄の中にも「坂は照る照る鈴鹿はくもる　あいの土山雨が降る」とある。鈴鹿峠の頂上まで約200mの所、旧東海道から少し左の山道をのぼって行くと、坂下方面を一望できる場所に、鈴鹿山の鏡岩(県天然)とよばれる岩がある。1991(平成3)年に名

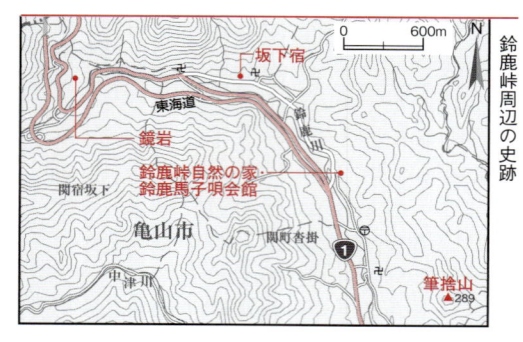

鈴鹿峠周辺の史跡

88　伊勢国の拠点、鈴鹿から津

称変更されるまでは,「鏡肌(はだ)」とよばれていた。鏡肌とは,断層(だんそう)が生じる際に強大な摩擦力によって研磨され,平らな岩面が鏡のような光沢をおびるものをいうが,鈴鹿山の鏡岩の光沢は一様ではなく,多少風化して赤褐色をした面もある。鈴鹿峠は平安時代から,山賊(さんぞく)が横行することでも有名であったが,山賊が旅人の姿を岩に映しておそったという言い伝えもある。

　鈴鹿峠を越えると,巨大な常夜灯(万人講常夜灯)が国道1号線を見下ろしているが,そこはもう滋賀県である。

④ 伊勢別街道から寺内町一身田へ

伊勢別街道沿いには、古代から近世にかけての文化財が残るが、とくに一身田には数々の文化財を所蔵する社寺が多い。

石山観音 ⑩

〈M ► P. 52, 91〉津市芸濃町楠原2308ほか　P
JR関西本線関駅🚌関バスセンター（関ドライブイン）🚶50分、または🚗10分

山全体に刻まれた石仏は圧巻

石山観音磨崖阿弥陀如来立像

関駅から国道1号線を東へ約500m、木崎町交差点を右折して南へ約1km行くと、関ドライブインを越えた所に、石山観音公園への案内板があり、案内に従って行くと、公園の入口に至る。丘陵群に露出する岩面に、大小40体余りの磨崖仏が刻まれており、これらを総称して石山観音という。鎌倉時代末期からつくり始められ、多くが観音像である。西国33カ所霊場にちなみ、観音像には1〜33番の番号がついている。

公園内に入ると、鎌倉時代の作といわれる、穏やかな笑みをたたえる坐高3.24mの磨崖地蔵菩薩立像がある。右回りの巡拝路を進むと、石段の中腹には磨崖聖観音立像がある。1848（嘉永元）年に彫られたものだが、風化による磨滅が著しい。ツブラシイやミズナラの木立を抜け、さらに山頂へとのぼり詰めると、馬の背とよばれる巨岩にたどり着く。ここからは展望が開け、伊勢湾が望める。順路に沿って東へくだると、磨崖阿弥陀如来立像（いずれも県文化）がある。室町時代初期以前の作といわれ、像高3.52m、台座を含めると5mにも達する巨像である。光背を深く彫って仏体を浮かびあがらせており、胸には写経や経文を納めた小さな箱穴が穿たれている。

椋本と角屋 ⑪
059-265-2001（角屋）

〈M ► P. 52, 91〉津市芸濃町椋本727
JR紀勢本線・近鉄名古屋線津駅🚌椋本行終点🚶3分

石山観音から県道10号線に戻り、津方面へ約500m行くと、旧道

沿いに宿場町の面影がわずかに残る楠原の家並みがある。県道10号線をさらに約800m行き、明郵便局のある信号を左折し、東へ150mほど行くと、明小学校の手前に旧明村役場庁舎（国登録）がある。1916（大正5）年に建設された木造2階建て、寄棟造の洋風建築物である。旧芸濃町との合併後は、明支所や芸濃町資料館として使用された。

旧明村役場から旧伊勢別街道を南進すると、横山池の東側を通って椋本宿に入る。東海道の関宿から津の城下に至る中間点にあたり、幕末には20軒におよぶ旅籠があった。

そのうち、現在も旅館として営業を続けているのが、宿の北辺にある角屋である。角屋旅館本館（国登録）の軒下には、「日参組」「九寿組」「日丸組」など、多数の参宮講社の講札が掲げられている。屋内のものも含めると、三十数点におよぶ。「神風講社」の文字が入っているのは明治時代のものである。

千葉県佐倉市にある国立歴史民俗博物館には、幕末期の状態に復元された角屋の入口から帳場にかけての建物内部が、実物大で展示されている。

角屋から南へ300mほど台地をくだった所に、椋本

芸濃町周辺の史跡

宿場の面影を残す旅籠は今も営業中

講札が掲げられた角屋

伊勢別街道から寺内町一身田へ

の地名の由来となった樹齢1000年を超える椋本の大ムク（国天然）がある。さらに2kmほど西の雲林院の長徳寺（曹洞宗）には、竜王ザクラ（県天然）がある。また、美濃夜神社（溝淵明神）には、平安時代末期以降の棟札（県文化）32枚が残されている。このほか、近世に安濃川から分水された雲林院井堰（県史跡）もあるが、1950（昭和25）年にコンクリート堰が近くにつくられ、近世の堰は埋没している。

明合古墳 ⑫　〈M▶P.52,92〉津市安濃町田端上野 P
近鉄名古屋線津新町駅 立合行東観 15分

特異な形状の双方中方墳が現存

椋本から県道10号線を東へ進み、伊勢自動車道芸濃IC手前の豊久野交差点を南へ約4.8km行くと、左手に安濃中央総合公園があり、さらに200mほど東側に行った道路北側に面して明合古墳（国史跡）がある。主墳は1辺約60m・高さ約10mの方墳で、北西部と南西部に10m前後の造出し部を有する全長81mの双方中方墳であり、全国的にも珍しい形状である。主墳の周囲には3基の陪冢が現存しているが、いずれも方墳である。斜面には人頭大の葺石があり、主墳および陪冢からは、円筒埴輪や家形埴輪・蓋形埴輪などの形象埴輪片が採集されている。主墳の築造時期は5世紀とされ、古墳時代中期の首長墓と考えられるが、県内の大型古墳が前方後円墳を主流にするのとは対照

安濃町周辺の史跡

明合古墳

的であり，当時の政治・社会構造を考えるうえで注目されている。

　明合古墳周辺の寺院には，数多くの美術品が所蔵されている。安濃町連部の善福寺（天台宗）には，平安時代後期に制作された一木造の迫力に満ちた木造毘沙門天立像（国重文）があり，安濃町太田公民館には，太田区が管理する，平安時代後期作の寄木造の木造阿弥陀如来坐像（県文化）がある。また，安濃町安濃の松原寺（浄土真宗）には，幼少期の姿をあらわした南無仏太子像とよばれる，木造聖徳太子立像（県文化）が安置されている。

寺内町一身田 ㊸

059-233-6666（一身田寺内町の館）

〈M ► P. 52, 94〉　津市一身田町　P
JR紀勢本線一身田駅徒5分，または近鉄名古屋線高田本山駅徒15分

寺内町の形をよく残す町並み

　一身田駅前の道を東へ約200m行き，安楽橋を渡ると，左手に浄土真宗高田派の本山である専修寺の大きな唐門と山門がみえる。門をくぐり境内に入ると，ひときわ巨大な建物，御影堂と如来堂が並んでいる。

　16世紀末から一身田は，専修寺を中心とする寺内町として発展した。約500m四方の寺内町の周囲は，毛無川や堀で囲まれていた。近世では町に出入りする際は，北東隅・東南隅・西南の3カ所の橋を渡らなければならず，それぞれ赤門・黒門・桜門とよばれる門が付設され，夜間は閉じられていた。現在，堀は水路として利用されているが，門はなくなり，新しい道もつけられている。寺内町には専修寺の末寺がおかれたほか，寺に仕えた用人や一般の商人らが居住し，間口に応じて本山へ税を納めていたという。現在も古い面影を残す町並みが残っている。

　専修寺前の道路を東に向かうとすぐに，一身田寺内町の館があり，明治時代初期の寺内町の復元模型がある展示室や休憩室が設けられている。事前に連絡を

一身田の町並み

伊勢別街道から寺内町一身田へ　　93

一身田周辺の史跡

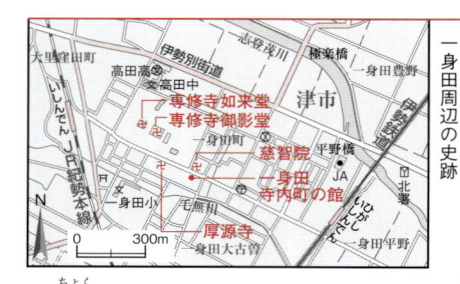

すれば、無料でボランティアガイドによる寺内町の案内を受けて散策することができる。

一身田の地名は、律令制下において天皇の個別の勅によって特定の個人に与えられた賜田のうち、その身一代に限定された「一身田」に由来するともいわれる。中世には神宮領荘園となり、「一身田御厨」とよばれるようになっていた。

専修寺は、1658(万治元)年に津藩から窪田村(現、津市大里窪田町)の土地を寄進され、寺域や寺内町も拡大した。寺内町にある末寺の厚源寺(浄土真宗)には、愛くるしい幼少期の姿を形どった鎌倉時代作の木造聖徳太子立像(県文化)がある。また、慈智院本堂(県文化)は1639(寛永16)年の建造で、仏壇の構えなどに、真宗寺院にはみられない特徴を有している。

なお、旧伊勢別街道は、一身田の約700m北西の窪田宿からルートを南にとり、一身田の南側を通って江戸橋方面へ向かっていた。大里窪田町には、1817(文化14)年につくられた、高さ8.6mで津市内最大の常夜灯が残っており、寄進者である「江州(現、滋賀県)」商人の名前が刻まれている。

また、専修寺から南に約1.3km行った、一身田上津部田の集落にある勝久寺(天台宗)には、平安時代末期作の寄木造の特徴をよくあらわした木造阿弥陀如来坐像や、鎌倉時代作の木造聖観音立像・木造地蔵菩薩立像(いずれも国重文)が安置されている。室町時代の大般若経の奥書によると、全国を行脚する多くの僧が立ち寄り、多数の伽藍をもつ寺院であったという。

専修寺 ❹
059-232-4171
〈M ▶ P.52, 94〉 津市一身田町2819 🅿
JR紀勢本線一身田駅🚶5分、または近鉄名古屋線高田本山駅🚶15分

浄土真宗高田派本山は文化財の宝庫

一身田駅前の道を東南へ約400m行くと、専修寺に着く。

専修寺は、600以上の末寺を有する浄土真宗高田派の本山である。もともと、親鸞が関東で布教をしたときの拠点であった下野国(現、

栃木県)芳賀郡にあり,現在でも下野の専修寺(栃木県真岡市)は「本寺」とよばれ,高田派の法主が住職を兼務している。10世住持の真慧は,本願寺の蓮如に対抗して東海・北陸地方に布教を行い,1474(文明6)年頃に伊勢地方の拠点として,現在地に「無量寿院」を建立し,後土御門天皇から朝廷の祈願所と定める綸旨を下付された。

16世紀前半に,下野の専修寺が兵火に遭って勢力が衰えると,本山機能が無量寿院に移動し,16世紀後半には,「一身田専修寺」の通称が使われた。16世紀末に豊臣秀吉が発行した朱印状では,「伊勢国高田専修寺」の宛名書きがなされており,この頃に,専修寺の名称が正式に認められたと考えられる。

江戸時代になり,1645(正保2)年に焼失後,津藩2代藩主藤堂高次から185石余りの土地を寄進され,寺域が西へ大きく拡大した。1666(寛文6)年に完成した御影堂(国重文)の再建から始まり,18世紀になって山門(県文化)が,1748(寛延元)年に如来堂(国重文)が完成し,現在の伽藍配置がほぼ整った。唐門(県文化)は,1844(天保15)年に完成している。さらに,如来堂の西側には親鸞の御廟拝堂及唐門(県文化)がある。また,御影堂と如来堂の裏には,専修寺庭園(県史跡・名勝)が広がっており,南北に回遊式池庭が配置されている。竹藪を進むと,中の島をもつ北池の西側の茶席安楽庵にたどり着く。茶席の名をとって,一般に「安楽庵庭園」とよばれている。

御影堂は,桁行9間(約16.2m)・梁間9間の和様を主とした県内最大の木造建造物であり,内々陣をのぞき畳敷で725畳を数える。内陣厨子には,木造親鸞上人坐像(県文化)を安置している。

如来堂は,裳階をつけ,裳層正面には唐破風の向拝が設けられた堂で,真宗寺院には珍しい禅宗様の仏堂である。本尊として真慧

平成の大修理が終わった専修寺如来堂(左)と御影堂

伊勢別街道から寺内町一身田へ　95

が，比叡山延暦寺(滋賀県大津市)からもらってきたという木造阿弥陀如来立像(国重文)をまつる。1983(昭和58)年から解体修理が行われた。東南の柱の台座には，「寛保三(1743)亥　七月十二䒭　本覚道元信士　俗名勘六」と刻まれており，人柱伝説が伝えられている。

このほか，専修寺には鐘楼や太鼓門があり，宝物館には親鸞筆の西方指南抄や三帖和讃(ともに国宝)，教行信証(高田本)・親鸞聖人消息(ともに国重文)を始めとする文書類，絹本著色阿弥陀三尊像(国重文)や絹本着色真慧上人像(県文化)などの絵画類，谷川士清により寄贈された，津市野田出土の銅鐸(県文化)など，宝物類が数多く所蔵されている。

また，毎年1月9日から1週間行われる親鸞の報恩講は「お七夜」とよばれ，県内外から数多くの人びとが集まり賑わう。

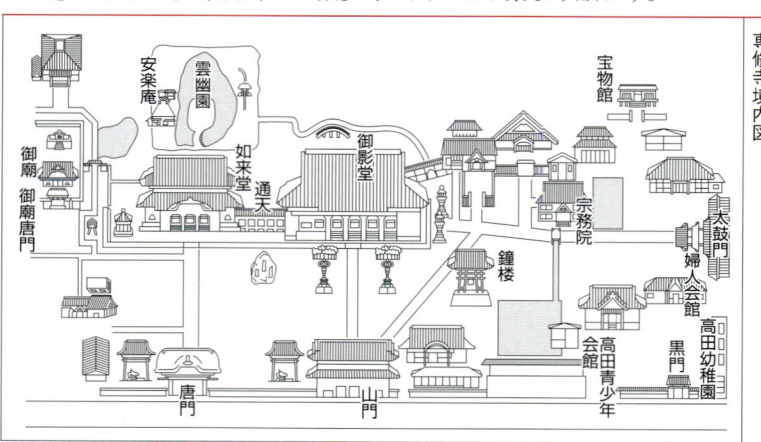

専修寺境内図

⑤ 津の城下と伊勢街道に沿って

古代三大津の1つ安濃津の湊は、明応の地震によって荒廃するが、近世になると津藩の城下町として繁栄した。

津偕楽公園 ㊺
059-228-2283(三重県立博物館)

〈M▶P.52, 97〉津市広明町　P
JR紀勢本線・近鉄名古屋線津駅🚶5分

藩主の別荘地　今はサクラの名所

　津駅西口を出て、1つ目の信号を左へ行くと、三重県立博物館があり、その裏手に津偕楽公園がある。

　三重県立博物館は1953(昭和28)年に建てられたもので、1907(明治40)年に開催された、第9回関西府県連合共進会の会場跡地であった。裏庭には、津市鳥居町の鳥居古墳が復元され、出土した押出仏・塼仏(県文化)が当博物館に所蔵されている。また、特別天然記念物のオオサンショウウオも飼育されている。

　津偕楽公園は、津藩11代藩主藤堂高猷が安政年間(1854〜60)に別荘を営んだのが始まりで、公園名は高猷の俳号に由来する。1890(明治23)年に津市の公園となり、約5.5haの園内は、天然の地形をいかしながら、サクラやツツジ・フジ・モミジなどが、季節によって彩りを添えている。

　園内には、江戸藩邸から移築した灯籠、「天保元(1830)年」の年号がある常夜灯(塔世橋南詰から四天王寺薬師堂前を経て移築)のほか、漢学者で津藩校有造館督学の斎藤拙堂や津出身の鍼術

津駅周辺の史跡

津の城下と伊勢街道に沿って　97

津偕楽公園

創出者杉山検校，『伊勢新聞』の創始者松本宗一の碑などが立っている。

四天王寺 ㊻　〈M ▶ P.52, 97〉津市栄町892　P
059-228-6797　JR紀勢本線・近鉄名古屋線津駅🚶10分

幾度もの兵火によって規模縮小の大寺院

　津駅東口を出て駅前ロータリーを右手に進み，信号手前を右折して約700m進むと，右手に四天王寺がある。曹洞宗の中本山で，聖徳太子による創建との伝承があるが，たび重なる兵火によって堂宇が焼失しており，はっきりしたことはわかっていない。しかし，奈良時代の古瓦の出土や，現存する木造薬師如来坐像(国重文)の胎内文書により，平安時代には，広大な寺領をもつ寺院であったことが知られている。当寺には，絹本著色聖徳太子像や絹本著色藤堂高虎像 附 同夫人像(ともに国重文)などが所蔵されている。

　また，境内には藤堂高虎夫人久芳院の墓のほか，織田信長生母の墓，斎藤拙堂，茨木素因らの学者・文人の墓，幕末の写真家であり，藩校有造館で化学を講じた堀江鍬次郎らの墓がある。ほかに，芭蕉翁文塚や詩文に関係深い碑も数多くある。なお，四天王寺の北約500mに蓮光院があり，木造大日如来坐像と木造阿弥陀如来坐像(国重文)が収蔵庫に安置されている。

四天王寺山門

98　伊勢国の拠点，鈴鹿から津

津城跡 ❹

059-227-5677（石水博物館）

〈M ▶ P.52, 97〉 津市丸之内27　P
JR紀勢本線・近鉄名古屋線津駅🚌米津・香良洲行ほか
三重会館🚶5分

津市の中心　藤堂氏の居城

　三重会館バス停から津中央郵便局側に渡り，さらに横断歩道を渡って国道23号線を約100m進むと，右手に，石垣と1958（昭和33）年に建造された三重櫓がみえる。

　津城は織田信長の弟信包により，伊勢侵攻の拠点として1580（天正8）年に築城され，翌年富田氏が入城した。しかし，関ヶ原の戦い（1600年）の際に，西軍との攻防で城は大きな被害を受け，5層の天守閣も砲撃で焼失するなど，荒廃した。その後，1608（慶長13）年に，藤堂高虎が四国伊予今治（現，愛媛県）から入城し，大がかりな城の修築に取りかかった。北側の石塁を高く積み直し，両隅に3重の櫓をつくったが，天守閣は再建されなかった。

　また，高虎は城下の整備も行い，北・西・南の3方に武家屋敷を集め，海岸寄りを通っていた伊勢街道を城下に引き入れ，内堀や外堀も掘り直した。1615（元和元）年，高虎は大坂冬の陣・夏の陣の功績で加増されて32万石の大名となり，さらに城下の商人への保護政策を行ったことで，城下の繁栄の基礎がつくられた。

　明治維新で津城は廃城となり，石垣を残すのみとなった。旧城下町には，1889（明治22）年に市制が実施され，やがて鉄道が開通して，製糸・紡績などの近代工業の工場が立ち始め，明治時代末期には，外堀が埋め立てられた。第二次世界大戦中，1945（昭和20）年7月の津空襲で，市街の7割以上が焼失する大被害を受け，戦後には，内堀もほとんど埋め立てられるなど，かつての偉容は見受けられなくなった。本丸跡と西ノ丸跡は「お城公園」として整備され，津城跡として，2005（平成17）年に県史跡に指定された。

津城跡

津の城下と伊勢街道に沿って

藩祖高虎をまつる高山神社は，本丸跡から南側の石垣の外に移り，西の丸跡は日本庭園となり，赤門といわれる旧制津中学校の正門にもなった藩校有造館の入徳門が移築されている。有造館跡は，国道23号線に面したNTTの位置にあたり，国道に面した所に，石碑が立てられている。

　なお，津城跡東南の岩田橋北詰の石水会館内にあった石水博物館は，津市垂水の千歳山に移転した。ここでは国学者の谷川士清関係資料や本居宣長自筆書状（ともに県文化）のほか，佐藤家文書（国重文）や川喜田家文書を所有している。また千歳山の敷地内には，昭和初期のコンクリート建築である千歳文庫（国登録）がある。

　津城跡の東，国道23号線を越えた東丸之内の旧分部町地区に伝わる唐人踊（県民俗）は，毎年10月10日前後の土・日曜日の津祭りの際に，分部町唐人踊保存会によって演じられている。津祭りは，本来，津市藤方の八幡神社の祭礼である。

　1635（寛永12）年，津藩2代藩主藤堂高次のとき，八幡神社が津市垂水の千歳山から現在地に遷され，唐人踊りを始め，各町の山車や練り物が繰り出す祭礼が行われるようになった。

　唐人踊は，江戸幕府へ入貢した朝鮮通信使を模したものといわれ，喜怒哀楽をあらわした面や，ロッペといわれる長衣を陣羽織のように着つけた踊り手が，鉦やチャルメラ風のラッパの音にあわせて踊る。衣装や楽器は第二次世界大戦で焼失し，大幟だけが津市教育委員会に保管されている。

恵日山観音寺 ㊽
059-225-4013

〈M ▶ P.52, 97〉津市大門町31-28　P
JR紀勢本線・近鉄名古屋線津駅 🚌 米津・香良洲行ほか
三重会館 🚶 5分

戦火に見舞われた寺院　商店街復興の要

　三重会館バス停北側の大門西交差点から，だいたて商店街を抜けて北へ入った所に，市民から「観音さん」と親しまれている恵日山観音寺（真言宗）がある。関ヶ原の戦い（1600年）と1945（昭和20）年7月の津空襲で，多くの堂宇を焼失した。もとは，橋南地区の柳山付近の町中にあったが，織田信包による津城の城下町形成で，現在地に移った。

　現在の本堂は鉄筋コンクリート造りだが，本尊で秘仏の木造聖

恵日山観音寺

観世音菩薩立像が安置されている。2001(平成13)年には、五重塔が建立された。境内には、藤堂高虎から献上された銅灯籠などが残っており、津の釜屋町(現、津市北丸之内)に住んでいた鋳物師辻吉種・重種の作である。また、本堂に隣接する資料館では、寺宝が展示されている。

西来寺 ㊾
059-226-6860
〈M ▶ P. 52, 97〉津市乙部6-14 Ｐ
JR紀勢本線・近鉄名古屋線津駅🚌米津・香良洲行ほか三重会館🚶8分

戦火を免れた数多くの文化財

西来寺は、天台真盛宗の別格本山である。国道23号線の三重会館バス停すぐ南の三重会館前交差点を東へ入り、フェニックス通りを津なぎさまち方面へ進み、国道バイパスを越えて北へ100mほど入った所にある。もともと開祖である真盛上人が開いた地は阿漕海岸付近であるが、1498(明応7)年の明応の大地震で被害を受け、室町時代後期には、観音寺とともに柳山付近に移っていた。釜屋町付近には、西来寺町の旧町名が1972(昭和47)年まで残っており、織田信包の津城築城の際に城下に移転し、門前町を形成していたという。その後、関ヶ原の戦いの際に津城攻防で兵火に遭い、1601(慶長6)年に、領主から現在の地を下付され再移転し、本堂の再建が行われた。1945(昭和20)年の津空襲で再び焼失したが、宝蔵庫周辺だけは焼夷弾が落ちずに、寺宝の多くが難を逃れた。

寺宝として、絹本著色阿弥陀如来来迎図・絹本著色

西来寺本堂

津の城下と伊勢街道に沿って　101

浄明院の宝篋印塔

聖徳太子勝鬘経講讃図・紙本墨書大般若経・注大般涅槃経・版本天台三大部の重要文化財5点、紙本墨書真盛自筆消息（県文化）など、県指定文化財2点を始め、市指定の文化財も数多く所蔵している。

西来寺の東、乙部朝日バス停のすぐそばの浄明院（臨済宗）は、津藩3代藩主藤堂高久が建てたものだが、境内には、高さ1.5mほどの花崗岩の石造宝篋印塔（県文化）がある。笠の四隅に「角」とよばれる突起があり、屋根に何段かの造出しがあるのが特徴である。基壇には「文保二(1318)年」の銘文が刻まれており、県内でも珍しい鎌倉時代の作である。浄名院は、探偵小説で知られる江戸川乱歩の祖先（津藩士）の菩提寺であり、乱歩が建てた祖先累代の墓もある。

子安山地蔵院 ㊿　〈M ▶ P. 52, 97〉津市中河原481　P
059-228-9242　JR紀勢本線・近鉄名古屋線津駅🚌津海岸行大井町🚶すぐ

津藩の寺院町をめぐる

西来寺の西を走る国道バイパスを、北へ800mほど行って東へ約150m入ると、中河原集落のはずれに子安山地蔵院（真言宗）がある。16世紀には中河原城があり、城主の乙部伊豆守藤政が、城中で守護仏をまつっていたという。廃城後、地蔵院が建立されたと伝えられ、本尊の木造地蔵菩薩立像は、「子安観音」として親しまれている。絹本著色地蔵菩薩像（国重文）は鎌倉時代の作で、地蔵菩薩が雲に乗って人びとの苦悩を救うために、天上からくだってきた場面を描いた来迎図で、袈裟には細かい截金彩色を施している。現在、奈良国立博物館に保管されている。

子安山地蔵院から東へ100mほど行くと、潮音寺（浄土真宗）がある。所蔵の銅造阿弥陀如来立像（県文化）は、善光寺式阿弥陀三尊像の中尊であったと考えられており、鎌倉時代末期に遡る古像である。

津市内の戦争遺跡

コラム

ものいわぬ戦災の証言者たち

　津市栄町の四天王寺の墓石の中には、1945(昭和20)年7月の津空襲の際に、損傷を受けたものがみられる。四天王寺の南にある、国道23号線の安濃川に架かる塔世橋の欄干にも、無数の弾痕が残っている。1993(平成5)年の橋の架け替え工事では、市民の要望により新しい塔世橋の南西端に移築され、説明板が立てられて保存されている。近くの市町村会館前には、戦禍を免れた、旧三重県農工銀行の土蔵が残る。

　また、津市寿町の中消防署の南側にある寒松院(天台宗)は、歴代の津藩および久居藩主の菩提寺であるが、初代藤堂高虎、高虎夫人松寿院、4代高睦らの五輪塔には、弾痕がはっきりと残っている。

　そのほか、津市大倉の阿漕駅周辺や津市神戸の民家の塀や神社の石灯籠にも弾痕が残っている。また、津市野外活動センターには空襲で死亡した7人の神戸国民学校の教員の碑があり、神戸集落の西南の森の中には、日清戦争(1894～95年)や日露戦争(1904～05年)、満州事変(1931年)から第二次世界大戦において、犠牲となった旧神戸村民の3基の慰霊碑が建てられている。

　津市半田から野田にかけての丘陵地には、第二次世界大戦末期に磨き砂採掘場を利用して、縦横無尽にトンネルが掘られ、津海軍工廠や住友金属・三菱重工業の地下工場がつくられた。近年、付近でトンネルの崩壊により、民家や道路が陥没する被害もおきている。

　雲出川河口の津市香良洲町には香良洲歴史資料館があり、海軍飛行予科練習生教育隊がおかれた三重海軍航空隊の資料や遺品が展示されている。また、町内には汽罐場(ボイラー)の煙突が残っていたが、1999(平成11)年に再開発の中で撤去された。

塔世橋の弾痕

市民に親しまれる「閻魔堂」

真教寺 ❺
059-225-8105

〈M ▶ P. 52, 104〉 津市下弁財町津興2389
JR紀勢本線・近鉄名古屋線津駅🚌 柳山経由米津行エンマ堂🚶すぐ

　エンマ堂バス停のすぐ北に、「閻魔堂」の名で知られる真教寺(天台宗)がある。江戸時代の初めに、東隣の市杵島姫神社とともに、津の守護として町の入口に建立されたものである。本尊は木造閻魔

津の城下と伊勢街道に沿って　　103

閻魔堂

王坐像であるが、ほかに木造十一面観音立像（県文化）がある。総高236cmあり、17世紀後半につくられたヒノキの一木造で、諸国を遊行した円空の制作であると考えられる。円空仏としては屈指の大きさであり、やや面長な面貌と微笑を浮かべている。左右相称の衣文や量感豊かな掌などに、法隆寺（奈良県奈良市）で修行し、仏像制作について学んだ痕跡が見受けられる。

市杵島姫神社（祭神市杵島比売命）には、青銅の「湯立釜」があるが、釜屋町（現、北丸之内）の辻氏と並び称された中山村（現、津市栗真中山町）の鋳物師阿保氏の作である。この神社は北畠氏が神体としていた弁財天を、江戸時代にこの神社に遷したことから、「弁財さん」とよばれて親しまれ、弁財町の地名の由来となった。

閻魔堂の北側にあるみえ夢学園高校（旧津実業高校）は、新校舎建造の際に発掘調査が実施され、安濃津を偲ばせる中世の遺構が砂堆上で検出された。安濃津は、明の茅元儀が17世紀前半に著した兵書『武備志』に「洞津」として、坊津・博多津とともに日本三津の1つにあげられている。しかし、1498（明応7）年の大地震・大津波で、港も町も壊滅した。24年後にこの地を訪れた連歌師宗長は、手記の中で「此津十余年以来荒野となりて、四五千軒の家・堂塔跡のみ」と記している。

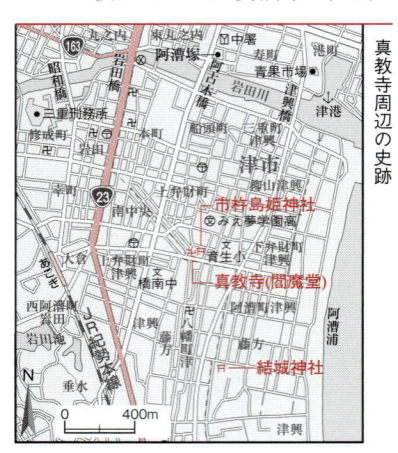

なお、市杵島姫神社の約550m北には、謡曲「阿漕」や浄

真教寺周辺の史跡

瑠璃「勢州阿漕浦鈴鹿合戦」で有名な，阿漕平治の霊をまつる阿漕塚がある。

結城神社 ㊾
059-228-4806

〈M ▶ P. 52, 104〉 津市藤方2341 P
JR紀勢本線・近鉄名古屋線津駅🚌米津行・天白行結城神社前
🚶すぐ

南朝の武将が祭神
シダレウメの名所

　結城神社バス停すぐ北側の信号を右折し，50mほど直進すると，結城神社に至る。

　結城神社は，後醍醐天皇の鎌倉幕府倒幕の綸旨を受け，建武の新政(1333年)の樹立に貢献した功臣の1人である結城宗広を祭神としている。結城宗広は，その後の南北朝の動乱において，南朝方の形勢を挽回するため，北畠親房らと大湊(現，伊勢市)を出帆したが，暴風雨のため阿漕浦に船が漂着し，再挙を図っている間に病死した。

　結城神社には，南北朝時代に活躍した奥州白河(現，福島県白河市)結城氏の紙本墨書結城神社文書(県文化)46通がある。なかには，隠岐(現，島根県)を脱出した後醍醐天皇が，結城氏に出した北条高時追討の綸旨や，陸奥守として赴任した北畠顕家が結城宗広に宛てた書状がある。また，1937(昭和12)年に，四日市の実業家伊藤伝七が寄贈した本殿前の狛犬は，高さ1.46mほどの鋳銅製で，筋肉隆々としており，長崎市の平和祈念像の制作で知られる，北村西望の若い頃の作である。

結城神社本殿と狛犬

津の城下と伊勢街道に沿って

❻ 伊賀街道を長野峠へ

津市西部の伊賀街道沿いには、古代の長谷山古墳群、中世の長野氏の居城長野城跡、近世の宿場が続いている。

谷川士清旧宅 ㉝
059-225-4346
〈M ▶ P. 52, 107〉 津市八町 3-9-18 P
近鉄名古屋線津新町駅 🚶 10分

日本最初の国語辞典を編纂した人物

　津新町駅のすぐ横を走る国道163号線の北側に並行する八町通りは、江戸時代には津と伊賀(現、伊賀市)を結ぶ伊賀街道の一部であり、津城下の西の入口として栄えた。当時、学者などの文化人が多く住んでおり、今も古い町並みが残っている。

　津新町駅から国道163号線を西に約300m進み、右折する。最初の信号を左折して八町通りに入り約650m行くと、左手に谷川士清旧宅がある。谷川士清旧宅(国史跡)は、八町通りに面した北向きの桟瓦葺き2階建ての町屋である。明治時代になって人手に渡り、一部改修されたが、その後、津市が購入し、1977〜79年に解体修理された。復元後は、士清関係の資料が展示されている。士清は、本居宣長とともに、伊勢を代表する国学者の1人であり、『和訓栞』は、五十音順に配列された、わが国最初の国語辞典として知られている。

　谷川士清旧宅から100mほど東側の丁字路を北へ入った所に、士清神社(祭神谷川士清)があり、その一角には、後世の人に誤って伝えられることのないように、士清がみずからの草稿や未定稿を埋めた反古塚がある。また、谷川士清墓(国史跡)が、神社横の福蔵寺(臨済宗)の墓地にある。

谷川士清旧宅

　八町通りをさらに西に進んで国道163号線を渡り、約1.2km南に行って岩田川を越えた所には丘陵地が続いているが、この丘陵地の2カ所で銅鐸が発見された。1つが神戸銅鐸発掘地(県史跡)で、大正

伊勢国の拠点、鈴鹿から津

時代の開発にともなって発見されたもので、神戸集落南方の丘陵裾部に碑が建てられている。銅鐸には流水文（すいもん）が描かれ、同じ鋳型（いがた）による銅鐸が大阪や淡路で出土している。現在、東京国立博物館が所蔵している。もう1つは、江戸時代に野田字古屋敷（のだふるやしき）（現、津市野田（い））で発見され、津市一身田（しんでん）の専修寺（せんじゅじ）に寄進（きしん）された三遠式（さんえん）の銅鐸（県文化）である。

谷川士清旧宅周辺の史跡

一方、八町通りから約400m北方の、安濃川（あのう）左岸の伊勢自動車道津ICに向かう県道42号線周囲に所在する納所遺跡（のうそ）は、道路建設にともなう発掘調査の際に、和琴（わごと）や櫛（くし）の木製品が出土したことで知られる。

大円寺の曼荼羅（だいえんじまんだら）54　〈M ▶ P.52〉津市 南河路（みなみこうじ）438
近鉄名古屋線津新町駅🚌平木・片田団地行・穴倉行（ひらぎ・かただ・あなくら）
南河路🚶すぐ

熊野比丘尼の絵解き法具

南河路バス停から堤防をおりて集落を入った所に、大円寺（廃寺）の薬師堂（やくしどう）があり、南河路自治会の人びとにより、紙本著色熊野観心十界曼荼羅（しほんちゃくしょくくまのかんじんじっかい）・紙本著色那智参詣曼荼羅（なちさんけい）（県民俗）が保管されている。中世から近世にかけて、全国各地をめぐり熊野信仰を庶民に広めた熊野比丘尼（びくに）が、この曼荼羅を「絵解き」し、生生流転（せいせいるてん）を語ったときに使用した法具で、両者とも江戸時代初期に同じ画工によって制作されたものである。三途（さんず）の川に架かる橋が丸橋（まるはし）であることや、鳥居が正面を向いて描かれているなどの特徴がある。以前は8月の旧盆に、薬師堂で百万遍念仏（ひゃくまんべん）をつとめるとき、2幅の曼荼羅がかけられたが、保存管理上取りやめられた。近年、全国的

薬師堂の熊野観心十界曼荼羅

伊賀街道を長野峠へ　　107

に熊野観心十界曼荼羅の発見があいつぎ，県内では十数例を数える。

平氏発祥伝説地 ㊺

〈M ▶ P. 52, 108〉津市産品1437-1 P
近鉄名古屋線津新町駅🚌平木行・片田団地行忠盛塚🚶2分

歴史に名をとどめた伊勢平氏発祥の地

忠盛塚バス停のすぐ西側，国道165号線から分岐する交差点を長谷山方面に右折すると，150mほど先の右手に平氏発祥伝説地（県史跡）がある。「忠盛塚」とよばれ，平清盛の父忠盛の胞衣塚との伝説があり，忠盛の産湯をとったとする産湯池もある。忠盛は正盛の子として生まれ，白河法皇や鳥羽上皇のもとで武功により昇殿を許された。10世紀末に平維衡が伊勢国北部を本拠として以降，伊勢は平氏基盤の強い地域であった。産品には数多くの伝承が残っているものの，文献での立証はなされていない。

平氏発祥伝説地の約1km北東にある殿村の常照寺には，12世紀末葉作の寄木造の木造阿弥陀如来坐像（県文化）があり，地元自治会が管理している。

長谷山（321m）の東麓一帯には，古墳時代後期の600基余

津市西部周辺の史跡

平氏発祥伝説地

108　伊勢国の拠点，鈴鹿から津

りの群集墳が点在し，多くが直径10m前後の円墳で，石室をもつ。なお，忠盛塚の南東約300mの志袋団地の東に坂本山古墳公園がある。団地造成の際に発掘調査された，古墳時代前期の方墳3基が保存・整備されている。

また，長谷山南側の中腹には長谷寺（臨済宗）がある。奈良県桜井市の長谷寺と同じ作者によると伝えられる木造十一面観世音菩薩像があったが，織田信長による兵火で焼失，現在は，江戸時代初期の作である木造十一面観音立像が本尊としてまつられている。多気郡多気町の長谷寺を近長谷寺と称するのに対して，遠長谷寺ともよばれている。津藩2代藩主藤堂高次によって再興された藤堂家の祈願所であり，境内には異国風の7体の石像がある。高次の父高虎が文禄の役（1592年）のときに，朝鮮から持ち帰ったという伝説があり，高次が江戸でつくらせた石造物の一部とみられている。

光善寺の薬師如来坐像 ⑤
059-237-1014

〈M ► P. 52, 108〉 津市片田薬王寺町619
Ⓟ
近鉄名古屋線津新町駅🚶平木行久保🚶10分

小堂の中には重要文化財が3体

久保バス停から約500m西へ進み，丁字路を北へ約450m行くと，左手に小道がある。丘陵上に薬師堂が立ち，堂内には木造薬師如来坐像及両脇侍像（国重文）が安置されている。3体とも一木造であり，肩幅が広く量感にあふれ，翻波式の着衣の彫りも整った，平安時代前期の秀作である。現在は，薬師堂の手前約200mにある光善寺（浄土真宗）が管理しており，年1回（4月第1土曜日）の拝観が許されている。

長野氏城跡 ⑤
〈M ► P. 52, 110〉 津市美里町桂畑231-1ほか
近鉄名古屋線津新町駅🚶平木行長野🚶50分

中世国人領主の城跡は山全体に広がる

長野氏城跡（国史跡）は，伊勢・伊賀両国の国境を画す布引山地北部の標高520mの尾根上に築かれた長野城跡と北長野集落の東側にある標高200m前後の丘陵上の東の城跡・中の城跡・西の城跡からなる。

長野バス停からすぐ西の長野川に架かる長野橋を渡り，正面の国道163号線と交差する信号を直進し，約400m先の中野の集会所を過ぎると，民家前に城跡の説明板がある。説明板の横の小道から林道

長野城跡周辺の史跡

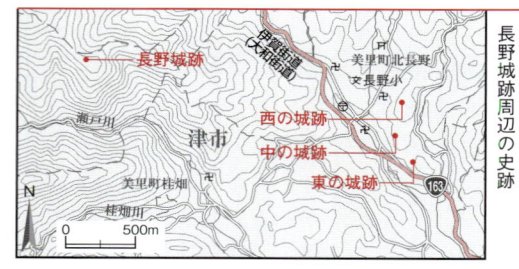

を経由してのぼって行くと、徒歩約40分で城跡へ到達する。なお、桂畑の集落から瀬戸林道を経由して、城跡のすぐ西側まで車で行くことも可能であるが、道幅が狭く大部分が未舗装である。

長野城の主郭は、約35m×約15mの規模で、北・西・南の3方に低い土塁がめぐり、北面をのぞく3面を壇状の郭が取り囲んでいた。城跡からは伊勢平野を展望できる。南北朝時代には、伊勢に逃れた仁木義長が2年以上立て籠ったと『太平記』に記されている。

長野氏城跡碑

東の城・中の城・西の城は、丘陵の谷を利用して連なる城跡で、居館の性格も兼ね備えたものである。現在も周囲に、土塁や郭、堀切が残る。北長野集落の東で国道と旧道が分岐する手前に説明板が立っている。

長野氏は、守護代や室町幕府の奉公衆として、中世後期に伊勢国において活躍した国人領主である。北畠氏ともたびたび交戦し、長野藤定は、1558（永禄元）年に北畠具教の弟具藤を養子とするが、1568（永禄11）年の織田信長の伊勢侵攻の際に、信長の弟信包を長野氏の養子とすることで和睦する。その後、具藤は謀られて自害し、長野氏は滅亡した。

伊勢国の拠点，鈴鹿から津

⑦ 雲出川流域に沿って

県中央部を東流する雲出川は，県内最大河川の1つであり，その流域には数多くの文化財が残されている。

久居城下 ㊺

〈M ▶ P. 52, 111〉津市久居西鷹跡町 P
近鉄名古屋線久居駅 🚶20分

津藩の支藩 戦前は軍隊の町

　久居駅前の道を南へ約400m行き，信号のある丁字路を右折し約1.5km，伊勢自動車道の高架をくぐってすぐ左折すると，**高通公園**に着く。公園の東隣にある久居中学校とともに，江戸時代に久居城がおかれた場所である。公園には，「陣屋御殿跡と開府」の碑が立つが，東西約330m・南北約180mの土塁と溝で囲まれた陣屋の遺構は残っていない。久居藩は，藤堂高虎の孫である高通が，1669（寛文9）年に津藩から5万石を分領されたことに始まる。2代藩主高堅のときに3000石を加増され，以後16代高邦まで，この地で続く。

　久居という地名は，19世紀前半に安岡親毅が著した『五鈴遺響』に，「永久ニ鎮居スルノ謂ニシテ，寛文年中ノ以後ノ名称ナリ」と記されている。城下は御殿の東側と北側につくられ，現在の久居旅籠町や万町に面影が残る。1990年頃まで旧家老屋敷などの武家屋敷が残っていたが，ほとんどが姿を消した。久居藩藤堂家の菩提寺は久居二ノ町**玉淀寺**（天台宗）である。高通や高堅の五輪塔や位牌堂があり，堂内には衣冠束帯姿の高通の木造坐像が安

高通公園

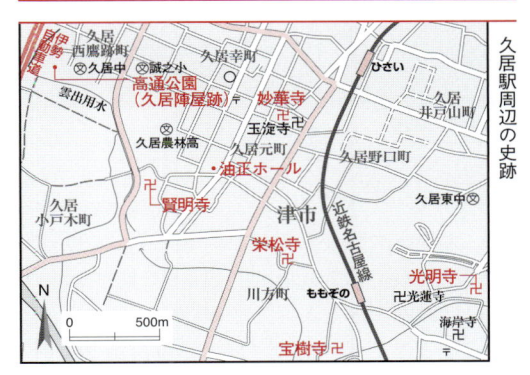

久居駅周辺の史跡

雲出川流域に沿って　111

置されている。また，西隣には妙華寺本堂(国登録)があり，300mほど西南方向の久居本町には醸造のための米蔵と精米所であった油正ホール(国登録)があり，ホールとして活用されている。

久居駅の東隣の陸上自衛隊久居駐屯地は，かつて陸軍歩兵第33連隊がおかれていた場所である。第二次世界大戦中の連隊本部の木造建物も資料館として残っている。事前連絡で，見学が可能である(広報室059-255-3133)

延命寺の家形石棺 (59)

059-293-2459

〈M►P. 52, 114〉津市一志町井関396
近鉄名古屋線久居駅🚌室の口行平岩🚶3分

寺の境内に古墳時代の石棺

久居駅から南西へ約2.5kmの雲出川に架かる小戸木橋を渡ると，「一志米の産地」の看板が目に入る。この地域は，近世に津藩郡奉行の山中為綱や西島八兵衛らによって，高野井や雲出井などの用水路が開かれ，新田開発が行われた。

平岩バス停から県道43号線を約200m西へ行くと，右手の井関製糸工場跡は，新興住宅地になっている。左手の細い路地を入ると，すぐ延命寺(浄土真宗)があり，境内に，家形の石棺(県文化)がおかれている。近くの民家の宅地から出土したと伝えられ，6世紀頃につくられたものである。全長約210cm・幅約100cm・高さ約45cmで，蓋・身とも地元の井関石を使用している。

延命寺家形石棺

真盛上人誕生地 (60)

059-293-1551(誕生寺)

〈M►P. 52, 114〉津市一志町大仰1916
近鉄名古屋線久居駅🚌竹原行大仰🚶20分

天台真盛宗開祖誕生ゆかりの地

大仰バス停から県道15号線を西に400mほど行き，大仰橋を渡り，雲出川沿いに約1km西に行って集落を抜けると，天台真盛宗の開祖である真盛上人誕生地(県史跡)がある。15世紀末に真盛上人が亡くなったとき，小倭(現，津市白山町)の成願寺の住職が，真盛

久居周辺の石造物

コラム

城下周辺寺院は石造物の宝庫

　旧久居城下周辺の寺院には，いくつかの石造物が残されている。久居元町の賢明寺（天台宗）にある石造板五輪塔（県文化）は，高さ166cm・幅40cm・厚さ25cmほどの，五輪塔を扁平にしたもので，一石五輪ともよばれる。地輪部分がかなり長く，正面には，「弘安八(1285)彼岸初日」と刻まれている。

　賢明寺から約1km東方の川方町にある栄松寺（浄土真宗）の墓地には，高さ165cm・幅66cmの凝灰岩の厨子内に彫られたような形状の，高さ64cmほどの石造地蔵菩薩立像（県文化）がある。

　また，栄松寺の南東の牧町の宝樹寺（天台宗）の地蔵堂には，石造地蔵菩薩立像（県文化）があり，総高2mで一石の砂岩でつくられている。衣文などを細かく表現したすぐれた像である。

　さらに，桃園駅の東の新家町の光明寺（天台宗）地蔵堂にも，総高194cm・仏像高142cmの石造地蔵菩薩立像（県文化）がある。光背・台座ともに，1枚の砂岩でつくられている。以上の3像には，いずれも「正和三(1314)年八月」の銘があり，鎌倉時代末期の作である。

賢明寺石造板五輪塔

上人の生誕地に寺を建てたが，明治時代初期に廃絶，その後，誕生寺として再興された。門の脇に上人の産湯をとったという井戸があり，1841(天保12)年建立の真盛上人顕彰碑が立っている。

白山比咩神社本殿 ⑥

059-262-3576（川口）/059-262-7600（南出）

〈M ▶ P. 52, 114〉津市白山町川口7120/南出851/山田野184　P
JR名松線伊勢川口駅 🚶20分（川口）

白山町に広がる白山信仰の神社

　白山町の地名の由来は，白山信仰に由来する。津市白山町や美杉町には，菊理姫命を主祭神とする7つの白山社があった。現存する川口・南出・山田野・家城・竹原の5社のうち，川口・南出・山田野の白山比咩神社本殿が県指定文化財で，いずれも一間社隅木入春日造である。

　伊勢川口駅前から県道15号線を約1.5km東へ行き，トンネルの手

雲出川流域に沿って　113

一志町から白山町周辺の史跡

南出の白山比咩神社本殿

前で右手の坂道をのぼると，川口の白山比咩神社がある。本殿は，軸部の主要部分に極彩色を施し，屋根は銅板葺き，棟札によると建立は1615（慶長20）年である。現在は，保護のために覆屋がかけられている。本殿の脇の六角型の石造灯籠（県文化）は，総高206cmで「元亀四（1573）年」の銘がある。

南出の白山比咩神社は，川口の北西の方向，国道165号線から南へ1kmほどの丘陵上に位置する。境内には，檜皮葺きの本殿の右に，春日造の若宮八幡宮・須賀社と祖霊社の3社殿が並立しており，いずれも県の文化財に一括指定されている。本殿の棟木には「元和八（1622）年」の墨書がある。毎年8月14・15日には，境内で，鳥毛をかぶり，羯鼓を打つかんこ踊りが行われる。

山田野の白山比咩神社は，川口から4kmほど西に行った山田野集落の北にある。本殿の屋根は檜皮葺きであるが，鉄板に覆われている。1673（寛文13）年の弓矢奉納箱があることから，本殿は17世紀中頃の建造といわれ，装飾細部に近世初期の特色がよくあらわれている。

河口頓宮と川口の関

コラム

聖武天皇ゆかりの地

『続日本紀』では、740(天平12)年の10月29日に、聖武天皇が藤原広嗣の乱を避けて行幸し、11月2日に河口頓宮に到着、10日間滞在している間に、九州で広嗣の乱が鎮圧され、天皇は和遅野へ狩猟に出かけたと記す。『万葉集』巻6には、同行していた大伴家持が河口頓宮で作成した歌がある。

河口頓宮は、現在の津市白山町川口とする説が有力であり、和遅野は雲出川左岸の三重県科学技術振興センター林業研究部の付近とされる。河口頓宮は、奈良時代から平安時代の文献にみられる。前述の『続日本紀』では、「関宮」とも記されており、同時期に川口の関があったことが平城宮跡出土の木簡からも判明している。古代において、天皇の御杖代として伊勢神宮に仕えるため斎宮にいた斎王が、天皇の譲位・崩御や近親者の不幸などにより、任を解かれて退下して都に戻る際は、河口頓宮に宿泊し、伊勢・伊賀国境で祭祀を行った後、阿保頓宮(現、伊賀市阿保)に入るというルートでもあった。

JR名松線関ノ宮駅南側の小高い丘の上に医王寺(浄土真宗)があり、参道の途中、左手に関ノ宮の碑がある。関ノ宮駅北側にある「宮の西」や「宮の後」という字名と河口頓宮との関連の指摘もあるが、頓宮や川口の関の場所については、いまだ確定されていない。

関ノ宮の碑

なお川口の瀬古区には、平安時代前期の一木造で、高さ47cm余りの木造十一面観音立像(国重文)のほか、明治時代初期に廃絶した旧川口村の高田寺の旧本尊と伝えられる高さ141.5cm・寄木造の木造薬師如来坐像(県文化)や、同寺境内から出土したとされる水晶製舎利塔(県文化)が保管されている。

成願寺 ㊷
059-262-0423

〈M ▶ P. 52, 114〉津市白山町上ノ村1361 P
近鉄大阪線榊原温泉口駅🚶30分、または伊勢自動車道久居IC🚗20分

榊原温泉口駅前の道を南へ約1.2km行くと、国道165号線と交わ

雲出川流域に沿って　115

成願寺

天台真盛宗
別格本山の大寺院

る。信号の手前左手には、白山郷土資料館がある。信号を右折し、約1km進むと、国道の北側に成願寺の本堂がみえる。天台真盛宗の開祖真盛上人が開いた寺院で、同宗の別格本山である。

　成願寺には数多くの寺宝があり、なかでも「貞治元(1362)年」の墨書銘が入る縦210cm・横174cm余りの絹本著色仏涅槃図や、鎌倉時代の作とされる蓮華座に腰かけた全高50cmほどの木造阿弥陀如来倚像(ともに国重文)は古いものである。倚像は木瓜形の黒漆塗の厨子に安置されており、扉にかけられていた布帛墨書真盛筆戸帳名号には、「南無阿弥陀仏　真盛上人」「明応三(1494)年甲刀九月十三日書入　真九訛」と墨書され、紙本墨書成願寺文書(ともに県文化)5巻1幅のうちの、明応3年9月25日付の「小倭百姓中起請文」の直前のものである。

　周辺では、西へ2kmほど行った八対野の常福寺(天台宗)に、木造千手観音立像(国重文)がある。平安時代前期のヒノキの一木造で、頭部に十一面をいただく。高さ56cm、腕は21対ある。八対野区の管理する収蔵庫に保管され、毎年8月9日に開帳される。

　また、成願寺から東へ2kmほど行った近鉄大阪線大三駅の近くの旧東明寺(天台宗)収蔵庫には、平安時代末期のヒノキの寄木造で、高さ94cmの木造薬師如来立像(県文化)があり、地元の人びとが管理している。光背裏には「貞享三(1686)年」の刻銘があり、光背や台座は江戸時代に後補されたものと考えられる。

下之川の仲山神社と牛蒡祭　63
059-276-0337

〈M▶P.52〉津市美杉町下之川5293

JR名松線伊勢竹原駅🚗20分

　伊勢竹原駅から君ヶ野ダム・八手俣川沿いの道を約10km行き、下之川の集落を過ぎると、道路の北側に仲山神社(祭神金山彦命)

牛蒡祭(仲山神社)

がある。仲山神社の例祭で,「へのこ祭」の別称もある牛蒡祭(県民俗)は,旧暦の正月15日が本祭日であったが,現在は2月11日に行われている。味噌であえたゴボウを神社に供えるところから名づけられた。祭では,木製とワラ製の巨大な男性と女性のシンボルを載せた神輿が繰り出される。祭の後は,小笠原流の包丁式によって,ボラが料理される。1605(慶長10)年の当番帳が地区に残されており,古い歴史をもつことがわかる。

江戸時代初期にはすでに行われていた牛蒡祭

仲山神社の約1km東,下之川集落にある飯泉寺(浄土宗)には,木造台座(県文化)がある。仲山神社の前身の金生大明神にあった釈迦如来像の台座と伝えられ,スギの台座の裏面に「建久九(1198)年」の墨書がある。

なお,伊勢鎌倉駅近くの八知の仲山神社の祭神は,下之川の仲山神社と同じである。本殿の横に,高さ約46cm・幅20cmの手水鉢である石造水舟(県文化)がある。側面3方に,「八智郷金生大明神」「永享五(1433)年三月五日」「水舟也願主道求」の陰刻銘を有する。

北畠氏館跡庭園と霧山城跡 64

〈M ▶ P.52, 118〉津市美杉町上多気
P JR名松線伊勢奥津駅 🚗 10分

南朝の有力家臣北畠氏繁栄の跡

奈良県方面からの国道368号線が奥津を過ぎ,飼阪トンネルを抜け,「道の駅美杉」の手前の交差点を下之川方面に折れると,旧伊勢本街道と交差する所に「嘉永六(1853)年」銘の道標があり,さらに進むと,美杉ふるさと資料館が左手にある。その約200m先に北畠神社がある。

北畠神社は,南北朝時代に南朝方で功績のあった北畠親房・顕家・顕能らをまつる。近年,北畠神社と前面の八手俣川流域で,北畠氏城館跡の範囲確認の発掘調査が行われた。境内からは,15世紀前半の北畠氏館跡の石垣が確認されている。2006(平成18)年には,

雲出川流域に沿って　117

北畠氏館跡庭園

北畠神社境内である館跡全域と、霧山城と館跡をつなぐ範囲を史跡として追加指定し、多気北畠氏城館跡（北畠氏館跡・霧山城跡）と史跡名が変更になった。

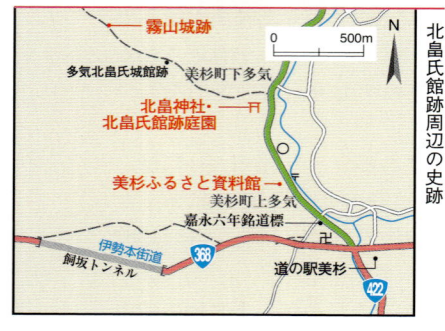

北畠神社境内には、池泉回遊式の北畠氏館跡庭園（国名勝・史跡）がある。滋賀県朽木谷の旧秀隣院庭園と同じ様式で、16世紀前半に北畠晴具を頼って、当地に逃れてきた室町幕府の管領細川高国の助言により、作庭されたと伝えられている。

北畠氏館跡周辺の史跡

神社の後方の標高560mの山頂を中心に、霧山城跡（国史跡）がある。南北の曲輪群に分かれ、堀切と土塁の遺構が残る。築城は顕能が多気の地へ移った14世紀中頃と考えられている。その後、北畠氏は伊勢国司として具教まで8代の本拠地としたが、1576（天正4）年、三瀬館（現、大台町）で具教を殺害した織田軍により、攻略されて廃城となった。

霧山城から県道666号線を比津峠方面にくだり、さらに歩いて30分ほど北へ行った所に、漆経塚がある。1934（昭和9）年に発掘された瓦質経筒を含む、鎌倉時代初期頃の経筒・銅鏡などの漆経塚出土品（県文化）が、美杉ふるさと資料館で展示されている。

真福院と三多気のサクラ ㊺
059-274-0716

〈M ▶ P.52, 119〉津市美杉町三多気204
P
JR名松線伊勢奥津駅🚌10分

伊勢奥津駅前から国道368号線を西へ約4km行って丁字路を右折

真福院の弘長供養碑

すると、真福院(真言宗)に至る。約1.5kmの参道沿いには、ヤマザクラを含め、数種類の樹齢600〜700年のサクラが約2000本植えられており、三多気のサクラ(国名勝)とよばれている。14〜15世紀に北畠氏が植えて保護したとも伝えられている。

真福院は、蔵王権現を本尊とする。織田信長の北畠攻め(1576年)によって建物や記録類が焼失している。現在の本堂や観音堂は、江戸時代初期のものであるが、神社の建築様式を残し本地垂迹の名残りをとどめている。

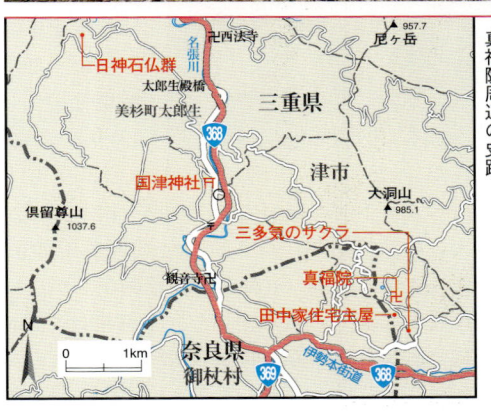

真福院周辺の史跡

山門にのぼる石段の下には、樹高25mの真福院のケヤキ(県天然)があり、石段の右側に9基、左側に3基の供養碑が並んでおり、一括して弘長供養碑及附属供養碑(県史跡)とよばれる。右側にあるもっとも大きな「弘長元(1261)年」銘の碑は、高さ2.21m、正面月輪に胎蔵大日如来の種子を大きく薬研彫で刻んでいる。また、「正安四(1302)年」の県内最古の銘がある宝篋印塔もそこに並んでいる。なお、三多気にある田中家住宅主屋(国登録)は江戸後期の建造物であり、サクラとともに豊かな山村景観を形成している。

参道沿いに続くサクラの並木

国津神社と日神石仏群 ❻❻
059-273-0083(国津神社)

〈M ▶ P. 52, 119〉津市美杉町太郎生 Ⓟ
JR名松線伊勢奥津駅🚌20分、または近鉄大阪線名張駅🚌奥津駅前行・敷津行瑞穂🚶すぐ

出雲系の神をまつる神社

瑞穂バス停のすぐ前にある国津神社(祭神大国主命ほか)の石段

雲出川流域に沿って　119

国津神社十三重塔

をのぼった所に、国津神社のケヤキ（県天然）と国津神社十三重塔（国重文）がある。十三重塔は、高さ約3.3mの石製で、初層の4面には、薬師・阿弥陀・釈迦如来像と弥勒菩薩像の4仏を刻む。鎌倉時代の制作と考えられており、相輪の一部は後補されている。石材は大洞石とよばれる地元産の溶結凝灰岩である。

なお、この十三重塔は日神の山王権現社境内にあったが、1907（明治40）年の合祀により、現在地に移された。日神石仏群 附 種子碑ほか（県文化）は、国道368号線が名張市へ入る手前の飯垣内の丁字路を南へ入り、1.8kmほど細い山道を入った所にある。高さ約70cmの阿弥陀如来坐像を中心として、7体の立像のほか、五輪塔や種子碑などがひっそりと立っている。当地は平家落人の伝承があり、五輪塔は平家六代君（平維盛の子）の墓といわれている。同様の伝承は、松阪市嬉野町日川の石仏群にもある。石材は大洞石であり、制作時期は鎌倉時代末期から室町時代初期と考えられている。

Matsusaka

豪商を生んだ城下町と街道の繁栄

本居宣長旧宅（鈴屋）

旧伊勢国最大の宝塚1号墳

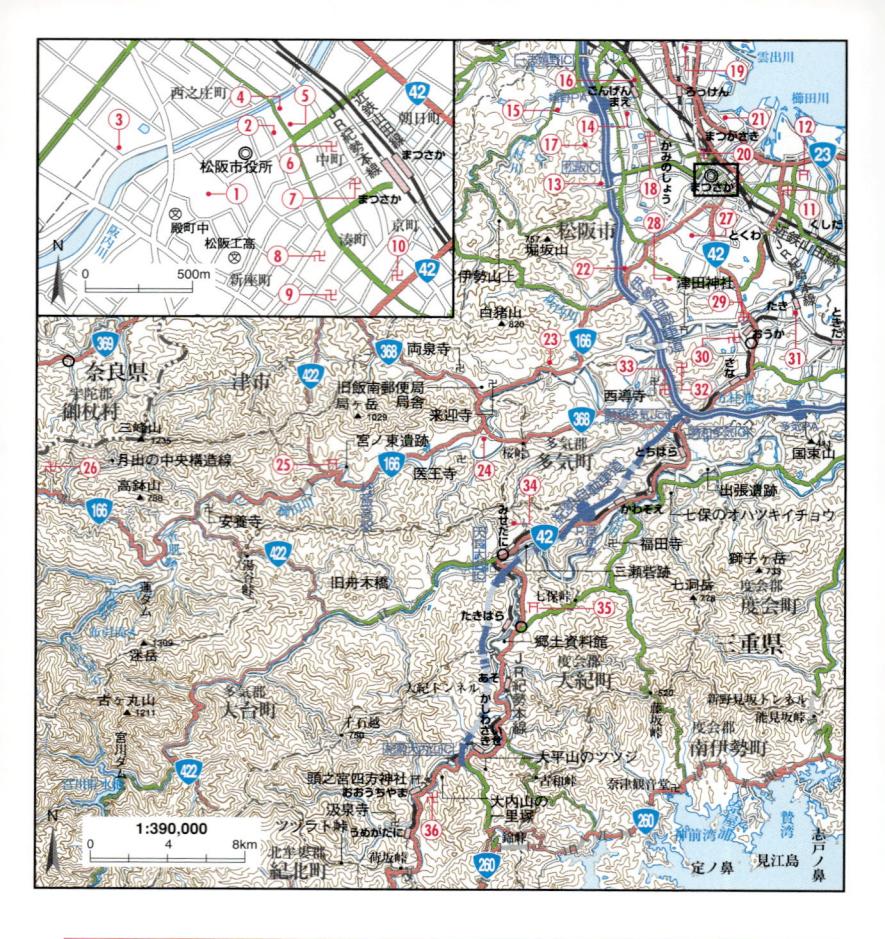

①松阪城跡	⑧樹敬寺	⑱永善寺	㉘本居宣長奥墓
②本居宣長旧宅(鈴屋)	⑨来迎寺	⑲月本の追分	㉙大日堂
③文化財センター・はにわ館	⑩龍泉寺	⑳薬師寺	㉚長盛寺
④松阪商人の館(旧小津家住宅)	⑪朝田寺	㉑松ヶ島城跡	㉛坂倉遺跡
⑤三井家発祥地	⑫機殿神社	㉒大河内城跡	㉜近長谷寺
⑥継松寺	⑬瑞巌寺庭園	㉓大石不動院	㉝神宮寺
⑦清光寺	⑭向山古墳	㉔粥見井尻遺跡	㉞北畠具教三瀬館跡
	⑮天白遺跡	㉕水屋神社	㉟滝原宮
	⑯嬉野考古館	㉖泰運寺	㊱長久寺
	⑰阿坂城跡	㉗宝塚古墳	

豪商を生んだ城下町と街道の繁栄

◎松阪周辺散歩モデルコース

松阪市内の文化財コース　　JR紀勢本線・名松線・近鉄山田線松阪駅_5_清光寺_3_継松寺_3_三井家発祥地_3_本居宣長宅跡・長谷川邸_3_松阪商人の館_15_文化財センター・はにわ館_10_松阪城跡・松阪市立歴史民俗資料館・本居宣長旧宅・本居宣長記念館_1_御城番屋敷_10_樹敬寺_2_来迎寺_5_龍泉寺_10_松阪駅

嬉野の史跡コース　　伊勢自動車道一志嬉野IC_10_筒野1号墳_5_薬師寺_15_天白遺跡・辻垣内瓦窯跡群_20_向山古墳_10_嬉野考古館_10_西山1号墳_15_一志嬉野IC

旧参宮街道コース　　JR紀勢本線・名松線・近鉄山田線松阪駅_30_薬師寺_30_市場庄_10_六軒_30_月本の追分_30_松浦武四郎生家_5_松浦武四郎記念館_15_JR紀勢本線高茶屋駅

松阪南郊の史跡コース　　JR紀勢本線・名松線・近鉄山田線松阪駅_15_久保古墳_10_宝塚古墳_10_大河内城跡_10_本居宣長奥墓_10_射和・大日堂ほか寺巡り_10_神山・一乗寺_20_松阪駅

丹生水銀の関連史跡と古仏コース　　伊勢自動車道勢和多気IC_10_普賢寺_10_近長谷寺_10_丹生大師(神宮寺)・丹生神社_5_日ノ谷旧坑跡_10_勢和郷土資料館・五箇篠山城跡_10_勢和多気IC

① 城下町松阪を訪ねて

蒲生氏郷の築城，松阪商人の活動と繁栄。そして本居宣長をはぐくんだ城下町には，数々の史跡・文化財が残る。

松阪城跡 ❶

〈M ▶ P. 122, 125〉松阪市殿町1536ほか Ｐ
JR紀勢本線・名松線・近鉄山田線松阪駅🚌松阪中央病院行
市民病院前🚶1分

日本名城百選の1つ

　市民病院前バス停に降り立つと，四五百森とよばれた独立丘陵上に築かれた松阪城跡(国史跡)が眼前に迫る。城は戦国時代末期の武将蒲生氏郷により，1588(天正16)年に築かれた。本丸・二之丸・三之丸ほかの郭からなる。堀は基本的には1重であったが，現在は埋められている。北東の松阪市役所側から城へのぼるのが大手，南東の松阪工業高校側からのぼる所が搦手にあたり，本丸跡と二之丸跡には高い石垣が残る。

　氏郷は，1590年には会津(現，福島県会津若松市)へ移封，その後は，短期間に城主があいついで交代した。1619(元和5)年には，紀州藩(現，和歌山県)領となり，伊勢領18万石を所管する城代がおかれたが，すでに元和の一国一城令(1615年)が出されており，城の施設の大半は取り壊されたため，今に残る建物はなく，天守台跡や高い石垣，発掘調査によって出土した，金箔の残る鬼瓦や六葉金具などに，往時を偲ぶことができる。

　氏郷は築城とあわせて城下町建設に力を入れ，海岸沿いを通っていた参宮古道を城下に引き入れ，楽市楽座の制を採用して各地から商人を呼び寄せた。彼らの出身地の地名をとって，日野町・平尾町・湊町がつくられ，同じ職人や商人を集めた職人町・魚町をつくった。これがのちに松阪商人・伊勢商人として江戸に進出し，おお

松阪城天守台跡付近

124　豪商を生んだ城下町と街道の繁栄

松阪城跡周辺の史跡

いに繁栄をきわめる礎(いしずえ)となるのである。松阪市では氏郷をたたえ、毎年11月3日に氏郷まつりを行っている。

　城内表門跡を右手にのぼると、旧飯南郡(いいなん)図書館の建物を活用した松阪市立歴史民俗資料館本館・倉庫(ともに国登録)があり、射和軽粉(いざわかるこ)(伊勢白粉(おしろい))や松坂木綿(もめん)などの、松阪の伝統産業に関する資料が展示されている。

本居宣長旧宅(鈴屋) ❷
もとおりのりながきゅうたく　すずのや
0598-21-0312(本居宣長記念館)

〈M ▶ P. 122, 125〉 松阪市殿町1536-7 🅿
JR紀勢本線・名松線・近鉄山田線松阪駅🚌
松阪中央病院行市民病院前🚶5分

松阪城二之丸跡の約200m南には、『古事記伝(こじきでん)』44巻などを著した国学者(こくがくしゃ)の本居宣長旧宅(国特別史跡)が移築されている。もとは市内魚町にあったもので、玄関に向かって右手奥の2階4畳半の小部屋が、宣長の書斎鈴屋である。鈴屋竣工の1785(天明(てんめい)5)年以来、宣

宣長の書斎鈴屋

城下町松阪を訪ねて　125

御城番屋敷

『古事記伝』を著した国学者本居宣長

長が53歳から20年間研究と思索を重ねた場所である。

　旧宅の前に本居宣長記念館がある。宣長と彼の関係者に関する資料1万3000点余りを収蔵し、このうち宣長自筆の本居宣長稿本 並(ならびに)関係資料附本居宣長自画像467種1949点が重要文化財、20種31点が県指定の文化財となっている。

　記念館の前には、道路を隔てて、蒲生氏郷が松阪城内に社をまつったのが始まりとされる松阪神社と、宣長をまつる本居神社がある。さらに松阪工業高校との間には、松阪城を警護する紀州藩士の住居であった御城(ごじょうばん)番屋東棟・西棟(国重文)が、一部公開されている。前庭の生垣が美しい、1863(文久3)年に建てられた長屋(ながや)形式の建築物である。

文化財センター・はにわ館 ❸
0598-26-7330

⟨M▶P. 122, 125⟩ 松阪市外五曲(そとこまがりちょう)町1　Ｐ

JR紀勢本線・名松線・近鉄山田線松阪駅🚌松阪中央病院行文化会館南口🚶3分

松阪文化財の中核施設　船形埴輪、ここにあり

　松阪城跡より北西へ、阪内川を渡(さか)ってすぐ左折して180mほど行くと、文化財センター(国登録)がある。展示室(てんじしつ)は、1925(大正14)年建設の旧カネボウ綿糸松阪工場綿糸倉庫を改修したもので、展覧会や市民の芸術発表の場として活用されている。隣接する管理棟では、市内出土遺物の整理作業が行われている。常光坊谷(じょうこぼだに)4号墳出

文化財センター展示室

豪商を生んだ城下町と街道の繁栄

本居宣長と国学研究

コラム

「鈴屋」に偲ぶ国学者本居宣長

1730（享保15）年5月7日、本居宣長は松坂本町（現、松阪市）で誕生した。家は江戸店持の木綿商であったが、父を11歳で亡くした。宣長は家業を継ぐべく商いの修業についたが、商売には関心がなく、学問好きの息子の将来を案じた母は、宣長を医者の道に進ませた。

23歳で京都に出た宣長は、医学の勉強のかたわら神社仏閣などを訪ね、和歌や神道の研究も志すようになる。儒学を学んだ堀景山は、日本の古典にも造詣が深く、宣長は、景山や日本の古典研究の先駆者契沖の著作から、大いに影響を受けた。5年間の京都遊学ののち、松坂へ戻った宣長は医者を開業し、夜には歌会で知り合った町人たちに、『源氏物語』や『伊勢物語』などの古典を講釈した。

国学は日本独自の文化・思想・精神世界を、日本の古典や古代史の中に見出していこうとする学問であるが、宣長が国学研究を志すようになったのは、京都遊学での体験が大きく影響した。

1763（宝暦13）年に、江戸の国学者賀茂真淵との対面をはたし、門人となった宣長は、以後、手紙で『万葉集』について質疑応答を繰り返した。日本古来の精神を明らかにするには、『古事記』を正確に読むことが必要と考え、以後35年の歳月をかけて『古事記伝』44巻を著した。また、宣長は『源氏物語』や和歌も深く研究し、「もののあはれ」を知ることを説く文学論を大成するなど、大きな功績を残した。『古事記伝』以外の代表作として、『源氏物語玉の小櫛』『玉勝間』などがあり、門人は全国におよび、500人を数えるほどになった。

晩年には京都や名古屋、紀州藩（現、和歌山県）主のもとをまわり、研究成果を講釈し、国学を世に広めた。宣長旧宅2階につくられた書斎「鈴屋」に立つと、黙々と研究を続けた宣長を偲ぶことができる。

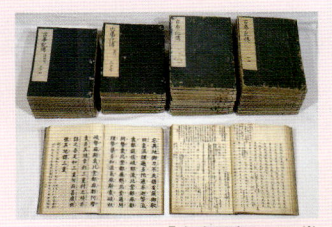

『古事記伝』44巻

土品（県文化）6種73点の形象埴輪なども所蔵しており、松阪の文化財に関する中心的施設となっている。

2000（平成12）年、松阪市宝塚町の宝塚古墳（国史跡）の1号墳から出土した船形埴輪を含む宝塚一号墳出土品（国重文）が注目を浴びた。船上にさまざまな立ち飾りをつけるなど、ほかに例をみないき

城下町松阪を訪ねて 127

わめて写実的なものである。ほかにも、貴重な埴輪類が多数出土したことから、2003年3月に出土品の展示公開施設としてはにわ館が開館した。

なお、文化財センターに隣接する松阪市立図書館郷土資料室には、江戸時代の新田開発に関する紙本墨書西黒部文書（県文化）が保管されている。

松阪商人の館（旧小津家住宅）❹
0598-21-4331

〈M▶P. 122, 125〉松阪市本町2915
JR紀勢本線・名松線・近鉄山田線松阪駅🚌松阪中央病院行本町🚶5分

江戸時代中期豪商の住宅 松阪商人の繁栄を実感

文化財センターから北東へ阪内川に沿って約1km歩き、大橋を渡ると、本町の旧参宮街道（現、主要地方道伊勢松阪線）沿いに、旧小津家住宅（県文化）がある。現在、松阪商人の館として整備・公開され、江戸時代中期の豪商の住宅の様子をうかがうことができる。

松阪商人の館から一筋西の魚町通りには、本居宣長宅跡がある。現在は、宣長宅の礎石がそのまま残され、子の春庭旧宅・土蔵（ともに国特別史跡）が残る。

宅跡の筋向いには長谷川邸がある。長谷川家は松阪商人の代表的商家で、最盛期には木綿問屋とし

松阪商人の館

長谷川邸

128　豪商を生んだ城下町と街道の繁栄

宝塚古墳出土の埴輪

コラム

全国最大の船形埴輪、王者の船の装飾

　宝塚1号墳は全長111m、後円部径75m、5世紀初頭の前方後円墳で、旧伊勢国最大の古墳である。土橋によってつながった造出し部分などが調査され、土橋の付け根部と墳丘本体との間の狭くて奥深い位置から、ほぼ完全に復元できる船形埴輪が出土した。あたかも、港に停泊しているかのような状態での出土であった。全長140cm・高さ92cmと全国最大であるほか、太刀や威杖など威儀具（首長の権威を示す道具）を備えた王者の船として装飾をきわめたもので、ほかに例をみない。

　ほかにも、全面調査された造出し部分から、囲形埴輪（導水施設をあらわす土製品を内部に設置）、柱状埴輪など、多種多様な形象埴輪が出土した。とくに、3体みつかった囲形埴輪からは、井戸や導水施設をあらわした土製品が内部に設置されており、水を重要なまつりの対象とした造出し部での祭祀の一端が明らかにされた。

　船形埴輪を始めとする271点の埴輪類は、2006（平成18）年に重要文化財に指定された。

　2号墳は、5世紀前半に位置づけられる全長90m、後円部径83mの帆立貝式前方後円墳で、1号墳の被葬者に劣らない勢力を誇った後継者のものだろう。墳丘の規模や主体部の確認のため、一部調査が行われ、形象埴輪などが出土している。これらの遺物は、文化財センターに隣接するはにわ館で見学できる。

船形埴輪

て江戸に5店を経営した豪商である。江戸店持商家の伝統的な間取りを今に伝える唯一の住宅で、長谷川家には18世紀前半に貿易のために渡来した清の南画家伊孚九の筆になる絹本淡彩離合山水図（国重文）3幅や蒲生氏郷茶日記1幅などがある。

三井家発祥地 ❺

松阪商人の代表格、三井財閥の基礎を確立

〈M▶P.122,125〉松阪市本町2214
JR紀勢本線・名松線・近鉄山田線松阪駅🚍松阪中央病院行本町🚶2分

　松阪商人の館から旧参宮街道を南へ約100m歩くと、松阪商人を代表する三井家邸宅がある。1622（元和8）年、三井高俊の4男としてこの地に生まれた高利は、1673（延宝元）年に京都に呉服仕入店を

城下町松阪を訪ねて　129

開き,翌年には江戸日本橋(現,東京都中央区)に,今日の三越につながる越後屋呉服店を開いた。高利は「現金掛け値なし」という新商法で呉服の価格を下げ,反物単位で売るという当時の常識を破り,切り売りをして庶民の人気を集めた。店は繁盛し,駿河町(現,東京都中央区)へ移ると両替商も構え,のちには大坂にも店を開き,幕府御用も請け負った。このようにして,のちの三井財閥の基礎を固めた。旧街道に面して門塀を構える邸跡には,高利産湯の井戸と伝えられる井戸や,初代高安の墓石とされる五輪塔などがある。

江戸にあいついで店を構えた松阪商人たちが成功したのは,上質の松坂木綿という特産品があったためである。「松坂縞」とよばれた縞模様が,江戸の人びとの支持を集め,長期間流行することにより,松坂木綿はそのブランド名を広めていった。産業振興センターに隣接する松阪もめん手織りセンターでは,実際に手織りを体験することができる(要予約)。

継松寺 ❻
0598-21-0965

〈M ▶ P. 122, 125〉松阪市中町1952　P
JR紀勢本線・名松線・近鉄山田線松阪駅🚌松阪中央病院行岡寺前🚶1分

厄除けの霊験あらたか初午大祭の賑わい

岡寺前バス停から約70m戻り,丁字路を右折すると,「岡寺さん」とよばれ,厄除けで有名な岡寺山継松寺(真言宗)へ着く。本尊の如意輪観音は,厄除けの霊験が高いといわれ,毎年3月の最初の午の日を中心とした前後3日間には,初午大祭とよばれる厄除けの祈禱が行われる。参宮街道が海寄りにあった頃,現在の石津町付近にあったものを,蒲生氏郷の松阪城築城にともない,天正年間(1573〜92)に現在地へ移したという。寺には,鎌倉様を伝えた室町時代初期の作といわれる,絹本着色普賢延命菩薩像(県文化)や,紙本

継松寺

著色曾我蕭白筆「雪山童子の図」(県文化)などがある。

清光寺 ❼
0598-21-0434

〈M▶P.122, 125〉松阪市中町2023　P
JR紀勢本線・名松線・近鉄山田線松阪駅🚶5分

定朝様を残す本尊

　松阪駅前から西へ約200m歩くと，清光寺(浄土宗)がある。蒲生氏郷の松阪城築城によって，松ヶ島から移転したという。本尊の木造阿弥陀如来坐像(国重文)は，定朝様の様相を残す鎌倉時代初期のものとされ，ヒノキの寄木造で漆箔が施される。台座・光背は後補で，両脇侍を有し，3体一括で明治時代末頃に，京都の寺院から譲り受けたものという。

清光寺木造阿弥陀如来坐像

樹敬寺 ❽
0598-23-9680

〈M▶P.122, 125〉松阪市新町874　P
JR紀勢本線・名松線・近鉄山田線松阪駅🚶10分

　清光寺から駅前通りに出て南西へ150mほど行くと，日野町交差点に着く。旧参宮街道から分かれて，和歌山へ向かう旧紀州街道の出発点にあたる。都市再開発により往時の面影はないが，交差点の南角に「左さんぐう道　右わかやま道」と刻まれた道標が残る。

　交差点からやや北の道路脇には，史跡新上屋跡と刻んだ小さな石碑がある。1763(宝暦13)年5月，伊勢参宮の途中，新上屋に宿をとった江戸の国学者賀茂真淵を本居宣長が訪ね，生涯1度の対面をはたした所で，宣長34歳のときであった。これを機に宣長は，真淵門下となり，真淵が没するまで手紙による指導を受け，国学大成の指針とした。

本居宣長墓(背中合わせに春庭の墓)

城下町松阪を訪ねて

日野町交差点から南へ約100m行くと，左手に樹敬寺(浄土宗)がある。江戸時代には有力な商家など，多くの檀家をもっていた。しかし，1893(明治26)年の松阪大火により全焼し，現在の建物は，これ以降のものである。本居家代々の菩提寺で，宣長は72歳の生涯を閉じる前年遺言書をしたため，自分の墓を樹敬寺と山室山(松阪市山室町)に指定した。遺言書どおり寺の墓地に，本居宣長墓 附 春庭墓(国史跡)がある。みずから定めた戒名「高岳院石上道啓居士」を刻んだ墓石が，子の春庭の墓と背中合わせに並んでいる。この墓は参墓で，宣長の遺骸が葬られているのは，山室山の妙楽寺(浄土宗)にある本居宣長奥墓(国史跡)である。

　なお，樹敬寺には室町時代の作とされる木造地蔵菩薩立像(県文化)もある。

本居家の菩提寺　宣長の参墓はここに

来迎寺 ❾
0598-21-2131

〈M▶P.122, 125〉松阪市白粉町512　P
JR紀勢本線・名松線・近鉄山田線松阪駅🚶15分

三井家の菩提寺　珍しい複合仏堂

　樹敬寺から南東へ約300m行くと，三井家の菩提寺であった来迎寺(天台宗)がある。本堂(国重文)は，永正年間(1504〜21)の建立と伝えられる。現在のものは，焼失後の1731(享保16)年に再建されたもので，内陣と外陣を前後に取合いでつなぐ，類例の少ない複合仏堂である。外陣は7間(約12.6m)×4間(約7.2m)の寄棟造で，前面に向拝3間(約5.4m)をつける総瓦葺き，内陣は，身舎方3間，周囲に裳層をめぐらせた宝形造の総瓦葺きの建物である。内陣には三尊来迎像を安置し，背壁には二十五菩薩来迎図が描かれている。

複雑な外観とともに，豪壮で内部構成が印象的な，江戸時代中期の代表的建造物である。

　墓地には本能寺の変(1582年)のおり，徳川家康の三河(現，静岡県)への帰路を助け，のちにこの功

来迎寺本堂

132　　豪商を生んだ城下町と街道の繁栄

により家康より朱印状を受け，海運・通商に活躍した角屋氏一族の供養碑もある。なお，当寺には，紙本墨書真盛自筆消息（県文化）や北畠具教制翰が保存されている。

龍泉寺 ⑩
0598-21-2931

〈M▶P. 122,125〉松阪市愛宕町1-4 ᴾ
JR紀勢本線・名松線・近鉄山田線松阪駅パークタウン学園前行ほか愛宕町🚶3分

「火渡り」行事で知られる「愛宕さん」

松阪城下を通る旧参宮街道の南端に位置する愛宕町は，江戸時代には川井町とともに遊郭として栄えた。愛宕町バス停から国道42号線を北へ約200m歩くと「愛宕さん」と親しまれている龍泉寺（真言宗）がある。愛宕大権現をまつるこの寺は，古くから火防鎮守社として人びとから信仰を集めてきた。

毎年1月24日の「初愛宕」と7月24日の「愛宕火祭」では，修験行者が護摩を焚き，参拝者の「火渡り」行事が行われる。勝軍地蔵を本尊としつつ，神としてもまつり，神仏習合の色合いがきわめて濃い。

安土・桃山時代の風格を示す三門（県文化）は，3間1戸の薬医門で，松ヶ島城の裏門を移築したものともいう。

朝田寺 ⑪
0598-51-8661

〈M▶P. 122,135〉松阪市朝田町429 ᴾ
JR紀勢本線・名松線・近鉄山田線松阪駅🚌宇治山田駅前行朝田🚶15分

「朝田の地蔵さん」と親しまれ文化財を多数所蔵

朝田バス停から北へ15分ほど歩くと，「朝田の地蔵さん」とよばれ，多くの人びとに親しまれている朝田寺（天台宗）に着く。広大な沖積平野の田園地帯に位置し，近世以前の古参宮街道から参道を約100m進むと，和様を主として禅宗様を混用する，桃山時代の遺風を残す山門に着く。正面には，山門と同じ1652（慶安5）年に建てられた本堂（ともに県文化）がみえる。

本堂は外陣・内陣・内々陣からなる入母屋造・本瓦葺き，妻入

唐獅子図（阿形〈右〉と吽形，曾我蕭白筆）

城下町松阪を訪ねて　133

朝田寺木造地蔵菩薩立像

りの建物で，内々陣に，本尊で弘法大師空海作と伝えられる木造地蔵菩薩立像(国重文)を安置する。県内最古の仏像としても知られる，平安時代初期のすぐれた仏像である。このほか当寺には，平安時代初期の作としては非常に珍しい木造僧形坐像や，施餓鬼会の情景を描いた朝鮮李朝時代作の盂蘭盆経説相図(ともに県文化)がある。また，曾我蕭白作の絵画を多く所蔵し，なかでも，35～36歳の頃に描かれた紙本墨画唐獅子図(国重文)は，蕭白の代表作である。
附で指定されている板絵著色杉戸絵は，書院広縁の引き違い戸に，獏と鳳凰を描いた彩色画である。このほか，唐人物図・雄鶏図・雁図・布袋図などを所蔵する。

　松阪地方は葬式をすませると，亡き人が生前愛用していた着物をもって朝田寺へ参拝する「掛衣」の風習がある。着物は本堂内陣の天井に吊るされ，天国への道開けの供養を受ける。掛衣には死者の霊が宿り，本尊の導きによって，死者は極楽浄土に往生することができると考えられている。毎年8月には，盂蘭盆会が盛大に行われる。

　なお，朝田寺の北西約500mには，5世紀後半と考えられる3基の円墳または帆立貝式前方後円墳からなる佐久米古墳群がある。このうち，帆立貝式前方後円墳と推定される大塚山古墳は消滅し，ほかの2基も削平が著しいが，径30m余りの円墳である。

　朝田寺から東方へ約2km，条里制の地割が残る田園地帯を行くと，松阪市下七見町に至る。櫛田川にほど近いこの集落には，安養院(曹洞宗)があり，鎌倉時代前期の木造阿弥陀如来坐像(県文化)や十一面観音菩薩立像などをまつる。

機殿神社 ⑫　〈M▶P. 122, 135〉松阪市大垣内町・井口中町
　　　　近鉄山田線漕代駅🚗10分

伊勢神宮へ神御衣を奉織

　漕代駅前の旧参宮街道を西へ約300m行き，交差点を右折し，北へ約4km行くと，櫛田川右岸の広大な沖積平野が広がる大垣内町

朝田寺から機殿神社周辺の史跡

に，神服織機殿神社(祭神天御桙命ほか)があり，また約2km戻った井口中町には神麻績機殿神社(祭神天八坂彦命)がある。古代に紡織技術をもった渡来人が移り住み，伊勢神宮に荒妙(麻)と和妙(絹)の神御衣(神の衣服)を奉織していたという。以来，神社周辺は，機織の中心地となった。毎年5月と10月には「おんぞ(御衣)さん」とよばれる内宮の神御衣祭に，神御衣(御衣)を供える御衣奉織行事が，地元の人びとによって行われている。

近世になって綿花栽培が盛んになると，この機織技術が松坂木綿と結びつき，当地域は，織物の産地として名をなしていった。現在でも，東に近接する明和町養川で，御糸織物が操業を続けている。この地域にはバスなど公共交通機関がないので，現地への交通に注意したい。

神服織機殿神社

瑞巖寺庭園 ⑬　〈M▶P. 122, 136〉松阪市岩内町705-1 P
JR紀勢本線・名松線・近鉄山田線松阪駅🚌小野行岩内口
🚶30分

文人墨客がこよなく愛した景勝の地

岩内口バス停から西へ1.5kmほど歩くと，瑞巖寺(浄土宗)に着く。西に連なる堀坂山系の山麓に発達した複合扇状地の谷口に位置し，

城下町松阪を訪ねて　135

瑞巌寺庭園

伊勢湾の眺望もすばらしい。瑞巌寺庭園（県名勝）は江戸時代後期の築庭といい、古来、遠近の文人墨客がよく訪れ、多くの詩歌を残した。春はサクラやツツジ、秋はモミジに彩られるが、最近は、庭園の手入れが入らず、荒れている。また、境内には、瑞巌寺古墳群もある。

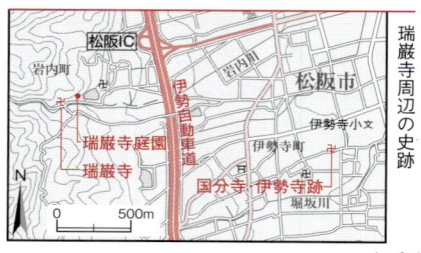

瑞巌寺周辺の史跡

岩内口のバス停から1つ松阪寄りの国分寺前バス停の前が、国分寺（真言宗）である。名前は国分寺だが、奈良時代に聖武天皇が全国に建立した国分寺ではない。現在の境内を中心に、古瓦が出土することで知られており、伊勢寺跡（県史跡）とされている。一部は発掘調査され、寺域を分ける溝がみつかり、東西約330尺（約100m）・南北約500尺（約150m）の寺域が復元できるという。瓦から、白鳳期に創建され、平安時代前期まで存続した飯高氏ら、地方豪族に関連した寺院と考えられる。

瑞巌寺の背後に連なる堀坂山系の西側には、伊勢山上（県名勝）がある。奈良時代の行者役小角の開創とされる飯福田寺（真言宗）の周辺丘陵には、巨大な露岩が散在し、それが風化や浸食によって、奇岩・岩窟状を呈している。鎌倉時代頃より修験道の霊場となり、以後、現在に至るまで行場（修行の場）となってきた。「岩屋本堂」「蟻の戸渡り」などの行場がある。バスは1日2本のみで、注意がいる。

豪商を生んだ城下町と街道の繁栄

2 嬉野・三雲の史跡を歩く

縄文時代以降の遺跡が集中する原始・古代文化の宝庫嬉野。
旧参宮街道筋に, 宿場町の面影が今も残る三雲界隈。

向山古墳とその周辺 ⑭

〈M ▶ P. 122, 139〉松阪市嬉野下之庄町・小阿坂町
近鉄名古屋線・山田線・大阪線伊勢中川駅 🚶50分

前方後方墳が集中する特異な地域

　伊勢中川駅周辺を中心とする嬉野地域の丘陵上には, 前方後方墳の形態をとる前期古墳が集中し, 県内でも特異な地域として知られる。現在4基が確認されているが, 伊勢中川駅から南南西約3kmの丘陵先端部に築造された向山古墳(国史跡)が最大で, 全長75mである。大正時代に発掘され, 三角縁神獣鏡・車輪石などが出土した。古墳からの視界は広く, 眼下に伊勢平野を眺めることができ, 当地を支配した強大な豪族の姿を想起させる。

　ほかに, 伊勢中川駅西南西約2kmの丘陵上に「壱師君塚」とよばれる筒野1号墳(全長45m)がある。『古事記』に記される豪族壱師君を葬るといわれる。この古墳も大正時代に発掘され, 出土した三角縁神獣鏡や石釧などは, 向山古墳出土品とともに, 東京国立博物館に所蔵されている。

　また, 伊勢中川駅東方約1kmの独立丘陵端に西山1号墳(全長43m)が, 南西方向約3kmの丘陵端に錆山古墳(全長47m)がある。ほかにも, 約300基の古墳があり, 古墳探索に最適の地域である。

向山古墳遠望(南から)

天白遺跡 ⑮

〈M ▶ P. 122, 139〉松阪市嬉野釜生田町
近鉄名古屋線・山田線・大阪線伊勢中川駅 🚗20分

　伊勢中川駅から南東へ約5km, 釜生田集落をぬけてすぐ県道から約200m東に, 西日本屈指の大規模な縄文時代配石遺構がみつか

嬉野・三雲の史跡を歩く　　137

おびただしい配石遺構群（天白遺跡）　　出土した多数の土偶（天白遺跡）

おびただしい配石遺構群　縄文時代の大祭祀場

った天白遺跡（国史跡）がある。

　雲出川支流の中村川が大きく蛇行することによって形成された、ゆるやかな傾斜の段丘上に位置する。1992（平成4）年に行われた発掘調査によって、縄文時代後期後半の配石遺構30基・埋設土器26基が姿をあらわした。小規模な配石遺構が同じ場所で多数つくられたため、足の踏み場もないほどに、おびただしい量の川原石を集めた遺構となったものである。配石遺構は、墓あるいは祭祀にかかわるものとされる。60点を超える土偶や岩偶・石棒・石剣などの祭祀遺物や膨大な量の土器が出土し、松阪市嬉野権現前町の嬉野考古館でおもなものを見学できる。2011（平成21）年春に史跡整備が終わり、復元された配石遺構の一部をみることができる。また、天白遺跡前の県道から西へ徒歩5分の所には、鴟尾（国重文）が出土した辻垣内瓦窯跡群がある。

　天白遺跡から中村川に沿って、3.5kmほど下流へ行くと、左岸の嬉野一志町に薬師寺（曹洞宗）がある。壱師氏の氏寺として奈良時代に創建されたという一志廃寺の寺域の一部と重なり、寺内には礎石も残る。南北朝時代には東福寺とよばれ、伊勢国司北畠氏の祈願所としても栄えたが、織田信長の南伊勢侵攻の際に焼失した。本尊の木造薬師如来立像（国重文）は、平安時代後期の作で、像高95cm、ヒノキの寄木造で、辰年の秋に3日間のみ開扉される。

嬉野考古館 ⓰　〈M▶P.122,139〉松阪市嬉野権現前町423-88　P
0598-42-7000　　　　近鉄名古屋線・山田線・大阪線伊勢中川駅🚶25分

　伊勢自動車道以東の中村川流域には、天華寺廃寺・一志廃寺・中

嬉野周辺の史跡

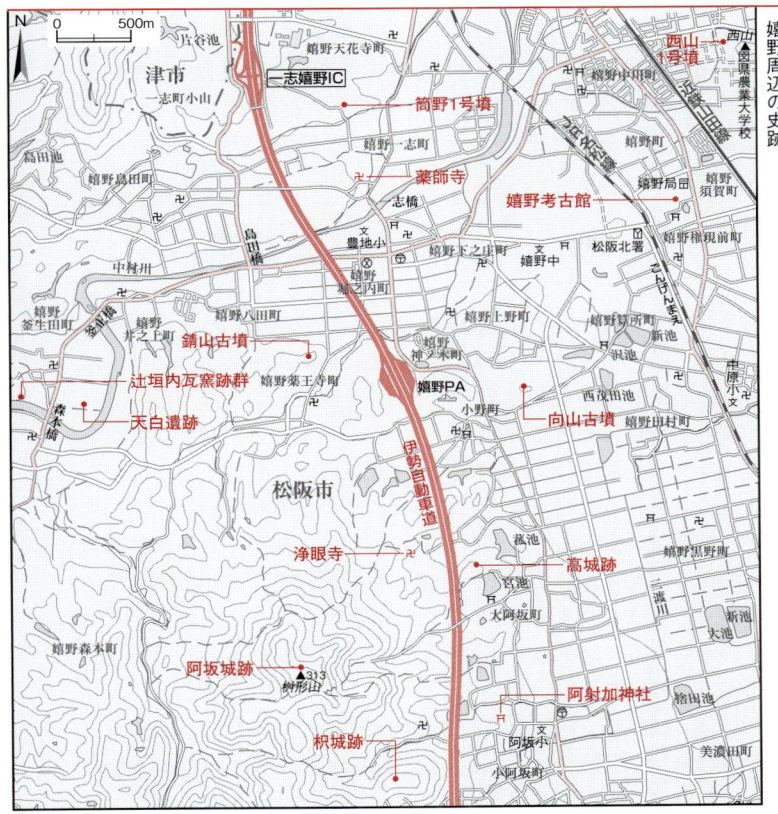

嬉野地域の考古・歴史資料を展示

　谷廃寺・嬉野廃寺など6カ所，隣接する雲出川右岸の一志町域にも2カ所，7世紀後半から8世紀にかけて古代寺院が建立された。これほどの密集度は県内唯一で，きわめて珍しく，新来の仏教文化がいち早くこの地に花開いたことをうかがわせる。

　これらの寺院に瓦を焼いて供給した窯跡の1つが，嬉野釜生田の辻垣内瓦窯跡群である。このうち窖窯の2号窯からは，寺院の屋根の両端に載せる鴟尾（国重文）が2基，焼成の原位置を保ったままで出土した。高さ146cmと124cmの大きなものである。現在は，旧嬉野町内から出土した多数の考古資料とともに，嬉野考古館に展示されている。嬉野考古館は，伊勢中川駅から駅前の県道嬉野津線を南へ約2km行くと，西側にある。ホールを備えたふるさと会館の2

嬉野・三雲の史跡を歩く　　139

階に設置されている。考古館には伊勢中川駅東方の嬉野中川町の貝蔵遺跡・片部遺跡から出土した，国内最古の文字かと注目された墨書土器なども展示されており，当地域の考古学的特徴を概観することができる。

阿坂城跡 ⓘ

〈M▶P.122, 139〉松阪市大阿坂町字枡形 P
JR紀勢本線・名松線・近鉄山田線松阪駅🚌小野行岩倉口
🚶40分

岩倉口バス停から西へ約800m歩くと，伊勢国司北畠氏の菩提寺である浄眼寺（曹洞宗）がある。寺には，北畠氏関係文書や明応年間（1492〜1501）作の北畠材親寿像がある。

浄眼寺の横に阿坂城跡（国史跡）への登り口があり，30分ほど急な山道を歩くと，標高312mの枡形山山頂に着く。山頂を大きく加工し，遠くからみると台形をなしているのでわかりやすい。山頂一帯が阿坂城跡で，大別して2つの曲輪からなる。伊勢平野・伊勢湾の眺望がよく，北畠氏にとって，伊勢平野の動向を監視する重要な山城であった。また城跡の東約1kmの低丘陵上に，高城跡と枳城跡がある。ともに阿坂城の出城といわれ，阿坂城の附として国史跡に指定されている。

1415（応永22）年，国司北畠満雅が幕府に対して挙兵し，幕府軍の兵糧攻めにあったとき，北畠氏側は米を水にみせかけて馬の背に流し，幕府軍にまだ水が豊富にあると思い込ませ，包囲をあきらめさせたという言い伝えから，阿坂城は白米城ともよばれるようになった。また，永禄年間（1558〜70）の織田信長の南伊勢侵攻における北畠氏攻略時の攻防でも知られる。

岩倉口バス停から松阪駅前行きバスで3つ目の小学校前バス停から西へ約300mの所に『延喜式』

阿坂城跡遠望

史上に名高い北畠氏の城

式内社で猿田彦大神をまつる阿射加神社がある。毎年1月14日には、その年の豊作を占う御火試・粥試神事が行われ、また同境内で豊作祈願のかんこ踊（県民俗）が行われる。

永善寺 ⓲
0598-56-2720

⟨M▶P. 122,142⟩　松阪市上ノ庄町1723
JR名松線上ノ庄駅🚶8分

平安時代後期の阿弥陀如来坐像を安置

上ノ庄駅から線路に沿って北西へ約100m歩き、左折して300mほど行くと、永善寺（曹洞宗）がある。もとは、西へ数百mの字大蓮寺にあった。本尊は平安時代後期の作とされる、定朝様の木造阿弥陀如来坐像（国重文）で、高さ約86cm、寄木造で漆箔が残る。

永善寺木造阿弥陀如来坐像

月本の追分 ⓳

⟨M▶P. 122,142⟩　松阪市中林町字山ノ越・宮ノ前
JR紀勢本線六軒駅🚶8分

大和への追分

永善寺から東へ約1.5kmで旧参宮街道に出る。四日市日永の追分より東海道と分岐して、伊勢神宮へと向かう街道で、近世にはおおいに賑わった。内陸部に取り残された旧砂堆上を南北に旧三雲町内を貫いている。徒歩交通主体の自然発生的な道路であるため街道は曲折し、幅員も広狭定まらない。路傍には道標や常夜灯・小祠などが散在し、お年寄が無心に拝む姿に出会うこともある。車の行き交う現代の直線的な道路とは異なり、人びとの暮らしに溶け込んだ心和む雰囲気がある。街道に沿って散策を楽しめるルートである。

月本の追分

嬉野・三雲の史跡を歩く

旧三雲町周辺の史跡

旧三雲町のほぼ中央部，六軒駅から東へ約300m行くと，旧参宮街道がある。左折し，道なりに北へ約1.4kmの所に月本の追分(県史跡)がある。追分から北西に分岐するのが大和(奈良)方面に向かう奈良街道である。追分の脇には，参宮街道中最大の道標(天保13〈1842〉年に奈良までの旅籠連中の寄進で建立されたもの)や，大型の常夜灯が立つ。江戸時代には，御蔭参りなどの参宮者を相手にした，茶屋・煮売屋などが並ぶ小休所として賑わったという。

月本の追分から約2km北へ行くと，小野江町の旧参宮街道沿いに，北海道の名づけ親として知られる松浦武四郎の生家がある。

月本の追分から旧参宮街道を南へ約2km行き，三渡川を渡り六軒町に入る。橋の南詰には「大和めぐり高野みち」と刻まれた高さ約3mの道標や常夜灯が立ち，さらに南へ向かうと市場庄の集落(近鉄松ヶ崎駅徒歩10分)に入る。連子格子の古い家並みが続き，江戸時代の面影を色濃く残す。この集落の東はずれには，斎王にちなむ忘れ井がある。1110(天永元)年の斎王群行に随行

松浦武四郎

コラム

「北海道」の名づけ親

松浦武四郎は，1818(文政元)年，紀州藩(現，和歌山県)郷士松浦時春(桂介)の4男として伊勢国一志郡須川村(現，松阪市小野江町)に生まれ，16歳で江戸に出て篆刻を学ぶ。その後，全国各地を遊学中，長崎でロシア南下の危機を知り，蝦夷地を目指す。28歳から6度にわたり単身で蝦夷地を調査し，その足跡は，樺太・千島にもおよんだ。この間，江戸幕府の蝦夷地御用御雇に任じられ，自然や動植物，アイヌの人びとの生活や文化を克明に調査し，『東西蝦夷地山川地理取調図』など，多くの紀行や地図を出版した。

明治政府のもとでは，蝦夷地開拓御用掛として，「北海道」の道名や国名(支庁名)・郡名の選定にも尽力した。一方，武四郎は和人の入植によるアイヌの民族的危機をふまえ，アイヌ本位の開拓・アイヌ文化の尊重という立場に立ち続けた。晩年は大台ケ原(大台町)の調査に没頭するなど，探検家としての武四郎の人生は，まさに旅そのものであった。

武四郎の残した書籍・地図や日誌類は，松浦武四郎関係資料(305点，県文化)として，生家にほど近い松浦武四郎記念館に，収蔵・展示されている。

松浦武四郎生家

した女官甲斐の歌碑もある。忘れ井は，伊勢中川駅北西方約800mの宮古という説もあり，やはり井戸跡が残されている。

薬師寺 ⑳　〈M▶P.122, 142〉松阪市船江町564
近鉄山田線松ヶ崎駅🚶15分

茶筅丸も一時期をすごす

市場庄の集落を抜け，近鉄線の高架をくぐり，旧参宮街道を約1.6km南下して久米町を経て船江町に入る。JR紀勢本線を越えると，まもなく右手に薬師寺(天台宗)がある。730(天平2)年開創といわれる。戦国時代，織田氏が北畠氏を攻めた大河内合戦後，講和の条件として，信長の2男茶筅丸(信雄)が北畠氏の養子となり，1569(永禄12)年から3年間を薬師寺ですごしたという。現在は仁王門と本堂が残り，本堂には貞観年間(859〜877)末期の特徴が顕著な，木造薬師如来坐像(県文化)を中心に，多くの仏像が納められている。

嬉野・三雲の史跡を歩く　143

薬師寺を過ぎると，街道筋には民家が途切れることなく立ち並び，ほどなく松阪の城下に入る。

松ヶ島城跡 ㉑

〈M▶P.122〉松阪市松ヶ島町字城ノ腰
近鉄山田線松ヶ崎駅🚶20分

松ヶ島城跡

松阪城築城移転のためにさびれた城下町

松ヶ崎駅から東へまっすぐに約1.5kmで，参宮古道に突き当る。この古い道は，蒲生氏郷が松阪に城下町を開いて，参宮街道を城下に取り込む前の街道である。突き当りの住宅の裏手に小高い丘がある。これが松ヶ島城跡（県史跡）である。今は閑散とした農村となっている松ヶ島城跡周辺は，16世紀後半頃までは交通の要衝であった。永禄年間（1558～70）に，織田信長の南伊勢侵攻が始まると，伊勢国司北畠氏はその攻略が当地にもおよぶことを察し，防備のためにこの地に築城したのが始まりで，北畠氏滅亡ののちは，信長の2男信雄が，続いて蒲生氏郷が入った。しかし，氏郷が松阪に新しい城下町の建設を始め，町屋や寺社を移転させ，参宮街道をつけかえたためにさびれてしまい，松阪城の完成とともに廃城となった。

なお，参宮古道沿いの猟師町や松崎浦町には，初盆供養のかんこ踊（県民俗）が伝えられている。

③ 和歌山街道に沿って

紀伊半島を横断する和歌山街道は、中央構造線がつくりあげた河谷の道。先史時代から東西交流の重要なルートであった。

大河内城跡 ㉒

〈M▶P.122〉松阪市大河内町城山
JR紀勢本線・名松線・近鉄山田線松阪駅🚌飯高・宇気郷方面行広坂🚶10分

信長による南伊勢侵攻の激戦地

　松阪市大黒田町の国道166号線を松阪市郊外へ出ると、道はやがて阪内川を右に眺めつつ走る。大河内町に入ると、正面前方の対岸に、大河内城跡（県史跡）がみえてくる。広坂バス停前方約200mを右折し、城山橋を渡り、西蓮寺（浄土宗）の前を通って左折すると、城跡へのぼる搦手口となる。現在の登り道はこれのみで、北側の大手口からはのぼれない。城は阪内川とその支流矢津川に挟まれた標高約110mの丘陵北端部に広がる平山城の形式で、応永年間（1394～1428）、伊勢国司北畠満雅が築き、弟顕雅の子孫が代々の拠点とした。

　本丸を中心に二之丸・西之丸・馬場・御納戸などがあり、随所に空堀が設けられている。1569（永禄12）年8月、織田信長は7万の大軍をもって南伊勢に侵攻した。国司北畠具教は旧一志郡多気（現、津市）より本拠地を当地に移し、迎え撃った。50日におよぶ激しい籠城戦の末、信長の2男茶筅丸（信雄）を北畠の養子とすることで和睦が成立した。以後、南伊勢は急速に、信長の支配下に組み込まれていくことになる。

　大河内町の北方約1.3kmの笹川町山村では、明治時代末期頃に、「貞元二（977）年」の銘が刻まれた、高さ23cmほどの小さな銅鐘（国重文）が出土した。銅鐘および金石文として、県内最古のものである。現在、東京都内の個人蔵となっている。

大河内城本丸跡付近

和歌山街道に沿って　145

また、大河内町の西方約2.4kmの勢津町下世古には、民家裏庭のカキの木に着生したフウラン群落(県天然)があり、7〜8月になると白い小さな花をつける。

大石不動院とその周辺 ㉓

〈M▶P.122, 146〉松阪市大石町 P
JR紀勢本線・名松線・近鉄山田線松阪駅🚌
飯高方面行不動前🚶1分

櫛田川を望む景勝地
和歌山街道と伊勢本街道が通る

　不動前バス停で降りると、すぐ右手の石垣上に大石不動院(真言宗)がある。金常寺とも称し、本堂は1602(慶長7)年、松阪城主古田重勝が再建、本尊は弘法大師空海の作と伝える石造不動明王立像である。境内の西側に隣接して、高さ約10mの不動滝(夫婦滝)があり、東端部には通称ホウロク岩とよばれる高さ約30mの巨岩がそび立つ。その壁面にはムカデラン群落(国天然)がみられ、7月後半頃、ピンクの可憐な花をつける。境内からは、南に櫛田川の清流を一望できる。この辺りから上流域は、香肌峡県立自然公園に指定されている。

　櫛田川対岸の多気町波多瀬は、江戸幕府8代将軍徳川吉宗の実学奨励策のもとで重用され、蘭学・本草学の先駆者となった野呂元丈の出生地である。生家は

大石不動院

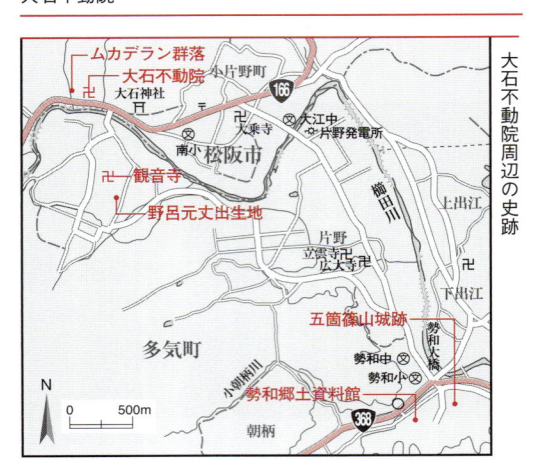

大石不動院周辺の史跡

146　豪商を生んだ城下町と街道の繁栄

建て替えられて残っていないが，屋敷地の土蔵や門は当時のものとされ，近年の調査で，書簡・典籍など元丈の関連資料が多数確認された。生家のすぐ西方には，中山とよぶ独立丘陵がある。丘陵中腹の観音寺（黄檗宗）境内には，元丈の墓碑や顕彰碑が立ち，その南側の丘陵続きに，中山薬草薬樹公園や産地直売所などの「元丈の館」とよぶ施設がつくられた。

中山付近から南東約3kmの同町朝柄にある勢和郷土資料館では，元丈を始め，郷土が生んだ人物の事績や丹生水銀の関係資料のほか，自然・考古などに関する展示も充実している。また，資料館から東方すぐそばに位置する（登り口まで30m位）丘頂には，五箇篠山城跡があり，櫛田川流域における，中世山城遺構の典型をみることができる。一方，この付近の河岸段丘は，県内屈指の縄文遺跡の密集地としても知られる。

粥見井尻遺跡とその周辺 ㉔

〈M▶P.122〉松阪市飯南町粥見字井尻
P
JR紀勢本線・名松線・近鉄山田線松阪駅
🚌飯高方面行粥見神社前🚶7分

縄文時代草創期の定着生活を示し、日本最古の土偶が出土

粥見神社前バス停より国道166号線を約100m戻り，右に小道をくだって，人家の間を北へ約300m行くと，国道368号線の高架橋の下に粥見井尻遺跡（県史跡）がある。1996（平成8）年，国道368号線改良工事にともなう発掘調査によって，調査区の北半部で縄文時代草創期の4棟の竪穴住居跡がまとまって検出された。竪穴住居跡はどれも直径5m前後のほぼ円形を呈し，中央部が浅くくぼんでいる。このうち1号住居跡からは，日本最古となる土偶（県文化）が出土した。調査区全体から，この時代特有の有文・無文の土器片や矢柄研磨器・石鏃・剝片など，1万点を超す遺物が出土した。縄文時代草

粥見井尻遺跡

和歌山街道に沿って

創期の集落跡は全国的に調査例が少なく，集落形態や生活の様子を解明するうえで，貴重な資料である。調査後，工事計画が変更され，復元住居や遺物の一部を，レプリカで現地に展示する遺跡公園として整備された。

　粥見井尻遺跡から櫛田川に沿って，国道166号線を北東に約3km行った飯南町深野には，来迎寺（浄土宗）があり，境内に入ってすぐ右手に，銅鐘（県文化）が掲げられている。この銅鐘の銘文によると，1568（永禄11）年につくられ，もとは越前国（現，福井県）山王権現社のものであったが，のちに三河国（現，愛知県）足助八幡宮の鐘になったという。それを明治時代初期の廃仏毀釈時に，桑名の鋳物師が購入し，さらに1879（明治12）年，当寺の住職が購入した来歴のものである。来迎寺の西方約2.5kmの下仁柿にある両泉寺（浄土宗）には，平安時代後期の作とみられる木造不動明王立像（県文化）がある。寺の南側には，櫃坂峠からおりてきた伊勢本街道（現，国道368号線）が通り，横野に至って，和歌山街道（現，国道166号線）と合流する。横野には，1932（昭和7）年に柿野郵便局として建てられた旧飯南郵便局局舎（国登録）がある。1989（平成元）年まで局舎として利用されており，この地域でもっとも早く建てられた鉄筋コンクリート造の建造物として貴重な遺産である。

　また，粥見井尻遺跡の南東約1.5kmにある向粥見の医王寺（黄檗宗）境内には，鉄製宝篋印塔（県文化）がある。1706（宝永3）年造立の銘文が刻まれ，高さは約2mで，全体の形状が整っている。宝篋印塔などの仏塔は石造である場合が多く，鉄製はまれである。保存修理にともなう解体作業中に，塔基台内部から納入品が発見され，これも県指定に追加された。なお，境内では本郷の羯鼓踊（県民俗）が4〜5年に1度，8月14日に踊り継がれている。

水屋神社 ㉕　〈M▶P.122〉松阪市飯高町赤桶2507
0598-46-0932　JR紀勢本線・名松線・近鉄山田線松阪駅🚌飯高方面行 向赤桶🚶3分

県内最大級の大クスが神木

　国道166号線の飯高道の駅より約2kmで，水屋神社（祭神素戔嗚命）に着く。社殿の周囲には数本の巨木があり，いちばん裏手の大クス（県天然）が神木とされ，樹高約35m・樹幹の周囲約12m，推定

水屋神社

樹齢約1000年という。神社には1373（文中2）年の棟札があり、当時は大和国（現、奈良県）に属したことが記されている。

水屋神社の東方約300m、櫛田川の曲流部に向けて張り出す段丘一帯に宮ノ東遺跡がある。発掘調査はされていないが、縄文時代後期の宮滝式土器や二上山（奈良県・大阪府）産出のサヌカイト製石器などが広範囲に確認されている。三重・奈良県境の高見峠を境にすると、西方では吉野川流域の宮滝遺跡が、同期の標式遺跡として有名であるが、東方の櫛田川流域でそれに対応する位置を占めるのが本遺跡である。伊勢湾沿岸の遺跡分布を考えると、紀伊半島を横断する流域づたいに、東西の密接な地域間交流のあったことがうかがえる。

国道166号線を新野々口橋手前まで約1.4km戻り、南へ100mほど入って、斜面を少しのぼると、山上に高さ約2.5mの五輪塔がある。北畠具教の首塚と伝えられ、1576（天正4）年、具教が三瀬館（現、大台町）で暗殺された後、家臣がその首を奪い、本拠地の霧山城に埋葬しようとしたが、力尽きてこの地に葬ったという。

また、水屋神社から国道166号線を西に約6km行き、飯高町粟野で国道の左入口に立つ鳥居を左折して小渓流沿いの道を約200m行くと、八柱神社の奥に安養寺（臨済宗）がある。境内の本堂（大日堂）には「文安元（1444）年」の銘を刻んだ銅製の鰐口（県文化）が吊るされていたが、現在は粟野区で管理している。

泰運寺とその周辺 ㉖

〈M▶P.122〉松阪市飯高町波瀬　P
伊勢自動車道松阪ICより🚗80分

人里離れた山紫水明の禅寺

国道166号線を西に進み、波瀬地区で北に入る山道を進むと、泰運寺（曹洞宗）に着く。本堂の下段に鐘楼があり、八角銅鐘（県文化）が目にとまる。高さ2.44m・口径1.35m、8面の平板を八角形に組み合わせ、各面の外面には、法華経8巻を1面に1巻ずつ、びっしりと刻む。内面には、銅鐘が寄進された経過などが記され、2年

泰運寺の八角銅鐘

半の月日をかけて、1785（天明5）年に完成したことがわかる。北方に聳え立つ大滝山（980m）を背景として、南斜面にある境内は、長い参道の両側が階段状に整地され、新緑と紅葉の頃は、とくに風情がある。

国道166号線を東へ約1km行き、月出口バス停まで戻り、ここから左折して桑原・月出の集落を抜け、約7kmほど林道を行くと、月出の中央構造線（国天然）がある。高さ80m・幅50mにおよぶ国内最大級の中央構造線の露頭で、急な斜面の北側（左）の赤っぽいほうが、西南日本内帯の領家帯、南側（右）の黒くみえるほうが、同外帯の三波川帯にあたる。西南日本を横断する中央構造線の断層活動を知るうえで、学術的な価値は大きい。

月出の中央構造線露頭

再び国道166号線に出て、西に約700m行き、波瀬大橋の手前を右折し、旧和歌山街道を約500m入る。波瀬神社の石段の下を過ぎると、右手に旧波瀬宿本陣であった田中邸がある。この付近の家並みは、今も街道の宿場町の名残りをとどめている。

④ 熊野街道に沿って

熊野街道は本来，伊勢神宮と熊野三山を結ぶ参詣道。松阪が紀州藩領となってからは，政治・経済・文化の動脈となった。

宝塚古墳 ㉗

〈M▶P.122〉松阪市宝塚町・小黒田町 P
JR紀勢本線・名松線・近鉄山田線松阪駅🚌三瀬谷方面行花岡山🚶15分

王者の貫禄を示す，旧伊勢国最大の前方後円墳

　花岡山バス停南の久保町交差点を右折し，西へ約1km行って左折すると，前方に宝塚古墳（国史跡）がみえる。手前右手が2号墳，南上方が1号墳である。1999（平成11）～2004年，古墳公園化のための整備事業にともなう発掘調査が実施され，多大な成果が得られた。1号墳は全長111mを測り，旧伊勢国最大の前方後円墳で，5世紀初頭の築造である。北側のくびれ部に造出しがみられ，船形埴輪を始め，宝塚一号墳出土品として一括して国の重要文化財に指定された。2号墳は全長90mの帆立貝式前方後円墳で，1号墳に続く後継首長の墓と考えられる。1号墳の墳頂からは，伊勢湾と伊勢平野を一望に収めることができ，被葬者の大きな勢力圏を物語るに相応しい立地を占める。

　きた道を戻り，国道42号線を越えて約1.7km直進し，下村町信号を左折すると，パークタウン学園前団地内に久保古墳（県史跡）がある。直径約52.5m，高さ約6m，南伊勢最大の円墳である。1912（明治45）年の発掘で，三角縁神獣鏡2面などが

宝塚1号墳の造出し

造出しに配列された復元埴輪

熊野街道に沿って　151

本居宣長奥墓 ㉘　〈M▶P.122〉松阪市山室町高峰 🅿

JR紀勢本線・名松線・近鉄山田線松阪駅🚌三瀬谷方面行蛸路🚶60分

　蛸路バス停南の八太町北信号を右折し約2km行くと，右手に松阪中核工業団地がある。さらに約1km行った山室町の十字路を左折すると，妙楽寺(浄土宗)の参道入口の駐車場に出る。ここから石段をあがり，山室山(185m)の山道を約300mのぼると，山頂付近に本居宣長奥墓(国史跡)がある。付近一帯は，「松阪ちとせの森」として整備されている。

　宣長は，1801(享和元)年に72歳で亡くなるが，その前年に遺言書で，みずからの墓の形などを決め，下見をして墓所を定めた。墓所正面には自筆で，「本居宣長之奥墓」と刻んだ墓碑が立てられ，遺骸を埋めた背後の土盛りには，宣長が好んだヤマザクラが植えられている。墓のかたわらには，宣長の没後に門人となった平田篤胤と，『古事記伝』など宣長の膨大な著作の版木をつくって印刷・出版に貢献した，門人植松有信の歌碑がある。

　きた道を戻り，八太町北信号を右折して，国道42号線を南に進み，つぎの八太町信号を左折して約500m行くと，右手に真福寺(天台宗)がある。本尊の木造阿弥陀如来坐像(国重文)は鎌倉時代初期の作といわれ，力強さと定朝様のおおらかさが見受けられる。現在，下蛸路町自治会が管理している。

ヤマザクラの下で眠る，偉大な国学者

宣長奥墓

大日堂とその周辺 ㉙

〈M ▶ P. 122, 155〉松阪市射和町6863 ℗
JR紀勢本線・名松線・近鉄山田線松阪駅🚌三瀬谷方面行射和 🚶 3分

射和商人を輩出した町並みが残る

　射和バス停から約200m東方で，とんぼ坂に通じる旧道沿いに大日堂（天台宗）がある。この付近は伊勢国司北畠氏の祈願所であった射和寺（福眼寺・福龍寺）の跡地で，大日堂には，木造地蔵菩薩坐像（国重文）が安置されている。像高84cm，寄木造の整った容姿と円満な表情で，南北朝時代の作と考えられる。現在，射和町自治会が管理している。1935（昭和10）年の修理の際，坐像の胎内から，近世初期に上方で出版された子供絵本（県文化）がみつかった。射和商人の帯屋次郎吉が子の供養のため，愛用していた豆本12冊などを納めたもので，ほかに類のない大変珍しいものである。

　大日堂南の道を西方へ200m余り行くと，旧国道42号線の手前に射和商人として知られた竹川家と国分家が道を挟んで向い合う。竹川家は幕末に，射和の産業振興や文化活動などで幅広く活躍した竹川竹斎を出した。竹斎は，1854（嘉永7）年に私財を投じて書籍を集め，射和文庫を開設した。この蔵書の中には，竹斎が射和寺に伝えられた古文書の散逸を防ぐため，巻物にして保存した紙本墨書射和寺文書（県文化）がある。伊勢国司北畠氏発給のまとまった文書として，史料的価値が高い。竹川家付近や，射和の寺院群，東隣の中万町の一部の地域からは，かつて江戸店持の有力商人が輩出され，繁栄した名残りをうかがうことができる。

　射和バス停に戻り，バス通りと堤防道路を東に約3km行き，JR紀勢本線の線路を越える陸橋の手前，左手に，一乗寺（天台宗）へのぼる参道がある。寺には，1490（延徳2）〜1533（天文2）年に，伊勢国司北畠氏から下付された制札3枚が伝えられている。西方の神山（130m）山頂に残る神山城跡は，南朝方の拠点の1つであった。

大日堂木造地蔵菩薩坐像

熊野街道に沿って　　153

長盛寺とその周辺 ㉚

0598-38-2269（長盛寺）

〈M▶P.122, 155〉多気郡多気町相可 P
JR紀勢本線・名松線・近鉄山田線松阪駅🚌三瀬谷方面行相可🚶5分，またはJR紀勢本線相可駅🚶10分

相可バス停から旧国道を横断して右手の小道を約100m入り，左折すると長盛寺（浄土真宗）がある。寺宝の薙刀（国重文）は刀長が約60cmあり，「暦応五（1342）年」の刻銘が残る。寺伝によると，薙刀は，伊勢国司北畠氏に代々伝来した家宝で，1576（天正4）年，具教が三瀬館で暗殺された後，一族が所持していたものとされる。

長盛寺より北約200mの旧多気町役場跡地に，樹高約20mのフウ樹（県天然）がある。この辺りは，江戸時代の豪商大和屋の宅地で，幕末の本草学者西村廣休は，ここに薬草園をつくり，多数の植物を植えた。フウ樹はその1つである。

相可には旧国道42号線沿いに，多気町役場がある。まわりには多くの公共施設があり，役場庁舎東方にある教育会館1階が多気郷土資料館となっている。多気町内出土の考古・民俗資料を収蔵し，館内は企画展の都度，展示替えをしている。

相可から南へ約1km，涵翠池西側の丘陵上には「天啓さん」で知られる法泉寺庭園（県名勝）がある。法泉寺（黄檗宗）は，1658（万治元）年，瓊啓上人が小庵を開いたのが始まりで，のち正徳年間（1711〜16）に，梅嶺和尚が創建した。「天照山」の額のかかる中国式山門は，黄檗宗寺院の特徴を伝えている。現在，一帯は公園化され，多気町が管理をしている。

また，法泉寺庭園の北方に広がる水田は，三疋田や四疋田の数詞地名が示すように，条里制に基づく地割の名残りをとどめている。

相可の西方約3

法泉寺山門

伊勢本街道の宿場町，相可

多気町周辺の史跡

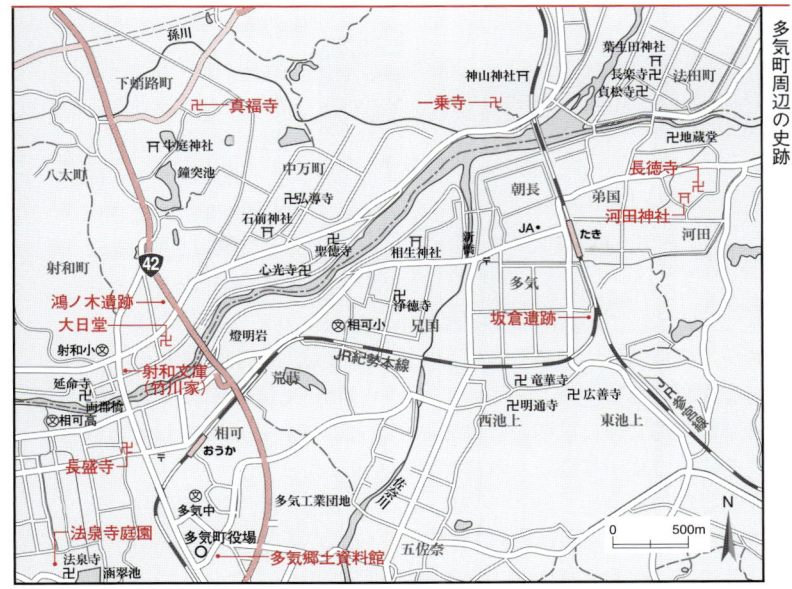

kmの井内林にある津田神社(祭神木俣神ほか)には，紙本墨書神事頭番帳(県文化)が保存されている。これは，東隣の佐伯中にあった中神社の神事の当番について書かれたもので，1427(応永34)～1572(元亀3)年までの146年間，その年々の当番が書き続けた貴重な記録である。

坂倉遺跡 ㉛　〈M▶P.122, 155〉多気郡多気町東池上
JR紀勢本線・参宮線多気駅🚶10分

東海・近畿最初の煙道つき炉穴

多気駅南方約600mの線路西側に，坂倉遺跡(県史跡)がある。東方の丘陵から張り出す低い台地上に立地し，南北両地点に分かれる。現在，史跡公園として保存されているのは南地点で，1974(昭和49)年，圃場整備事業にともなう発掘調査によって，19基の炉穴が確認された。炉穴の平面形は長さ約2m・幅約60cmの逆U字状を呈し，ほとんどがトンネル状の煙道を有する。19基の配置については，それぞれ独立した形態のものと，竪穴状遺構の隅に，放射状に取りつけられたものとがある。出土土器から，縄文時代早期初頭(大鼻・大川式)に形成されたことが明らかになった。発掘調査当時は，近府県に類例がなく，注目を集めた。その後，県内では亀山市大鼻

熊野街道に沿って

坂倉遺跡

遺跡や松阪市鴻ノ木遺跡でも確認され,愛知・岐阜・静岡など,東海地方でも同様の遺構が確認された。炉穴は煮炊きに用いられたと考えられるが,このような遺構が,列島内でいち早く登場した南九州では,燻製施設とする解釈が有力視されている。なお,ここから数km上流にかけての櫛田川両岸は,縄文時代早期の遺跡分布が卓越している地域として知られ,遺跡間で集団移動した軌跡がうかがえる。

坂倉遺跡の北東約1kmの河田には,長徳寺(天台宗)があり,境内の一角に,祠のような河田神社(河田御霊社)がある。その小さな社殿には,木造男神坐像・女神坐像(県文化)がまつられている。いずれもケヤキの一木造で,像高は60cmに満たない。表面はどちらも著しく磨耗し,傷んでいるが,女神像にはわずかに彩色を残す。

北方を流れる祓川は,かつての櫛田川本流で,この付近から下流域にかけては,流路の変遷が繰り返された。平安時代初期の東寺領荘園で有名な大国荘・川合荘は,この付近から相可西方までの櫛田川右岸を中心におかれていた。

近長谷寺とその周辺 ㉜

〈M ▶ P. 122, 157〉多気郡多気町長谷 P
JR紀勢本線・名松線・近鉄山田線松阪駅 🚌
三瀬谷方面行前村 🚶 60分

「近長さん」で親しまれ,壮麗な大観音像が立つ

前村バス停から北へJR紀勢本線の線路を越えて,久保田橋を渡って直進する。さらに神坂の集落内で左折し,北西に向かう山間の旧和歌山別街道を約1.6km行くと,長谷の集落へ抜ける。集落からは切通し道で,やや急な徒歩専用の旧参道をのぼるか,車道がある。後者で行くと,近長谷寺(真言宗)本堂の正面に出る。本尊の木造十一面観音立像(国重文)は,像高約6.6mにおよぶ寄木造の巨像で,堂々とした量感のなかに,神秘的な威厳を備えている。右手に錫杖,左手は曲げて花瓶をもつ姿態は,奈良の長谷寺本尊を基準と

近長谷寺木造十一面観音立像

した長谷型観音像に分類される。江戸時代の修理の際、顔に彩色が施されたため、厳しい表情にみえるが、写真測量による調査所見では、もとは平安時代後期に特徴的な、円満な顔立ちであることが確認されている。近長谷寺資財帳（国重文）によると、ここに山岳寺院を築いたのは、当地方の豪族飯高宿禰諸氏で、彼が内外近親者にすすめて、885（仁和元）年に建立した。近長谷寺資財帳は、現在、丹生の神宮寺に保管されているが、創建以来、施入された田地が1筆ごとに詳しく記録されており、当地域の古代史を考えるうえで、貴重な文献史料である。

　寺の北側の山頂（260m）展望台付近には、近津長谷城跡があり、櫛田川下流部を一望することができる。1347（正平2）年に神宮祠官の村松家行が築いたもので、田丸城（玉城町）・神山城（松阪市）・一之瀬城（度会町）などとともに、南伊勢における南朝側の拠点とされた。

　長谷の東約1.7kmにある神坂の普賢寺（天台宗）には、貞観彫刻の木造普賢菩薩坐像（国重文）が安置されている。像高92cmのクスノキの一木造で、翻波式衣文などに平安時代初期の特徴がみられる。洗練された見事な仏像である。

　神坂の南東約2kmの五桂には珊瑚寺（浄土宗）があり、鰐口（県

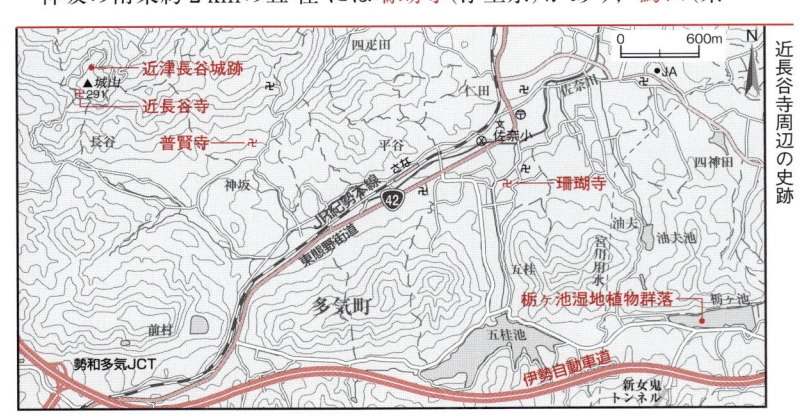

近長谷寺周辺の史跡

熊野街道に沿って　　157

文化)を所蔵している。径36cmの青銅製で、1385(至徳2)年に伊賀国仏土寺(伊賀市)の鐘として制作され、1557(弘治3)年、山口寺(珊瑚寺の古名)に移したという銘文が刻まれている。南方の五桂池は、新田開発のために、1678(延宝6)年に造設された県内最大の溜池である。今は身近な行楽地として親しまれているが、ここを通って東進すると、左に栃ヶ池湿地植物群落(県天然)がある。

神宮寺とその周辺 ㉝
0598-49-3001(神宮寺)

〈M▶P.122〉多気郡多気町丹生 Ｐ
JR紀勢本線・名松線・近鉄山田線松阪駅🚌三瀬谷方面行おきん茶屋🚶45分

丹生水銀の歴史を支えた精神的支柱

おきん茶屋バス停から約3kmで、一般に丹生大師として親しまれる、神宮寺(真言宗)の山門に着く。寺伝によれば、弘法大師空海の師勤操によって、774(宝亀5)年に創建され、815(弘仁6)年、空海が伽藍を整えたという。その後、たびたび火災に遭い、現在、境内に立ち並ぶ諸堂は、江戸時代に再建された。とくに、1716(享保元)年建立の2層の山門は壮大な建築物で、大寺の風格を物語る。

寺には、「承安二(1172)年」銘の陶経筒(県文化)が伝えられているが、正確な出土地はわからない。このほか、丹生は全国有数の水銀産地であったことから、辰砂(朱砂)を入れる木桶や水銀蒸留用の土鍋が残されている。神宮寺の奥には、『延喜式』式内社の丹生神社(祭神丹生津姫ほか)があり、神仏習合のあり方を端的に示している。神社には鉱山用の鎚・鑿・籠が神宝として伝わり、鎚には「正保二(1645)年」の銘がある。これらは現在、多気町朝柄の勢和郷土資料館に展示されている。『今昔物語集』に登場する説話やこのような伝来品は、丹生が、古代・中世における国内最大の水銀産地であったことをよく示している。

丹生の周辺には、

神宮寺山門

158　豪商を生んだ城下町と街道の繁栄

丹生水銀

コラム

原始・古代の重要資源

水銀は辰砂（朱砂）とよばれる赤い鉱石を原料として生産される。液体状の自然水銀を産出する場合もあるが、通常は辰砂に石灰を加えて蒸留して、水銀を採取する方法が用いられる。辰砂や水銀が日本で初めて文献にあらわれるのは『続日本紀』で、朱砂については、文武天皇2(698)年の条に、常陸（現、茨城県）・伊勢・備前（現、岡山県）・香川県・兵庫県の一部）・伊予（現、愛媛県）・日向（現、宮崎県）5カ国から献上されたことが記され、水銀については、和銅6(713)年の条に伊勢国から献上されたことが記されている。

その後、平安時代の『延喜式』には、もっぱら伊勢国からの定期的な進上記事がみられる。このように、水銀の生産は7世紀末～8世紀初頭に始まり、造仏事業など、当時の政策や仏教文化の高揚に大きな役割をはたしたが、おもにそれを支えたのは、伊勢水銀であった。その最大の産出地が、多気町丹生付近で、現在、中央構造線を挟んで300カ所を超す採掘跡が確認されている。なかには、探鉱目的の試掘跡もかなり含まれているが、日ノ谷など内帯側の狭長な坑道をもつ旧坑は、古代・中世において、実際に稼動していたものと考えられる。

近年、県内の縄文遺跡の調査が進み、辰砂を原料とする顔料としての「朱」の生産と流通が注目されている。今までに、森添（度会町）・天白（松阪市）遺跡を始め、縄文時代後・晩期を中心とした10カ所余りの遺跡で、朱の生産が行われていたことがわかっている。朱は、とくに呪術や祭祀用の道具類の塗彩に重用され、縄文人の精神文化に欠かせないものであった。辰砂の産出地が限定されているだけに、その流通は興味深く、石器の材料となるサヌカイトや黒曜石などと同様、辰砂原石も手ごろな大きさに分割されて、遺跡間・地域間を流通したと考えられる。

県内では上記のうち、すでに4遺跡で10g程度に砕かれた辰砂原石がみつかっている。今後、原料産地をもたない他府県の縄文遺跡でもこのような辰砂原石が確認されれば、伊勢産辰砂を基盤とする朱の交易ルートが解明されるかも知れない。

日ノ谷旧坑跡入口

300カ所以上の水銀（辰砂）採掘坑跡が残されている。このうち、神宮寺南方約1kmの日ノ谷旧坑跡のそばには、昭和20年代に使用さ

熊野街道に沿って

れた水銀精錬装置が残され，説明板や覆屋根が設けられていて，よく保存されている。

　神宮寺の北西約300mには西導寺(浄土宗)があり，絹本著色法然上人絵伝2幅(国重文)と絹本著色阿弥陀二十五菩薩来迎図(県文化)が伝えられている。前者は鎌倉時代の作で，法然の生涯が縦約1.6m・横約1.2mの大画面2枚に鮮やかに描かれ，堂に掲げて庶民の教化に用いられた。後者は精緻な筆致の来迎図で，室町時代の作といわれている。

　神宮寺より国道42号線に戻り南へ約2km行くと，大台町栃原に至る。宮川と支流の濁川に挟まれた段丘上には，出張遺跡がある。田口大橋建設にともない，1976(昭和51)～77年に発掘調査を実施し，東海・近畿屈指の大規模な旧石器時代の遺跡であることがわかった。出土石器の一部は，大台町新田の日進公民館に陳列されている。

　宮川対岸の大紀町野原の七保第一小学校跡地には，七保のオハツキイチョウ(県天然)がある。

北畠具教三瀬館跡とその周辺 ㉞

〈M▶P.122〉多気郡大台町上三瀬　P

JR紀勢本線・名松線・近鉄山田線松阪駅🚌三瀬谷方面行上三瀬🚶10分

　上三瀬バス停で降りて，すぐ西側の上三瀬バス停前交差点を右折し，北へ約600m行くと北畠具教三瀬館跡(県史跡)がある。尾根に挟まれたゆるやかな斜面を，階段状に整地して築かれたと考えられ，地形の影響か，それほど人工を加えた形跡は認められない。『勢州軍記』などの軍記物によると，1569(永禄12)年の大河内城合戦後，北畠具教は三瀬館に退き，1576(天正4)年，織田信長の策略により家臣に謀殺されたという。これが確かだとすれば，南北朝時代以来230年，南伊勢を基盤として存続した伊勢国司北畠氏は，信長の攻略により，ここで最期を遂げたことになる。

　きた道を戻り，国道42号線を越え，慶雲寺(浄土宗)の前を通って約100m南に入ると，三瀬砦跡(県史跡)がある。東側以外は，宮川と渓流に臨む断崖で区切られ，高さ約5mの土塁が，大小2つの郭を取り囲んでいる。北畠氏家臣三瀬左京の館跡ともいわれる。

戦国大名北畠氏の終焉地

三瀬砦跡

　国道42号線を約2km南西の大台町役場前まで進み，すぐ先の佐原(さはら)信号で左折して旧道を約150m行くと，旧舟木橋(ふなきばし)(国登録)がある。レンガ造りの美しい橋脚(きょうきゃく)は，1905(明治38)年の建設当時のままで，橋の路上から水面までの高さは約35mある。

　宮川の対岸は大紀町舟木であるが，舟木の東方約6kmの同町古里(さと)の福田寺(ふくでんじ)(浄土宗)には，鎌倉時代中期の木造阿弥陀如来坐像(県文化)が安置されている。

　宮川の最上流部は，古来，一般に大杉谷(おおすぎだに)と称され，吉野熊野(よしのくまの)国立公園の一角を占めている。この峡谷の国有林は，国の天然記念物に指定され，県指定天然記念物には，大杉谷の大スギや久豆(くず)・大淵寺(たいえんじ)のスダジイ，滝谷(たきや)・檜原(きそはら)の川岸岩壁植物群落，檜原・池の谷のモリアオガエル繁殖池がある。

滝原宮(たきはらぐう) ㉟

〈M▶P.122〉 度会(わたらい)郡大紀町滝原872　P
JR紀勢本線滝原駅 🚶15分

伊勢神宮からもっとも離れた別宮

　滝原駅前から大内山(おおうちやま)川に架かる橋を渡り，国道42号線を約1.2km北上すると，右手に大鳥居がみえてくる。大鳥居をくぐって，老杉(ろうさん)の林立する長い参道を進むと，左手に社殿があらわれる。向かって右が滝原宮，左が滝原竝宮(ならびのみや)である。両宮は，いずれも天照大神(あまてらすおおみかみ)を祭神とし，皇大神宮(こうたいじんぐう)の別宮である。『延喜式』には，両宮は「大神の遙宮(とおのみや)」と記されているが，これは文字通り，伊勢神宮から離れた遠隔の宮ということであろう。それにもかかわらず，この地に別宮が配置されたことは，南に熊野灘沿岸を控えた水陸交通の要地であったことと無関係ではなかろう。

　国道42号線に戻って約2km南下し，右折して約700m行くと，大(おお)宮中学校の西側に大紀町郷土資料館がある。ここには，おもに旧大宮町関連の史料が，展示・保存されている。

　さらに国道42号線を約10km先の大紀町崎(さき)まで南下し，崎交差点

熊野街道に沿って　161

滝原宮

を錦(にしき)方面へ向けて、左折し、約1.7km行った左手の山の斜面一帯は、大平山(おおひらやま)の躑躅(つつじ)(県名勝)として知られている。なお、大内山川流域は、奥伊勢宮川峡県立自然公園となっており、随所にすばらしい峡谷がみられる。

長久寺(ちょうきゅうじ)とその周辺(しゅうへん)㊱

〈M▶P.122〉度会郡大紀町大内山(おおうちやま) [P]
JR紀勢本線大内山駅 🚶 5分

大内山駅から国道42号線を横断して、約300m東へ行くと、右手に長久寺(曹洞宗)があり、本堂内の左横の格子(こうし)の中に、木造阿弥陀如来坐像(県文化)が安置されている。所々に後補が加えられ、損傷が見受けられるものの、均整のとれた見事な容姿であり、鎌倉時代初期の作と考えられる。

長久寺を出て、国道42号線に戻り松阪方面へ約1.2km行き、国道から右側に分岐した旧道の不動野橋(ふどの)を渡ると、すぐ右手下に大内山の一里塚(いちりづか)(県史跡)がある。一里塚の記念碑の前には、「一番なち山へ二十七里」と記した、小さな道標地蔵が立つ。

大内山駅の北約700mには、頭之宮四方神社(こうべのみやもう)(祭神唐橋中将光盛(からはしちゅうじょうみつもり)ほか)があり、受験シーズンを迎えると、合格祈願の参拝客で賑わっている。

大内山駅から新宮方面行きの電車に乗り、つぎの梅ヶ谷(うめがたに)駅で下車する。駅から北西約800mの汲泉寺(きゅうせんじ)(曹洞宗)には、銅製の雲板(うんぱん)(県文化)が残されている。この寺は、北畠氏の家臣大内山但馬守(たじまのかみ)の菩提寺(だいじ)で、雲板には「永正(えいしょう)十(1513)年」の銘がある。また、「多気郡大内山郷(ごう)」と刻まれていることから、当時、多気郡に属していたことがわかる。

汲泉寺より西へ約800m行き、栃本橋(とちもと)の手前を左折し、栃古川(とちこ)沿いの木立の道を遡(さかのぼ)ると、伊勢神宮と熊野三山を結ぶ、熊野参詣道のツヅラト峠(国史跡)に達する。

奥伊勢に残る文化財

162　豪商を生んだ城下町と街道の繁栄

美し国, 伊勢・志摩

Ise Shima

斎宮跡「内院」10分の1建物模型

庫蔵寺本堂

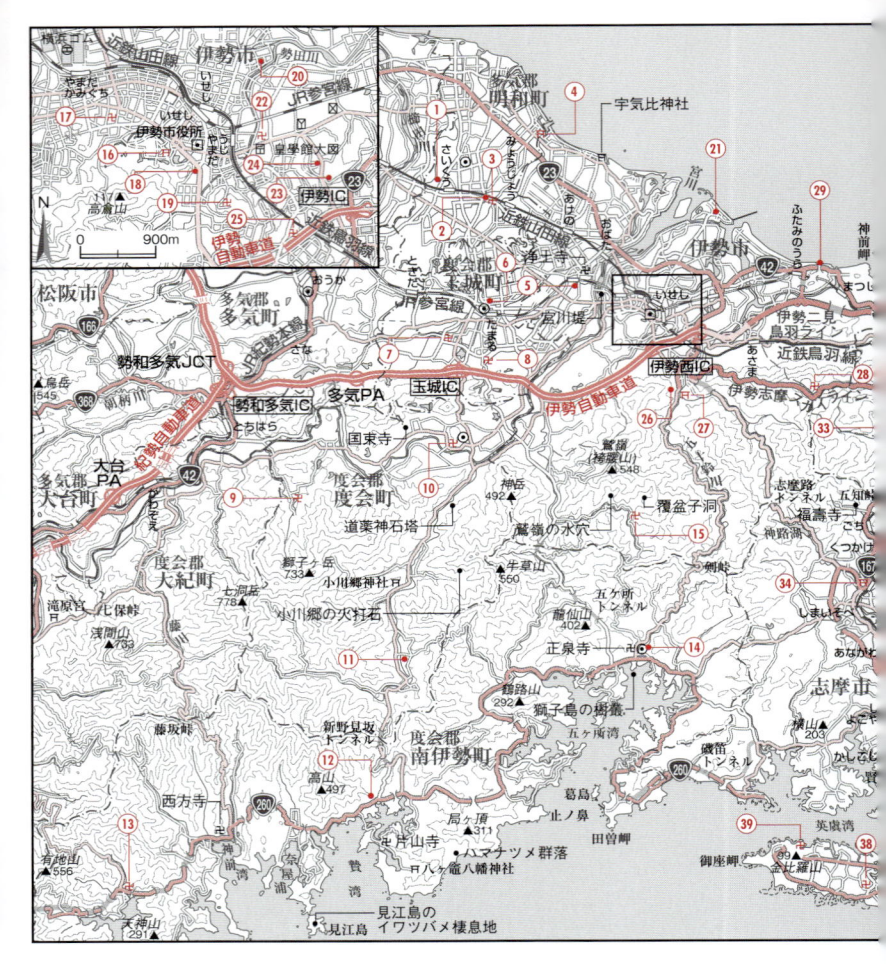

◎伊勢・志摩散歩モデルコース

1. 近鉄山田線斎宮駅 _2_ いつきのみや歴史体験館 _1_ 斎宮跡「内院」10分の1建物模型 _13_ 斎宮歴史博物館(三重県埋蔵文化財センター) _9_ 斎王の森 _6_ 竹神社 _4_ 六地蔵石幢 _15_ 安養寺 _6_ 水池土器製作遺跡 _5_ 近鉄山田線明星駅 _6_ 近鉄山田線小俣駅 _20_ 離宮院跡 _2_ JR参宮線宮川駅

2. JR参宮線・近鉄山田線伊勢市駅 _5_ 豊受大神宮(外宮) _6_ 坂社 _1_ 等観寺 _2_ 梅香寺 _1_ 筋向橋 _10_ 宮川堤 _15_ 近鉄山田線・鳥羽線宇治山田駅 _5_ 霊祭講社 _1_ 旧豊宮崎文庫跡 _1_ 伊勢市立郷土資料館 _5_ 世義寺 _4_ _5_ 麻吉 _1_ 寂照寺 _5_ 神宮祭主職舎本館 _7_ 旧林崎文庫 _2_ 宇治橋 _1_ 神宮司庁 _5_ 皇大神宮

①斎宮歴史博物館	㉑大湊界隈
②六地蔵石幢	㉒光明寺
③安養寺	㉓神宮文庫
④竹大與杼神社	㉔神宮徴古館
⑤離宮院跡	㉕寂照寺
⑥田丸城跡	㉖旧林崎文庫
⑦田宮寺	㉗皇大神宮(内宮)
⑧広泰寺	㉘金剛證寺
⑨正法寺	㉙二見浦
⑩蓮華寺(太神宮法楽寺)	㉚鳥羽城跡
⑪一之瀬城跡	㉛神島・答志島・坂手島・菅島
⑫浮島	㉜海の博物館
⑬甘露寺	㉝庫蔵寺
⑭愛洲の館	㉞伊雑宮
⑮久昌寺	㉟志摩国分寺跡
⑯豊受大神宮(外宮)	㊱おじょか古墳
⑰等観寺	㊲仙遊寺
⑱旧豊宮崎文庫跡	㊳和具観音堂
⑲世義寺	㊴爪切不動尊
⑳伊勢河崎商人館	

(内宮) 7 10 神宮徴古館 1 神道農業館 3 神宮文庫 1 神道博物館 2 皇學館大学記念館 8 光明寺 12 伊勢河崎商人館 18 山田奉行所跡 2 足代弘訓墓所 1 伊勢市駅

3. JR参宮線二見浦駅 3 明星寺 10 御塩殿 5 二見浦 7 賓日館 3 夫婦岩(二見興玉神社) 5 太江寺 5 松下社 25 JR二見浦駅

4. JR参宮線・近鉄鳥羽線・志摩線鳥羽駅 7 日和山 12 鳥羽城跡 2 御木本幸吉生誕地跡石碑 1 鳥羽みなとまち文学館 2 常安寺 1 賀多神社能舞台 11 旧広野家住宅 2 25 海の博物館 30 鳥羽駅

① 伊勢道・熊野道を伊勢へ

中世前期の「蟻の熊野詣」から，中世後期・近世の「伊勢参り」「御蔭参り」のルートを歩く。

斎宮歴史博物館 ❶　〈M ▶ P. 164, 167〉多気郡明和町竹川503　P
0596-52-3800　　　　　近鉄山田線斎宮駅🚶15分

「未婚の内親王」による伊勢神宮への奉仕

　斎宮駅で下車すると，プラットホームがすでに斎宮跡（国史跡）の中枢部分である。駅を出て右手に約200m歩き，交差点を右に歩いて近鉄の踏切を渡ると，斎宮跡歴史ロマン広場にある，10分の1の大きさに復元された，斎宮内院の模型をみることができる。

　斎宮は，斎王の内院（平安時代末期の史料では檜皮葺き）と事務を担当する斎宮寮（長官のいた中院と主神司・膳部司など，13の司が執務を行った外院がある）で構成されていた。

　斎王は天武天皇の時代の673年，大来皇女に始まる「未婚の内親王・女王」で，天照大神の御杖代として，占いによって天皇の血縁より選ばれ，3年間の精進潔斎の後に，京より伊勢国に群行した。彼女たちが都に帰ることができる（退下）のは，原則として天皇の崩御であり，時によっては譲位であった。最後の斎王は，建武政権を展開した後醍醐天皇の皇女祥子内親王であったが，伊勢国に群行することはなく，1333（正慶2・元弘3）年，斎王制度は崩壊した。実際に伊勢国に群行した最後の斎王は，1264（弘長4）年の亀山天皇の皇女愷子内親王であった。

　斎宮には，斎王のほか，約70人の女官・100余人の官人・600人近い雑色人がいて，多数の掘立柱建物が，幅12mの道路と側溝で区切られた，1辺約120m（約400尺）の碁盤の目状の方格地割（東西7区画・南北4区画）内に林立していた。斎宮は「竹の都」ともよば

斎王の森

れ，平安時代後期には都の歌人も参加する歌合が開催された。また，9世紀末に成立した『伊勢物語』は，在原業平と恬子内親王（清和天皇の斎王）との密通事件も題材にしているといわれる。

斎宮跡周辺の史跡

　斎宮跡の史跡範囲は，東西約2km・南北約700mの約140haにおよび，1970（昭和45）年以来，発掘が継続され，その結果，方格地割が旧参宮街道から斎王の森にかけて確認されたほか，斎宮駅の約300m東にある竹神社では，内院の区画が発見され，さらにその北では，東西17.7m・南北10.8mという，斎宮跡で最大の掘立柱建物跡が検出された。

　斎王の森は，伝承では斎王の御殿があった場所とされてきたが，近年の発掘調査により，方格地割の北西の角に位置することが判明した。森の中には，斎宮顕彰運動により，1929（昭和4）年建立の「史蹟斎王宮址」の石碑や鳥居がある。

　斎宮に関する系統的な展示をしているのが，斎宮歴史博物館である。館内にある三重県埋蔵文化財センターでは，県内各地の出土品の調査・研究を行っている。館内の展示室Ⅰでは「文字からわかる斎宮」をテーマに，歴史資料や王朝文学などから，斎宮・斎王にアプローチしている。展示室Ⅱでは「ものからわかる斎宮」をテーマに，考古資料から斎宮跡の発掘調査の成果を紹介している。また映像展示室では，「斎王群行」「斎宮を歩く」「今よみがえる幻の宮」の3本のハイビジョン画像を上映する。鈴鹿市石薬師町の石薬師東古墳群63号墳より出土した馬形埴輪（県文化）と，松阪市飯南町粥見の粥見井尻遺跡から出土した縄文時代早期の土偶（県文化）も所蔵している。

　斎宮駅から左手に80mほど行き踏切を渡ると，左手に1999（平成11）年に開館したいつきのみや歴史体験館があり，貴族の装束の試着，双六などの遊び体験のほか，平安時代の年中行事や当時の技術

伊勢道・熊野道を伊勢へ

や文化を追体験する講座や十五夜観月会・追儺の祭などのイベントを開催している。

六地蔵石幢 ❷

〈M ▶ P. 164, 167〉 多気郡明和町斎宮2317
近鉄山田線斎宮駅🚶12分

龕部に六地蔵を刻む優品

斎宮駅から竹神社を左手にみながら、そのまま旧参宮街道(現、県道428号線)を東へ約1km行くと、北側に六地蔵石幢(県文化)がある。明治時代の廃仏毀釈により、斎宮の中町にあった笛川地蔵院も廃寺となった。この石幢は、六角形に削られた龕部に六地蔵を刻む優品で、竿部分に「永正十(1513)年」の銘文がある。斎宮には、個人が所有する木造諸尊仏龕(国重文)があり、旧庄屋の永島家には、曾我蕭白が描いた44面の襖絵(国重文)があったが、現在は三重県立美術館が所蔵している。

六地蔵石幢

安養寺 ❸
0596-52-5548

〈M ▶ P. 164, 167〉 多気郡明和町上野652
近鉄山田線明星駅🚶15分、または近鉄斎宮駅🚶25分

伊勢国司北畠氏の祈禱所 山田攻撃の拠点

六地蔵石幢から東へ1kmほど行くと、安養寺(臨済宗)がある。ここには、鎌倉時代作の紙本墨書癡兀大恵印信 附 紙本墨書空然印信及び合行図・紙本墨書寂誉印信(県文化)がある。これは、伊勢に生まれ、比叡山延暦寺(滋賀県大津市)で密教を修めた後、東福寺(京都府京都市)の開山弁円に帰依して、東福寺9世住持となり、1297(永仁5)年に安養寺を開山した癡兀大恵が、1311(延慶4)年と翌年に、弟子の寂誉に与えた密教の法を伝授した印信(証明書)で、附は癡兀大恵の弟子空然が、1319(元応2)年に寂誉に与えた印信である。鎌倉時代末期から戦国時代初期におよぶ紙本墨書安養寺文書8通(県文化)には、伊勢国司であった北畠満雅・教具・政郷(政勝)の御教書が含まれる。

中世の安養寺は、現在より西南に300mほど行った済生会明和病

安養寺

院内に，東西約170m・南北約200mの敷地を有したとされ，跡地からは，梵鐘・鈴・六器や「了泉」「道珎」らの僧名が記された墨書土師器椀，元代の青磁香炉，鬼瓦・巴文軒丸瓦などが出土した。

　安養寺からさらに約300m東に進み，上野交差点で右折して約400m行くと，水池土器製作遺跡(国史跡)がある。1973(昭和48)年の宅地造成計画により発見され，発掘調査の結果，奈良時代前半の掘立柱建物・竪穴住居・土器焼成坑・土坑・粘土溜などが検出された。現在も，神宮土器調整所が蓑村にあり，遺跡は今は史跡公園となっている。

　斎宮跡の東方を北流する笹笛川のそばにある斎宮のハナショウブ群落(国天然)は，地元ではドントバナとよばれる栽培ハナショウブの原種で，6月初旬が開花期である。

竹大與杼神社 ❹

〈M ▶ P.164〉 多気郡明和町大淀乙
近鉄山田線明野駅 🚌 山大淀行大淀 🚶 2分

御頭神事にかかわる歴史資料の宝庫

　大淀バス停のすぐ北に，建速須佐之男命ほか20座をまつる竹大與杼神社がある。ここには，1424(応永31)年から1580(天正8)年までの，大淀村二天八王子社神事頭番帳93通(県文化)がある。これは御頭神事に関する願文であるが，当社には，現在御頭神事が伝わらない。伊勢市東大淀町に伝わる産土神の佐登奈加神社を中心に舞われる東大淀の御頭神事(県民俗)が，当社の御頭神事の流れを汲むものではないかと考えられる。

　竹大與杼神社の約3km

竹大與杼神社

伊勢道・熊野道を伊勢へ　　169

東，伊勢市村松町の村松バス停の北約50mに，宇気比神社(祭神天忍穂耳命・湍津姫命ほか)がある。創建年代は不詳で，江戸時代までは八王子社と称していた。当社の紙本墨書大般若経599帖・附経櫃6個・帙箱60個(県文化)は，1212(建暦2)年書写の474帖のほか，欠損部分を1234(天福2)年・1237(嘉禎3)～39(延応元)年・1441(嘉吉元)～42年・1504(永正元)年の書写本で補っている。宇気比神社を中心に，毎年2月11日に行われる獅子舞は御頭神事の1つで，村松町が所有する獅子頭は，宮川上流の多気郡大台町上楠からもたらされたと伝えられ，御頭収納櫃には「永正十六(1519)年巳卯」の銘がみられる。

離宮院跡 ❺ 〈M ▶ P.164〉伊勢市小俣町本町
JR参宮線宮川駅 🚶 2分

伊勢神宮に奉仕する斎王の宿泊施設

宮川駅のすぐ南側に，離宮院跡(国史跡)がある。離宮院は斎王が月次祭と神嘗祭のため，斎宮から伊勢神宮に参内するときに宿泊する離宮として造営されたもので，もとは沼木郷高川原(現，伊勢市宮後1丁目辺り)にあったが，797(延暦16)年に現在地に移された。824(天長元)年には斎宮が移されたが，839(承和6)年の火災により，建物100棟ほどが焼亡して，再び斎宮は多気郡に戻っている。離宮院は，神宮の政庁や駅家が存在し，この一帯は古代の要地であった。

JR線の踏切を渡って右折し，200mほど先の曲がり角を左折すると，浄土寺(浄土宗)がある。浄土寺には，江戸時代初期の紙本著色熊野観心十界曼陀羅1幅(県民俗)がある。中世から近世にかけて，熊野比丘尼が女性を対象に，曼陀羅を用いて人生の流転を絵解きした。縦143cm・横133.7cmのものである。

離宮院跡の官舎神社

田丸城跡 ❻ 〈M ▶ P. 164, 171〉 度会郡玉城町田丸 P
JR参宮線田丸駅🚶5分

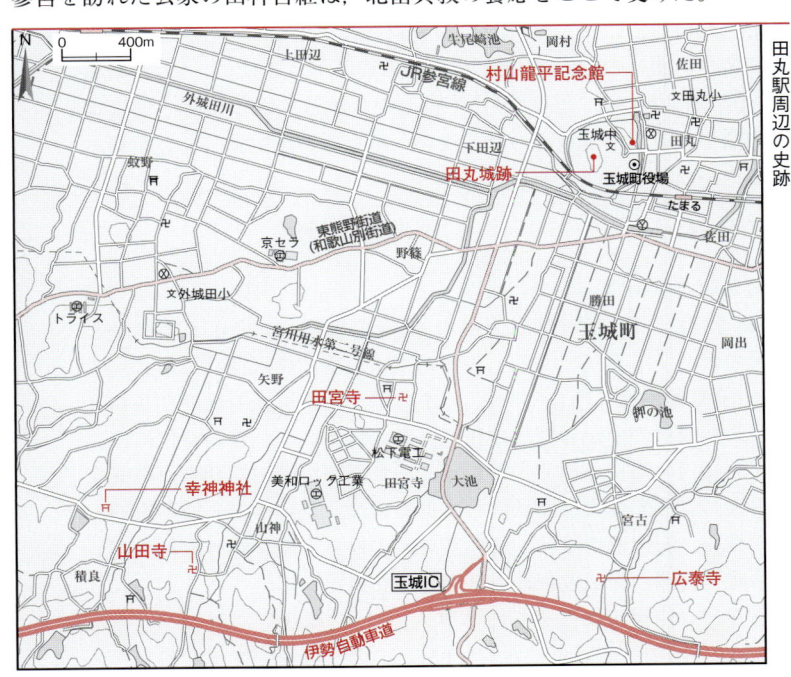

　田丸駅の西500mほどの所に、田丸城跡(県史跡)がある。1336(建武3・延元元)年、南朝方の北畠親房が、外宮神主で、伊勢神道(度会神道)の度会家行らに迎えられて、田辺郷(現、玉城町北部)の玉丸山に城塞を築いたのが始まりという。しかし、1342(康永元・興国3)年には伊勢守護の仁木義長により落城し、また、北畠氏の支城の1つであった阪内城(松阪市)も落城し、北畠氏は多気(現、津市美杉町)へ本拠を移した。1392(明徳3・元中9)年の南北朝合一以後、北畠氏の支城として再建されて北畠一族の居城となり、多気につぐ一大拠点として田丸御所といわれた。田丸は大和国(現、奈良県)からの初瀬街道と、紀伊国(現、和歌山県)からの熊野街道との合流地点で、軍事的要衝であった。1557(弘治3)年に京都から参宮を訪れた公家の山科言継は、北畠具教の饗応をここで受けた。

南北朝以来の要衝の城郭

田丸駅周辺の史跡

伊勢道・熊野道を伊勢へ　171

田丸城跡

1569(永禄12)年,織田信長の伊勢侵攻の後,信長の2男信雄が北畠氏の養子となり,1575(天正3)年田丸に移って,3層の天守閣をもつ平山城を築城し,城下町を整備した。1580年,田丸城は火災に遭って焼失し,織田信雄は松ヶ島城(松阪市松ヶ崎町)に移った。その後,稲葉道通(4万5700石)・藤堂高虎(32万石)の支配を経て,1619(元和5)年には紀州藩領となり,家老久野丹波守宗成(8500石,1797〈寛政9〉年1万石)が城主として入り,久野氏代々の居城となった。1869(明治2)年廃城,2年後にはすべての建物がこわされ,石垣を残すのみとなった。城跡は,以後,御料林(皇室財産)に編入されたが,田丸出身で朝日新聞社の村山龍平が政府からの払下げを受け,1928(昭和3)年,田丸町(現,玉城町)に寄付した。城跡の大手門跡の前には,村山龍平の遺品や玉城町の考古遺物,田丸城の歴史資料などを展示する村山龍平記念館がある。

田宮寺 ❼

〈M▶P. 164, 171〉 度会郡玉城町田宮寺322
JR参宮線田丸駅 🚶 40分

内宮長官荒木田氏の氏寺

田丸駅より南西へ40分ほど歩くと,田宮寺(真言宗)がある。725(神亀2)年,行基が聖武天皇の勅令で創建し,弘法大師空海を中興の祖とする寺院である。10世紀末に,皇大神宮(内宮)長官荒木田氏長(荒木田氏二門)が再興してからは,荒木田氏の氏寺とされ,真言宗の僧侶の中から歴代の住職を選んだという。戦国時代には,国司北畠氏の帰依を得て寺領も与えられたが,織田信長の伊勢侵攻の兵火によって焼失した。のちに再興され,豊臣秀吉・稲葉道通・藤堂高虎・紀伊徳川家と,権力者や領主から寺領を認められたが,明治時代初期の廃仏毀釈により廃寺となった。

現在は,田宮寺に伝来した本尊木造十一面観音立像(漆箔)と木造十一面観音立像(彩色,ともに国重文)の2体を安置する観音堂と

田宮寺木造十一面観音立像(漆箔)

庫裏を残すのみである。漆箔の観音像は,像高163.6cm,彩色の観音像は,像高166.6cmのともにヒノキの一木造である。

　田宮寺の南の町道を500m余り西へ向かい,突き当りの矢野から南へ約500m行くと,山神集落があり,集落の北側に,鳴瀧山山田寺(臨済宗)がある。当寺に伝わる雌雄1対の獅子頭(県文化)は,「弘治元(1555)年」の銘があり,外城田3郷(山神・積良・矢野)の厄除け神事として始まった山神の獅子舞(県民俗)で,毎年1月28日に使われる。

　山田寺から約500m西に向かうと,積良の幸神神社がある。猿田彦神を祭神とし,毎年3月の初申の大祭は,子授け・安産・厄除けを願う人びとで賑わいをみせる。「幸神」とは,「塞の神」のことで,境界を支配し,邪霊が入るのを防ぐ神のことである。

広泰寺 ❽
0596-58-2423

〈M ▶ P. 164, 171〉度会郡玉城町宮古1277
JR参宮線田丸駅🚶40分

伊勢国紀州藩領の触頭僧録司

　田宮寺から町道を東に向かい,約1.5km先の十字路を右折して南に約500mほど行くと,広泰寺(曹洞宗)がある。寺伝によれば,一休宗純と並ぶ名僧といわれた玄虎禅師が1486(文明18)年に開山し,木造釈迦如来坐像を本尊とする,曹洞宗中本山であった。1701(元禄14)年には,伊勢国紀州藩領18万石の触頭僧録司(禅宗寺院を統轄する役所)を命じられた。その後,たびたび火災に遭ったが,紀州藩の援助で再建がなった。1862(文久2)年和宮降嫁のとき,禁裏御用絵師となった小方竈(現,南伊勢町)出身の野村訥斎が描いたという「虎の図」など数点も秘蔵されている。毎年8月22・23日の開山忌には,近在の人びとが参詣し,賑わいをみせる。

広泰寺

伊勢道・熊野道を伊勢へ

2 度会郡南部の史跡

平安時代後期の仏像が点在し，平家落人伝説がある度会郡南部。南北朝時代以降，水軍で活躍した愛洲氏の拠点でもある。

正法寺 ❾
0596-64-0705

〈M▶P.164〉度会郡度会町注連指
JR参宮線・近鉄山田線伊勢市駅🚌注連指行終点🚶3分

院政期の秀作木造十一面観音立像を所蔵

注連指バス停から南へ200mほど歩いて行くと，正法寺（曹洞宗）の観音堂があり，堂内に，木造十一面観音立像（国重文）が収められている。総高101cm，クスノキの一木造で，1112（天永3）年につくられた院政期の秀作である。光背の裏面には「天永参年十一月廿七日願主藤原有助」と墨書され，近年の赤外線フィルムによる撮影により，「天永参年」と「願主」が同筆で，違う筆によって書かれた「十一月廿七日」と「藤原有助」とが同筆であることが判明した。観音像の伝来に関しては不明な点が多く，正法寺の開基やその後の経緯も判然としない。

正法寺木造十一面観音立像

蓮華寺（太神宮法楽寺） ❿
0596-62-0868

〈M▶P.164〉度会郡度会町棚橋1692 ⓟ
JR参宮線・近鉄山田線伊勢市駅🚌注連指行
内城田小学校前🚶8分

かつて多くの寺領をかかえた名刹

内城田小学校前バス停から西へ500mほど行くと，伊勢神宮の大宮司大中臣宗幹の娘婿興胤によって創建された蓮華寺（太神宮法楽寺，浄土宗）がある。蓮華寺は，鎌倉時代には武家や公家の祈禱所として勢力をもち，全盛期には20カ寺以上の末寺を擁し，広大な寺領を所有していた。南北朝時代には，北朝方の軍事拠点であったが，南朝方の攻略によってその勢力下におかれた。戦国時代，一時廃絶となっていたが，1717（享保2）年に再興された。

また，蓮華寺の東方約600mの棚橋では，2月の第2土曜日に，棚橋の御頭神事（県民俗）が行われる。

平生バス停から北へ600mほど行くと，国束寺（天台宗）がある。

蓮華寺

もとは玉城町原の標高375mの国束山山頂近くにあり、平安時代から鎌倉時代にかけて、天台宗の一大道場となり、朝熊山(伊勢市)の金剛證寺と並ぶ、南伊勢の名刹としておおいに繁栄した寺院である。戦国時代に、法楽寺城をめぐる戦火で衰微したが、江戸時代は藤堂高虎、ついで紀州藩の保護を得て復興した。明治維新以降、再び衰微し、1945(昭和20)年以降に現在地に移転した。

一之瀬城跡 ⓫

〈M ▶ P.164〉度会郡度会町脇出
JR参宮線・近鉄山田線伊勢市駅🚌道方行・古和行脇出
🚶10分

北畠氏に水軍で奉仕した愛洲氏の本拠城

蓮華寺から県道38号線を東に向かい、約650m先の信号を右折して県道65号線に入り、内城田大橋で宮川を渡り、65号線から県道22号線へと南に向かう。内城田大橋を渡った下久具の川口には、2月の第1土曜日に舞われる御頭神事の獅子頭(県民俗)がある。下久具からさらに南へ約3km進んだ栗原には、江戸時代中期以降のものと考えられる、総高63.5cmの角柱形の道薬神石塔(県民俗)がある。栗原からさらに4kmほど南の火打石バス停の東方約1.2kmの彦山の山中に、高さ約2.3m・幅約3.4mの石英の大岩小川郷の火打石(県天然)がある。伊勢神宮に、毎年この岩を打ち欠いて、火打石として奉納していた。現在は苔むしている。

県道22号線に戻り、南へ約4km行くと脇出に至る。県道の東側にある一之瀬小学校裏の丘陵上に、南伊勢の豪族愛洲氏が、南北朝時代初期から応仁(1467〜69)

一之瀬城跡

度会郡南部の史跡　　175

頃まで拠点とした一之瀬城跡をみることができる。一之瀬城は，南朝に与した愛洲氏が，田丸城（玉城町田丸）によった北畠親房や太神宮法楽寺に呼応して一大拠点となった。志摩国（中世度会郡の臨海部は志摩国）の海岸部に勢力を有した古和氏や木本庄司らの水軍と連絡できる地の利があった。愛洲氏は五ヶ所城（南伊勢町五ヶ所浦）に本拠を移したが，戦国時代末期には北畠方に加わった。1575（天正3）年には，田丸具直が一之瀬城から岩出城（玉城町岩出）に移り，父親の直昌が一之瀬城に入ると，一之瀬御所と称した。その後，再び田丸城に移ったため，一之瀬城は廃城になった。一之瀬地区には，毎年2月11日に行われる一之瀬獅子神楽（県民俗）がある。

浮島 ⑫

〈M ▶ P.164, 177〉度会郡南伊勢町道方
JR参宮線・近鉄山田線伊勢市駅🚌道方行・古和行浮島パーク口
🚶3分

人が乗っても動かない不思議な「浮島」

一之瀬城跡から県道22号線を南へ約3km行って，新野見坂トンネルに入る500mほど手前で旧道に入り，野見坂トンネルを通過すると，南伊勢町である。野見坂をくだる途中，旧道を400mほどのぼった字峠の谷部に，秩父系角岩の野見坂の地層褶曲（県天然）がある。

浮島パーク口バス停から東へ200mほど歩くと，東西約22m・南北83.5mの長楕円形の沼で，四周は水田となっている，いわゆる海跡湖がある。ここに道方の浮島（県天然）がある。

浮島のある道方から約1.8km東へ向かい，大江川の河口より1kmほど南に向かうと道行竈に至り，砂丘で外海と遮断された海跡湖の周辺に，ハマナツメ群落（県天然）がある。ハマナツメ分布の北限となり，樹高3〜4mのものもある。道行竈からさらに，南東

浮島

に約2.5km行った阿曽浦の片山寺（臨済宗）には，南北朝時代の鉄製雲板（県文化）がある。「延文三（1358）年」の銘があり，三重県内でもっとも古い年号を刻む雲板である。約50m沖合にある見江島には，見江島のイワツバメ棲息地（県天然）がみられる。

浮島周辺の史跡

道行・大方・小方・栃木・棚橋・新桑・赤崎（廃村）・相賀の南島八ヶ竈には，1375（永和元・天授元）年から江戸時代までの，山林権に関する古文書紙本墨書竈方古証文 附 古枡及び竹概（県文化）がある。

甘露寺 ⓭
0596-78-0132

〈M ▶ P. 164〉度会郡南伊勢町古和浦253
JR参宮線・近鉄山田線伊勢市駅🚌古和行終点🚶4分

津波水死者供養塔などがある寺院

道方から国道260号線で，古和浦方面へ向かう途中の東宮橋すぐ北には，近世前期の豪商で，西廻り・東廻り海運の開設や治水に功績のあった河村瑞賢の生誕地記念碑がある。西へ5kmほど行った河内にある西方寺（奈津観音堂，無宗派）には，平安時代中期作の木造大日如来坐像（県文化）がある。

古和バス停の北300mほどの所に，1354（文和3・正平9）年に開山し，元禄年間（1688〜1704）に再興されたと伝える甘露寺（臨済宗）がある。当寺には1184（元暦元）年の書写の大般若経599巻（県文化）があるほか，古和浦地区所有の紙本墨書古和文書（県文化）が

甘露寺

度会郡南部の史跡

保管されている。古和文書は，南北朝時代に古和浦の住人が，北畠軍の水軍として活躍し，北畠氏から恩賞を与えられたときの文書である。境内には，1707(宝永4)年10月4日におきた宝永地震の津波の死者85人を供養した津波水死者供養塔と，天保の飢饉(1833～36年)の死者を供養した天保飢饉餓死・疫亡者供養塔が立っている。

愛洲の館 ⓮
0599-66-2440

〈M ▶ P.164〉度会郡南伊勢町五ヶ所浦2366 Ⓟ
JR参宮線・近鉄山田線伊勢市駅🚌五ヶ所行終点🚶10分

志摩水軍の将愛洲氏の「夢の跡」

　五ヶ所バス停から北へ800mほど行くと，五ヶ所城跡附愛洲氏居館跡及墳墓(県史跡)の一角に，愛洲の館がある。展示スペースには，戦国時代の剣術者で，陰流の祖である愛洲移香斎の生誕地にちなんだ展示などがある。五ヶ所城は，南北朝時代の南朝方の勢力であった愛洲氏の居城である。愛洲氏は，鎌倉時代末期より登場し，南北朝時代に，田丸・一之瀬城を拠点にして，沿岸部の水軍をその支配下に組み入れ，北畠軍の軍事力の一翼をになった。愛洲重明は，1576(天正4)年，織田信雄の攻撃で五ヶ所城が落城したため，志摩国迫子(現，志摩市浜島町)で自刃したと伝える。五ヶ所城跡には，東側と南側に2重の空堀が残存し，東南約150mには，塔頭とよばれる，愛洲氏一族の墳墓である数多くの五輪塔が林立する。その西約50mに，約40m×約45mの愛洲氏居館跡がある。土塁の一部が，北と西側に残っている。

　五ヶ所城跡の西400mにある正泉寺(曹洞宗)には，1214(建保2)年筆写の紙本墨書大般若経600巻(県文化)が所蔵されている。また五ヶ所湾内には，獅子島の樹叢(県天然)があり，本州では唯一自生のハマジンチョウがある。

　道方から車で，五ヶ所に向かう途中の押淵の山中に，鬼ヶ城暖地性シダ群落と細谷暖地性シダ群落(ともに国天然)がある。

五ヶ所城と愛洲の館

美し国，伊勢・志摩

久昌寺 ⑮ 〈M ▶ P.164〉伊勢市矢持町菖蒲127
JR参宮線・近鉄山田線伊勢市駅🚌床木行菖蒲🚶1分

平家落人伝説のある「平家の里」の名刹

　菖蒲バス停で降りて、すぐ東側の曲がり角を左折すると、久昌寺（曹洞宗）がある。寺伝によれば、1185（文治元）年に壇ノ浦の戦いで敗死したとされる平知盛（平清盛の4男）は、じつは伊勢国に逃れて覆盆子谷（現、伊勢市矢持）に住み、その死後、遺体は菖蒲の墓地に埋葬され、菩提を弔うために、1187年に建立されたのが久昌寺であるという。寺には、平知盛の位牌と知盛の墓と伝わる小五輪塔がある。像高97.3cmの本尊木造阿弥陀如来立像（国重文）は、ヒノキの寄木造の漆箔像で、「承久3（1221）年」の胎内銘がある。

　矢持町には、菖蒲の覆盆子洞と下村の鷲嶺の水穴（ともに県天然）の2つの鍾乳洞がある。前者は東西方向約100m、南北幅約30mの間に2条が認められ、高さ数～10mにおよんでいる。後者は鷲嶺山（544m）南麓の海抜約280mにある、延長約300m・高さ0.5～6m、幅数mにおよぶ、秩父古生層の石灰岩内に形成されたものである。

久昌寺

平知盛墓

度会郡南部の史跡　179

③ 外宮周辺から内宮へ

天武天皇の頃に創建された伊勢神宮は，聖武天皇により，東大寺や宇佐八幡宮とともに，鎮護国家の東の護国神となった。

豊受大神宮（外宮） ⑯
0596-22-5547

〈M ▶ P. 164, 181〉伊勢市豊川町279 P
JR参宮線・近鉄山田線伊勢市駅 🚶10分

磯部の地方神豊受御大神をまつる大神宮

　伊勢市駅より県道21号線を南西へ10分ほど歩くと，豊受大神宮（外宮）の神苑入口に着く。豊受大神宮と皇大神宮の総称が伊勢神宮である。豊受大神宮は，豊受宮・度会宮とも称される。第1鳥居から御橋を渡ると参道に入る。斎館・神楽殿を右手にみながら参道を歩いて行くと，正殿前に至る。正殿は，弥生時代からの古い建築様式と飛鳥時代の仏教様式を一部取り入れた，唯一神明造の掘立柱建物である。外宮の正殿は，内宮の正殿と構造・様式は基本的に同一であるが，棟にいただく鰹木が9本で，内宮より1本少なく，東西の千木が外削であるのに対して，内宮は内削という点が相違する。また，正殿部分の支柱飾りには，擬宝珠を使っており，仏教の影響がみられる。建物配置に関しても，外宮では東西の宝殿が正殿の前にあり，内宮では後ろにある点で異なる。正殿・宝殿は，外側から板垣，外玉垣，内玉垣，瑞垣と4重の垣で守られている。

　正殿の祭神の豊受大御神は衣食住を司り，農業や養蚕を始めたとされる神である。『日本書紀』では雄略天皇が，天照大御神の求めで丹波国真奈井（現，京都府京丹後市）から，伊勢国山田原（現，伊勢市豊川町）に遷し，まつったと伝えられている。いわゆる倭姫命伝承である。

　板垣に囲まれた宮域の西隣にある空き地は，遷宮時に正殿が移される古殿地である。正殿の南側の神域内には，豊受大御神の荒御魂をまつる多賀宮，山田原の土地と伊勢市内

豊受大神宮（外宮）

美し国，伊勢・志摩

外宮から内宮への史跡

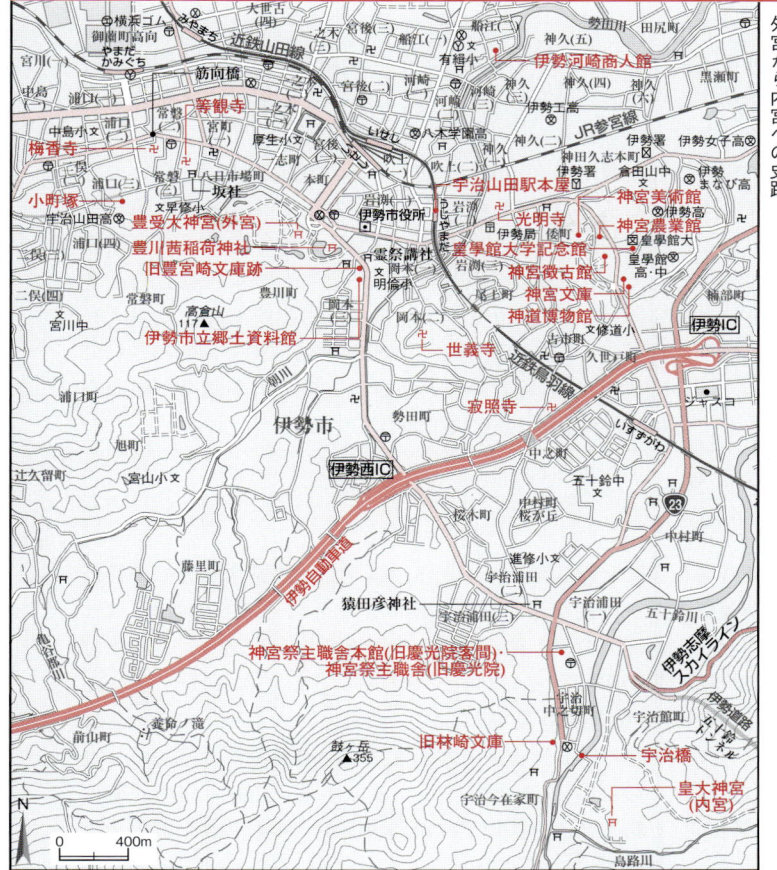

を流れる宮川の洪水から堤防を守る，大土乃御祖神をまつる土宮，風雨を司る級長津彦命と紙長戸辺命をまつる風宮の3別宮がある。また神苑内には勾玉池があり，周辺に，山田産土神八社の1つ豊川茜稲荷神社（茜社，祭神宇迦御魂神）がある。茜社には，獅子頭（県文化）が所蔵されており，「永禄二歳（1559）」の銘文から，奈良宿院仏師の源三郎宗久によって制作されたことがわかる。

　内宮・外宮の建築物すべてを，20年に1度建て替える式年遷宮に際して，神体を旧正殿から新正殿へ遷す儀式である「遷御」の7年前の春から初夏にかけて，地元の旧神領民らが，神宮司庁工作所へ

用材を運搬する伊勢の「お木曳き」行事があり、正殿の周囲の敷石を奉納する伊勢の「白石持ち」行事(ともに国民俗)が、遷御の2〜3カ月前に実施される。

外宮宮域の北側には、1670(寛文10)年の山田大火の後、防火のためにつくられた百間堀があり、堀から約700mの山道を、南へ高倉山(117m)をのぼって行くと、山頂に高倉山古墳がある。6世紀後半の築造と考えられる直径約32m・高さ8mの円墳に、羨道の長さ約9m・玄室の長さ約9.6mで、全国第9位の規模を誇る横穴式石室が構築されている。この石室は、15世紀末にはすでに開口されていて、江戸時代には「天岩戸」と称され、多くの参詣客で賑わう様子が、『伊勢参宮名所図会』に描かれている。

等観寺 ⑰
0596-23-1033
〈M ▶ P. 164, 181〉伊勢市八日市場町12-14 P
JR参宮線・近鉄山田線伊勢市駅🚌大倉うぐいす台・古和・宮川中学校行南宮町🚶3分

長谷川等伯の山水図のある寺院

外宮前から県道22号線を西に進み、NTT伊勢営業所先の伊勢市福祉健康センター前信号を左に曲がり、さらに道なりに400mほど行くと、北側に山田産土神八社の1つである坂社がある。その少し西に位置するのが等観寺(曹洞宗)である。寺伝によれば、1394(応永元)年、後小松天皇の勅願により、臨済宗の寺院として開山されたという。中興の祖5世吉山玄賀のときに、曹洞宗に改宗した。本尊は、ヒノキの寄木造釈迦牟尼仏立像である。1398年作の鉄製雲版(県文化)と絹本著色の掛幅で、足利義満から寄進されたと伝えられる、十三仏画像、安土・桃山時代作の紙本著色長谷川等伯筆四季山水図屏風(県文化)を所蔵している。屏風は六曲で、縦141.5cm、端扇の幅47.9cm、中扇の幅54.2cmである。また、平安時

等観寺

代後期の籾塔や鎌倉時代作の仏涅槃図などもある。

　等観寺の西150mほどの浦口3丁目の天神丘南側基地中腹付近に,小町塚とよばれる経塚遺跡がある。天明年間(1781～89),耕作中に数百枚にのぼる瓦経が掘りおこされ,その後,昭和40年代の墓地造成までに,多量の瓦経が出土した。東京国立博物館が所蔵する瓦製光背の銘文からは,1174(承安4)年,伊勢神宮の大宮司大中臣氏が作成に関与したことがわかる。

　小町塚から北へ200mほど歩くと,県道22号線に行き当り,東に曲がると,筋向橋(欄干が残る)がある。「桜の渡し」と「柳の渡し」の2つの渡しで宮川を渡って,宮川堤(県名勝)に到着した参宮客が合流する地点であった。現在は,欄干のみが昔の面影を残している。

　筋向橋から南に向かう世古(路地)を入った所に,梅香寺(浄土宗)がある。徳川家康の側室で,のちに本多上野介正純に嫁いだお梅の方(梅香禅尼)のために,1615(元和元)年に蓮随上人が開山した寺である。もとは常磐町の蓮随山(114m)にあったが,1910(明治43)年に,現在地に移された。

旧豊宮崎文庫跡 ⓲

〈M ▶ P. 164, 181〉伊勢市岡本3　P (伊勢市立郷土資料館)
JR参宮線・近鉄山田線伊勢市駅 🚶 10分

出口延佳によってつくられた「図書館」

　伊勢市駅から御木本道路沿いに,東南に約10分歩くと,伊勢市立郷土資料館があり,その手前に,旧豊宮崎文庫跡(国史跡)がある。豊宮崎文庫(宮崎文庫)は,豊受大神宮(外宮)権禰宜の出口延佳を始め,伊勢神宮や山田三方(山田の自治組織)年寄・町年寄らの有志が資金を拠出して,1648(慶安元)年に,外宮祠官修学の場として書庫・講堂を建設し,毎月一定日に,講師が神典儒書などを講義した。出資者は籍中とよばれ,3年を上限に,毎年各人が1両ずつ出し合って書籍を購入し,文庫の経営に関与した。文庫の落成に際しては,儒者林羅山から書籍『春秋伝』と「題伊勢文庫之記」という詞が寄せられ,講堂には,羅山の筆になる額が掲げられていた。

　1661(寛文元)年,山田奉行八木但馬守守直の幕府への働きかけによって,20石の耕地が永代修繕料として文庫に寄進された。また,

旧豊宮崎文庫

江戸時代を代表する思想家・学者であった，室鳩巣・貝原益軒・伊藤東涯・大塩平八郎らが文庫を訪問し，献本や講義をしたことが知られている。

1878(明治11)年に講堂や書庫が焼失し，残った書籍・什器は散逸の恐れがあったため，1910年に，伊勢市の太田小三郎によってつくられた神苑会が，買収して内宮に納め，書籍が伊勢市神田久志本町神宮文庫に，什器が神田久志本町神宮農業館に収蔵された。このとき神宮文庫に納められた書籍数は，2万745冊であった。第二次世界大戦後，講堂以外の建物は壊され，敷地の一部は売却された。

現在文庫跡には，左右に築地塀がつく本瓦葺きの三間棟門と，文庫の沿革碑・孝経の碑，1754(宝暦4)年建立の松尾芭蕉の句碑などが残されている。

南に隣接する伊勢市立郷土資料館は，山田羽書(山田三方で使用した，日本最古の紙幣)・伊勢参り・河崎の問屋街関係資料，民具資料，考古資料を展示していたが，現在は閉館中である。

世義寺 ⑲
0596-28-5372　〈M▶P.164, 181〉 伊勢市岡本2-10-80 Ｐ
近鉄鳥羽線宇治山田駅 🚶10分

神仏習合による神宮寺の１つ

旧豊宮崎文庫跡から旧参宮街道を東に約100m進むと，伊勢市立明倫小学校の北側に，霊祭講社(祖霊社)がある。1877(明治10)年に，西南戦争の戦没者慰霊祭が行われ，霊祭講社が建設された。豊宮崎文庫創設に携わった出口延佳の碑や，江戸時代後期の本居派国学者足代弘訓の碑，松尾芭蕉の句碑がある。

祖霊社から200mほど南に歩いて上り坂をのぼると，世義寺(真言宗)がある。世義寺は神宮寺の１つで，もとは，外宮の南方にある前山の亀の郷(現，前山町)にあった。天平年間(729〜749)の開山と伝えるが，平安時代中期の創建と考えられる。その後，建長年

世義寺本堂

間(1249～56)に外宮の西の坂之世古(現、大世古)に移転した。さらに1670(寛文10)年の山田大火で、延焼を免れたものの、外宮に近いという理由で、元禄年間(1688～1704)に、山田奉行桑山丹後守貞政によって、現在地に移転された。

盛時は20を超える塔頭があったが、幕末には寺勢が衰え、明治時代初期の廃仏毀釈でさらに衰退し、本来は、護摩堂であった威徳院に、一時本尊を安置し、教王山世義寺と称するに至った。本堂の本尊薬師如来坐像はヒノキの一木造で、平安時代作の仏像である。ほかに平安時代作の木造十一面観音立像、鎌倉時代作のヒノキの寄木造で、総高106cmの木造愛染明王坐像(県文化)がある。もともとは、塔頭の1院であった法雲寺の本尊であった。また、「治承二(1178)年」銘のある高さ23cm余りの陶経筒(国重文)もある。

威徳院は、大峰山(奈良県)を道場とする修験道の先達寺院で、毎年7月7日に、天下泰平・風雨順時・五穀豊壌・万民悦楽を祈禱する大護摩(柴灯大護摩)が行われ、日本三大護摩の1つに数えられている。

伊勢河崎商人館 ⑳
0596-22-4810
〈M ▶ P.164, 181〉 伊勢市河崎2-25-32　P
JR参宮線・近鉄山田線伊勢市駅 🚶15分

宇治山田のかつての問屋街

伊勢市駅の北口から左に約50m行くと、足代弘訓の墓所があり、右へ近鉄線の線路沿いを、約250m歩いて八間道路を渡ると、スーパーがある。この敷地は、1630年から35年まで山田奉行所がおかれた場所である。再び線路に沿う道を東へ80mほど行き、交差する道を左折して約250mほど歩くと、かつての問屋街である河崎の南口に至る。河崎の町並みを楽しみながら北へ約600mほど歩くと、伊勢河崎商人館に至る。

江戸時代から酒問屋を営んできた小川酒店の敷地にあった、江戸・明治時代に建造された蔵7棟・町屋2棟など、延べ面積約1000

外宮周辺から内宮へ

伊勢河崎商人館の建物群

m²を伊勢市が買収して修復・整備し，2002（平成14）年に開館した施設である。このうち伊勢河崎商人館主屋・離れ・南蔵一・南蔵二・南蔵三・北蔵一・北蔵二・内蔵一・内蔵二・サイダー検査室・応接室及び前室・サイダーろ過施設が，国登録文化財に指定された。蔵を利用した河崎まちなみ館では，江戸時代から昭和時代にかけての，問屋街にかかわる資料パネル・道具などを展示している。伊勢と河崎の歴史と文化を展示する一方，市民主体のまちづくりの活動拠点として，河崎の街の活気を取り戻そうとしている。

大湊とその周辺 ㉑

〈M ▶ P. 164〉伊勢市大湊町
JR参宮線・近鉄山田線伊勢市駅🚌大湊行支所前
🚶3分

宮川と五十鈴川が合流する地点にできた砂洲に，大湊がある。大湊へは，伊勢市役所大湊支所横の道を北に向かうと着く。伊勢神宮の外港として，平安時代中期以降，神宮領荘園（御厨・御園）の拡大とともに，各地からの年貢・公事などの荷受港として発展し，廻船と造船の港湾都市としても発達した。1338（暦応元・延元3）年，東国の南朝勢力の劣勢を転じるために，後醍醐天皇の皇子義良親王（のちの後村上天皇）を奉じて，北畠親房と結城宗広が出帆した湊でもあった。伊勢市役所大湊支所の東30mにある日保見山八幡宮

大湊跡

中世の自治都市「大湊」

の入口近くに、この事績を刻む石碑が立っている。八幡宮の隣には、伊勢市役所大湊支所があり、大湊町に伝わる、室町時代から江戸時代の文書群である大湊古文書(県文化)が保管されている。「廻船造船関係類」107点、「堤防関係類」34点、「会所関係類」524点があり、海上輸送の実態や、年齢集団による自治運営を行い、近隣諸村と「連合惣」を形成し、自治都市として機能したことを示す内容である。

光明寺 ㉒
0596-28-6826

〈M ▶ P.164, 181〉伊勢市岩渕3-3-11 P
近鉄鳥羽線・山田線宇治山田駅 5分

南朝を支えた武将結城宗広の墓所

現在、宇治山田駅舎として使用されている近鉄宇治山田駅本屋(国登録)は、鉄道省初代建築課長であった久野節が設計し、1931(昭和6)年に建設された、間口121.6mの鉄骨鉄筋コンクリート3階建ての建築物である。広さは延べ約4700m²で、クリーム色のタイルに包まれた外壁は、中央玄関部分に貼られた陶板と柱形装飾がアクセントとなり、壁の上部には、赤いスペイン瓦が並んでいる。

宇治山田駅から南に進み、岩渕町交差点を東に向かって御幸道路を400mほど行くと、光明寺への案内のための石柱がみえる。案内に従って進むと、光明寺(臨済宗)がある。寺伝によれば、聖武天皇の勅願による開山とされるが、疑問が残る。古くは世義寺と同じ前山にあったというが、院政期に吹上町に移った。創建時は、顕密兼学の天台宗寺院であったが、衰退に向かい、1319(元応元)年、月波恵観禅師が再興し、臨済宗に改宗した。1670(寛文10)年11月の山田の大火で焼失後、山田奉行所の方針で、現在地に移転した。明治時代初期の廃仏毀釈により、廃寺の危機に瀕したが、本山東福寺の援助により、存続した。

南朝方に立った光明寺の恵観の活躍により、結城宗広・後醍醐天皇・足利尊氏にかかわる書状4通からな

光明寺石塔群

外宮周辺から内宮へ 187

る紙本墨書光明寺残篇や，結城宗広が恵観に宛てた手紙2通と夫人の消息1通からなる紙本墨書結城宗広 並 夫人書状(ともに国重文)がある。さらに，北畠親房加判御教書・豊臣秀吉朱印状・世木氏処分状の3巻からなる紙本墨書光明寺文書(県文化)など，貴重な文書が数多く残されている。本尊の木造阿弥陀如来坐像(県文化)は，総高70.4cm，ヒノキの寄木造・漆箔像で，12世紀後半の作である。また，寺には結城宗広肖像画も残されている。

境内には，1948(昭和23)年に吹上町の墓地から移築された石塔群があり，右端の宝篋印塔が結城宗広の墓である。陸奥国白河(現，福島県白河市)の御家人であった結城宗広は，1338(暦応元・延元3)年，東国における南朝勢力の立直しのため，義良親王を奉じて，光明寺で準備を整え，大湊から出帆した。しかし，遠州灘で暴風雨にあって失敗し，この地で再挙を期したが，1338年に病没した。

神宮文庫 ❷
0596-22-2737

〈M ▶ P. 164, 181〉伊勢市神田久志本町1771　P(皇學館大学)
近鉄鳥羽線・山田線宇治山田駅🚌内宮前行 徴古館前 🚶1分

宇治山田の文献や史料の「文蔵」

徴古館前バス停で降りると，すぐに神宮文庫の「黒門」がみえる。門をくぐって石段をのぼると神宮文庫の建物がみえてくる。黒門は，御師福島御塩焼大夫邸の表門を移築したものである。神宮文庫は，1906(明治39)年に旧林崎文庫を始め，伊勢神宮管内の旧蔵書約1万冊を集めて，宇治館町に設立されたのが前身で，1911年に旧豊宮崎文庫の蔵書2万745冊を加え，さらに，神宮徴古館・神宮農業館の蔵書1万冊余りを収集した。1925(大正14)年に，現在地に文庫が新築され，翌年蔵書数9万9800冊余りをもって開館し，現在28万冊を所蔵するまでに至っている。

蔵書のうち，玉篇巻第廿二1巻(国宝)は，6世紀中頃，中国南朝の梁の顧野王が撰述した

神宮文庫の「黒門」

漢字字典で，山部から囿部までの14部631字を収める。古事記裏書1冊（国重文）は，古事記注釈書の中でもっとも古い文献で，本居宣長もその存在を知らなかったものである。古事記上巻1巻（国重文）は，縦27.4cm・横18.8cmの袋綴の冊子本である。奥書によると，尾崎遍照院瑜所蔵本から，恵観書写本・道祥書写本・1426（応永33）年春瑜書写本と3度転写されている。日本書紀私見聞（道祥自筆本）・日本書紀私見聞（春瑜自筆本）2冊（国重文）は，ともに『日本書紀』の注釈書で，1426年に道祥が書写したものを，さらに弟子の春瑜が写したものである。日本書紀私記1冊（国重文）は，縦28.3cm・横19.7cm・料紙34紙の冊子本で，1428年の髪長吉叟による写本である。皇太神宮儀式帳残巻1帖・等由気太神宮儀式帳1巻・紙背文永弘安年間文書（いずれも国重文）は，804（延暦23）年に伊勢太神宮司から神祇官に撰進された内宮・外宮の儀式帳である。また，渋川春海天文関係資料（国重文）のうち，『天文瓊統』8冊・『日本長暦』6冊などの書籍が，文庫に収蔵されている。天養記1巻（国重文）は，1144（天養元）年の源義朝と伊勢神宮側との所領争いにかかわる文書である。

このほか県指定文化財には，紙本墨書御塩殿文書2巻附荒木田氏顕書写御塩殿古文書1巻・二見郷刀禰職譲状他1巻がある。御塩殿文書は，1010（寛弘7）年〜1623（元和9）年にわたる土地売買の沽券・土地交換の相伝券・田畑施入状などの内容をもつ。また，紙本墨書荒木田守武連歌等稿本類32点は，荒木田守武の自筆稿本と日記・消息および守武による写本などで構成されている。そして，紙本墨書神道五部書の内伊勢二所皇太神御鎮座伝記・豊受皇太神御鎮座本紀・天照坐伊勢二所皇太神宮御鎮座次第記3巻は，鎌倉時代末期に，外宮祠官の度会家行によって，神道理論として確立された度会神道（伊勢神道）の5部の教典のうちの3部である。

北隣の皇學館大学には，皇學館大学記念館（旧神宮皇學館大学本館，国登録）がある。1919（大正8）年に，官立専門学校だった神宮皇學館の本館として建設された。木造平屋建ての桟瓦葺き建物で，堅実な意匠は，大正時代の和風建築の好例とされる。また，大学附属の神道博物館の所蔵品の中に，昭和時代初期から戦後にかけて，

三重県の考古学の草分け鈴木敏雄が発掘した，桑名市柚井遺跡の木簡(柚井遺跡出土第2号，県文化)がある。

神宮徴古館 ㉔　〈M ▶ P.164, 181〉伊勢市神田久志本町1754-1　P
0596-22-1700
近鉄鳥羽線・山田線宇治山田駅🚌内宮前行徴古館前🚶3分

＊神宮関係資料を常設展示する博物館

　徴古館前バス停で降りて横断歩道を渡り，倭姫宮の森を左にみながらなだらかな坂道をあがって行くと，前庭が綺麗に整備された白亜の建物がみえる。これが神宮徴古館(国登録)である。建物は，宮内省御用掛として京都・奈良帝室博物館本館を設計した，片山東熊の設計になるルネサンス式の平屋建築物として，1909(明治42)年に完成した。1945(昭和20)年，宇治山田空襲で被災したため，1953年に復旧工事が行われ，外装はそのままで，2階建てに改築された。伊勢神宮が撤下した御神宝装束を始め，歴史資料など2770点余りを収蔵・展示する。

　紙本著色伊勢新名所絵歌合は，本来，上下2巻だったが，早くに上巻が散逸し，残存する下巻には，藤波・岡本・三津・大沼橋・河辺の5景を収めている。毛抜形太刀は，全長93.9cmあり，平将門を討った藤原秀郷(俵藤太)の佩刀であったと伝えられるもので，直刀から彎刀へ変遷する過程のものである。古文尚書は『書経』ともいい，明経道の清原家の秘本である。度会氏系図は，外宮の祠官度会氏の系図。金銅透彫金具は，忍冬唐草文を透彫する帽子の鐔で，また据台付子持甑は，陶質土器である。渋川春海天文関係資料のうち，天球儀・地球儀・天文分野之図は，館内に展示されている。角屋家貿易関係資料(アジア航海図・御朱印旗・大湊角屋家旗・角屋家文書，いずれも国重文)は，大湊の廻船業で，海外貿易も行った角屋家の資料である。紙本著色伊勢両宮曼荼羅図(県文化)は，戦国時代の宇治・山田の賑わいを描く。

　徴古館に隣接して，神宮美術館と日本の農業を中心に，林業・水産業の資料が豊富に展示されている神宮農業館(国登録)がある。

寂照寺 ㉕　〈M ▶ P.164, 181〉伊勢市中之町101　P
0596-22-3743
近鉄鳥羽線・山田線宇治山田駅🚌浦田町行古市🚶4分

　かつて，中之地蔵とよばれた中之町に，1851(嘉永4)年創業の旅

寂照寺

館麻吉がある。麻吉旅館本館、土蔵、聚遠楼、名月・雪香之間、前蔵（いずれも国登録）の5棟で構成される。内宮と外宮を結ぶ街道沿いに栄えた、古市の代表的な木造建築物である。

「乞食月僊」が再興文化サロンの寺院

麻吉旅館から旧参宮街道を南に300mほど行った左手（東側）に、寂照寺（浄土宗）がある。寂照寺は、江戸幕府2代将軍徳川秀忠の娘天樹院（千姫）の位牌と遺物を安置し、その追善供養のため、1677（延宝5）年に京都知恩院37世寂照知鑑が開山した。供養料として寺領が与えられたが、檀家がないため窮乏し、廃寺寸前となった。1774（安永3）年に、月僊が知恩院から派遣された。月僊は江戸で桜井山興に、京都では円山応挙に指導を受けて山水・人物画を描き、それらの画を売却し、収益を寺院復興と宇治・山田の窮民の救済に使った。山門堂宇を修築し、このうち経蔵（県文化）は、1801（享和元）年に、月僊の設計で完成した3間（約6.38m）四方の宝形造で、西面して立ち、頂に宝珠をおく。内部には、八角形の回転式輪蔵があり、世義寺旧蔵の鉄眼版一切経2091冊を収めている。

寂照寺は、1881（明治14）年に火災に遭い、1893年に再建された。観音堂には、本尊の木造阿弥陀如来坐像のほか、鎌倉時代作の木造聖観音菩薩立像・釈迦如来立像が安置されている。木造諸尊仏阿龕（国重文）は、中国唐代に西域で制作された、高さ18.5cmのものである。月僊作の「仏涅槃図」「富士の図」も所蔵する。

旧 林崎文庫 ㉖
0596-24-1111（神宮司庁）
〈M ▶ P. 164, 181〉伊勢市宇治今在家町163
近鉄鳥羽線・山田線宇治山田駅🚉内宮前行終点🚶2分

林信篤や大塩平八郎らも献本、講義

寂照寺から南へ約1.2km行き、猿田彦神社の前を通って、国道23号線沿いから旧参宮街道を「おはらい町」に入ると、右手（西側）に神宮祭主職舎本館（旧慶光院客間、国重文）・神宮祭主職舎（旧慶光院、県文化）がある。これらの建物は、華やかな桃山時代の様式を残している。

外宮周辺から内宮へ　　191

旧慶光院　　　　　　　　　　　　　　　　　　　　　旧林崎文庫

　神宮祭主職舎から，5分ほど「おはらい町」を南へ歩くと，宇治橋前に出る。駐車場そばの階段をのぼり詰めた所に，旧林崎文庫(国史跡)がある。文庫の前身は，内宮禰宜の荒木田経延(つねのぶ)が岡田村に設置した文庫で，1347(貞和3・正平2)年に火災により，焼失した。1648(慶安元)年，豊宮崎文庫の設立に触発された宇治会合の年寄たちが，山田奉行岡部駿河守勝重(おかべするがのかみかつしげ)に願い出て，幕府より150両の資金援助を得て，1687(貞享4)年に今在家町の丸山(まるやま)に内宮文庫を開設した。しかし，湿地で図書の保管に不適当であったため，北隣の林崎に移転し，林崎文庫と改称した。講堂に掲げられた「林崎文庫」の額は，大学頭林信篤(だいがくのかみはやしのぶあつ)の書である。1783(天明3)〜84年に宇治会合年寄役をつとめ，安濃津(あのつ)の国学者谷川士清(たにがわことすが)の弟子でもあった内宮権禰宜の荒木田尚賢(なおかた)は，有志とともに，書庫・講堂・塾舎などを改修・増築して，文庫を一層充実させた。さらに1821(文政4)年には，少し西へ移転し，整備拡張して，現在に至っている。幅7尺5寸(しゃくすん)(約2.2m)の表門，講堂および付属舎，書庫が旧態をよく残す。

　1873(明治6)年に，文庫は内宮に寄贈された。1万978冊の書籍は，1906年に設立された神宮文庫に収蔵されて，今日に至っている。

皇大神宮(内宮)(こうたいじんぐう ないくう) ㉗　〈M▶P.164, 181〉伊勢市宇治館町(たちちょう)1
0596-24-1111(神宮司庁)　近鉄鳥羽線・山田線宇治山田駅🚌内宮前行終点🚶すぐ

　内宮前バス停から東へ80mほど行き，突き当りを右折して南へ少し歩くと，宇治橋がある。向かって左に衛士詰所(えいしつめしょ)がある。宇治橋は，五十鈴川(いすずがわ)(中世までは御裳濯川(みもすそがわ)とも)に架かる橋で，幅約8.2m・全

> 天皇家の祖先神「天照大神」をまつる大神宮

長約108m, 中央部にかけて少し反りがある。大橋となったのは, 室町幕府6代将軍足利義教の参拝からという。高さ約7mの橋の前後に立つ大鳥居は, 伊勢神宮の式年遷宮のたびごとに, 内宮と外宮の旧正殿の棟持柱を使って建て替えられる。宇治橋を渡って右手(南側)に曲がると, 玉砂利の参道である。一の鳥居をくぐり, 参道西の手洗い場を経て, 左に歩くと神楽殿があり, 巨木の間の道を抜けると正殿前に至る。

皇大神宮(内宮)は天照大御神をまつり, 神体は, 「三種の神器」の1つである八咫鏡といわれる。神体を安置する正殿は, 切妻・平入り, 茅葺きの掘立柱建物という唯一神明造である。正殿の後方に立ち並ぶ東宝殿・西宝殿は, 外宮と同様の神宝類が納められている。

宮域内には, 皇大神宮の荒御魂をまつる荒祭宮, 風雨を司る級長津彦命と級長戸辺命をまつる風日祈宮が別宮として鎮座している。宇治橋の東方にあたる一角に, 伊勢神宮を統轄する神宮司庁がある。神宮司庁が所蔵する太刀銘吉信附糸巻太刀拵は, 1659(万治2)年に江戸幕府4代将軍徳川家綱が奉納し, 太刀銘俊忠附糸巻太刀拵は, 1710(宝永7)年に, 6代将軍徳川家宣が奉納した。刀折返銘有国は, 太刀を刀に仕立としたものである。神宮古神宝類(玉纏横刀・雑作横刀・鉄鉾身金銅鏑付・金銅樋・高機杼付・金銅高機架・牡丹文八稜鏡・装束類布帛本様)は, 相互の関連性はなく, 別宮の伊雑宮・月読宮などの神宝や発掘出土品も含まれる。

太刀銘次家は, 1689(元禄2)年, 5代将軍徳川綱吉の奉納品である。神宮法楽和歌霊元天皇以下歴代天皇宸翰(いずれも国重文)は, 霊元・桜町・桃園・後桜町・光格天皇がしたためた宸筆の和歌を, 楊箱に収めて神宮に奉納したものである。

宇治橋

外宮周辺から内宮へ

金剛證寺 ㉘
0596-22-1710

〈M ▶ P.164〉 伊勢市朝熊町548
近鉄鳥羽線・山田線宇治山田駅🚌季節運行キャンバス金剛證寺🚶1分

伊勢の霊山朝熊山の名刹

　金剛證寺バス停で降りると，すぐ前が金剛證寺（臨済宗）である。弘法大師空海が，真言密教の道場として825（天長2）年に建立し，虚空蔵菩薩像を本尊として安置したことに始まるという。平安時代以降衰微し，応永年間（1394～1428）に臨済宗建長寺派にかわり，17世紀初めには臨済宗南禅寺派となった。1600（慶長5）年，領主九鬼守隆から寺領200石を与えられた。江戸幕府から寺領100石を与えられ，伊勢・志摩国内に，23の末寺をもつまでに勢力を回復した。

　堂宇は，1804（文化元）年に焼失し，残った金剛證寺本堂附厨子（国重文）は，桁行7間（約12.6m）・梁間6間（約10.8m），一重，寄棟造の柿葺きである。内陣は，1609（慶長14）年に，姫路藩（現，兵庫県）主池田輝政が寄進し，1701（元禄14）年に，江戸幕府5代将軍徳川綱吉の生母桂昌院が修理した。厨子は三間厨子で，入母屋造，本瓦形板葺きである。

　宝物館には，寺の西約300mにある43基の経塚である朝熊山経塚群（国史跡）の出土品が展示されている。このうち，陶経筒・銅経筒・銅鏡・青白磁盒子・経巻・線刻阿弥陀三尊来迎鏡像・線刻阿弥陀三尊鏡像・銅提子・土製外筒は，伊勢国朝熊山経ヶ峯経塚出土品として，国宝に一括指定されている。紙本著色九鬼嘉隆像（国重文）は，縦89.3cm・横48.5cmの画面中央下に，黒色の冠をかぶり，右手に笏をもち，左側に長刀を配する。木造雨宝童子立像（国重文）は，像高102cmのヒノキの一木造で，頭上に別刻の宝塔をおく。銅造双鳳鑑（国重文）は，直径31.2cmの白銅製大型八稜鏡である。

金剛證寺本堂

194　　美し国，伊勢・志摩

伊勢市内の無形民俗文化財

コラム

古代から中世への芸能を今に伝える民俗文化財

一色の翁舞（国選択），一色町の木造能面 附 能装束・小道具類・鏡板類（県文化），和谷式神楽（県民俗），御頭神事（国民俗），馬瀬の狂言・佐八の羯鼓踊・円座の羯鼓踊，伊勢神宮の御田祭・猿田彦神社の御田植（いずれも県民俗）など，伊勢市内には国・県の指定による民俗文化財がある。

一色町に伝わる能楽は，国司北畠氏の保護を受けた伊勢三座（青苧・勝田・和谷）の1座である和谷流の流れで，1569（永禄12）年に北畠氏が織田信長に滅ぼされると，和谷太夫は，伊勢神宮を頼って一色（現，伊勢市一色町）に，勝田太夫は通（現，伊勢市通町）に移住した。また，青苧座は早くに消滅した。和谷式神楽は和谷座の舞で，「千歳」と「翁」の間に演じられ，呪師系の古い猿楽の姿を伝えている。この能楽は，一色能楽保存会によって継承されている。

御薗町高向の御頭神事は，山田の産土神七社において御師の神楽役人が創始し，各社にも広がったが，現在では高向のみに残る。馬瀬の狂言は，京都の狂言師野村小三郎玉泉が，鳥羽に流寓していたとき指導を受けたという。

羯鼓踊は，羯鼓を胸につけて両手の撥で打ち鳴らしながら音頭にあわせて輪になって踊る踊りのことである。佐八・円座の羯鼓踊は，盆踊りの系統で，薪で大篝火を焚き，そのまわりを輪になって，スゲ製の腰簑，頭に白馬の毛でつくったシャグマという被り物をかぶり，鉦と法螺貝にあわせて踊る。佐八では毎年8月16日に，円座では8月15日に催される。羯鼓踊はほかに，8月15日開催の小俣町中小俣・共敬・下小俣，御薗町上條・小林などでみられる。

伊勢神宮の御田祭は，楠部にある神田で，保存会によって開催される。祭りは毎年4月上旬，早苗3把と神酒を神前に供えた後，神職から玉苗を受け取った作長が田植えを始める。田植えは，田植え奉仕の人びとが，笛や太鼓・ささら・楽打で音曲を奏でるなかで行われる。宇治浦田の猿田彦神社の御田祭は，毎年5月5日に開催され，祭りの内容は，伊勢神宮の御田祭に倣っている。宇治地区から選ばれた8歳の少女が捧げる玉苗8束が，神前に供えられた後，男女8人ずつの植方に渡され，田植えが行われる。その年の作柄を占う「団扇角力」があり，最後に，豊年踊り・団扇破りがある。

太刀（伝吉包）附黒漆太刀拵（国重文）は，刃長が84.8cmある。木造地蔵菩薩立像（県文化）は総高143.1cmのヒノキの寄木造で，鎌倉時代初期の作である。

④ 二見から鳥羽・志摩へ

古代，天皇へ贄を貢納していた志摩国は，海の文化を今に伝える東西の物流を支えた地域であった。

二見浦 ㉙　〈M ▶ P. 164, 197〉伊勢市二見町江222-1ほか
JR参宮線二見浦駅 🚶 10分

有史以来有名　2006年国名勝に選定

　二見浦(国名勝)は，五十鈴川と勢田川の河口より続く砂浜の東端に位置し，背後に音無山(119.8m)，前面には，中央に知多・渥美半島を，右手には神島・答志島を，左手には鈴鹿山脈などを遠望する。東端は音無山が迫り，海中に有名な立石(夫婦岩)があり，沖合約700mの海中にある興玉石(猿田彦命の霊跡)の岩門になっている。夫婦岩一帯は，二見興玉神社(祭神猿田彦大神ほか)の境内でもある。夫婦岩駐車場の前に，賓日館(玄関棟・東棟・西棟・大広間棟・渡廊下棟・土蔵 附 棟札等，県文化)がある。1887(明治20)年に，神苑会が開設した，伊勢神宮参拝者の休憩・宿泊施設である。

　二見浦駅の西へ旧二見街道(県道107号線)を500mほど歩くと，三津の集落の中に，明星寺(臨済宗)がある。この寺の木造薬師如来坐像(国重文)は，総高104cmのヒノキの一木造である。胎内には，1145(久安元)年荒木田氏・度会氏らの，皇大神宮(内宮)・豊受大神宮(外宮)の神官により造願されたことを示す墨書銘がある。また，総高103.4cmで，ヒノキの寄木造の木造阿弥陀如来坐像(県文化)も所蔵する。もとは，三津の西隣の二見町山田原の五峯山密厳寺の本尊であったが，1872(明治5)年に廃寺となり，明星寺に移された。

　二見浦駅北の国道42号線を渡り，約260m行って左折し西へ約1km歩くと，二見中学校横の松林の中に，御塩殿神社(祭神御塩殿鎮守神)がある。さらに，西に1.5kmほど行った所にある五十鈴川

夫婦岩

美し国，伊勢・志摩

二見浦周辺の史跡

　右岸では，入浜式の塩浜で得た鹹水を加工した堅塩を，毎年12月と3月の2回に分け，外宮に奉納する。

　国道42号線に戻り，東に約1.5km歩き，二見シーパラダイスの駐車場を過ぎたすぐ右手の市道を南に歩くと，太江寺(真言宗)に至る。寺伝では，奈良時代の僧行基創建と伝えるが，江戸時代初期には，落雷により焼失し，元禄年間(1688～1704)に山田奉行長谷川周防守重章により再建された。本尊の木造千手観音坐像(国重文)は，鎌倉時代作・総高176cm・カヤの寄木造である。

　太江寺から東へ300mほど行って日之出橋を渡り，国道23号線に出て，鳥羽方面に500mほど行くと，左手に素戔嗚尊ほかを祭神とする松下社(通称蘇民の森)がある。伊勢地方には，素戔嗚尊を温かくもてなした蘇民将来が，悪疫から免れたという伝承があるため，「蘇民将来子孫家門」の木札をつけた注連縄を，玄関に飾りつける家が多い。境内には，樹齢約3000年という松下社の大クス(県天然)がある。樹高約15m，枝張りは東西約17m・南北約15mに達している。二見町松下地区には，平安時代の紙本墨書大般若経200通(県文化)がある。これは，僧道円が発願し，997(長徳3)～999(長保元)年にかけて書写したものである。

鳥羽城跡 ㉚

〈M ▶ P. 165, 199〉鳥羽市鳥羽3
JR参宮線・近鉄鳥羽線鳥羽駅 🚶15分

水軍の将九鬼嘉隆築城の「海の城」

　江戸時代，大坂と江戸を結ぶ南海路には，廻船が就航し，熊野灘と遠州灘の中間に位置する鳥羽は，船の風待・避難港として賑わった。

　鳥羽駅から南へ1kmほど行くと，鳥羽市役所がある。市役所の

二見から鳥羽・志摩へ

東側一帯が、鳥羽城跡(県史跡)である。鳥羽は戦国時代まで泊とよばれ、京都醍醐寺領の港町として発達した。南北朝時代、志摩国守護代が鳥羽城を築城し、1594(文禄3)年九鬼嘉隆が近世城郭として整備した。内閣文庫蔵「鳥羽城絵図」などによれば、総坪数3万2280坪(約10万m²)で、3重の天守閣を有し、大手門が鳥羽湾に面し、外堀に海水を流入させた、水軍の将にふさわしい「海の城」である。内藤氏のとき、二之丸・三之丸が構築され、近世城郭として完成した。明治時代に入ると、城は取りこわされた。

九鬼氏は、熊野水軍の頭領であったが、1362(貞治元・正平17)年頃、本拠地を九鬼浦(現、尾鷲市九鬼)から波切(現、志摩市大王町)に移し、嘉隆のときに、田城(鳥羽市岩倉)から鳥羽に移した。伊勢国司北畠氏の被官を経て、1569(永禄12)年、織田信長に仕えて石山合戦(1570～80年)で活躍し、四国・九州征討にも参加した。文禄の役(1592年)では、大湊で建造した日本丸を操ったが、李舜臣に敗北した。関ヶ原の戦い(1600年)では、九鬼守隆は東軍に属し、父九鬼嘉隆は西軍に属し、答志島に逃れ自刃した。守隆は5万5000石に加増されたが、守隆の死後、家督をめぐる御家騒動のため、1633(寛永10)年、5男九鬼久隆が摂津国三田(現、兵庫県三田市)に、3男九鬼隆季が丹波国綾部(現、京都府綾部市)へ転封となった。この後、鳥羽城主は内藤氏が3代続き、続いて入封した松平乗邑が伊勢国亀山(現、亀山市)に転封した後、1725(享保10)年に稲垣氏が入り、廃藩置県まで続いた。

鳥羽城跡の石垣

鳥羽駅の南西約700m、樋の山の北麓に、九鬼氏の菩提寺である常安寺(曹洞宗)がある。九鬼嘉隆が、1597(慶長2)年に建立したといわれるが、1607年に守隆が父の追善供養のために建立した

鳥羽駅周辺の史跡

とする説もある。本堂の裏側には，九鬼家の廟があり，代々の墓碑とともに，嘉隆の行跡（ぎょうせき）が刻まれた石塔，「慶長十(1615)年」の銘文がある鰐口（わにぐち）や，1618(元和4)年に守隆が寄進した石灯籠（どうろう）などもある。

　常安寺から約200m北東の賀多（かた）神社は，もと八王子（はちおうじ）社と称し，天照大神（あまてらすおおみかみ）の5男3女神をまつっている。境内にある組立式賀多神社能舞台（のうぶたい）(県民俗)で，毎年4月第2土・日曜日に行われる神事能（しんじ）は，1707(宝永4)年から1867年まで，毎年鳥羽藩主の代理参観が行われ，一層の発展をみた。室町時代から江戸時代の制作になる能面附能衣裳（のうめんつきいしょう）(県文化)は，幕末に鳥羽藩主稲垣摂津守長明の正室（せいしつ）が，越後国高田（えちご）(現，新潟県上越市（じょうえつし）)城主榊原（さかきばら）家から輿入（こし）れした際の調度品で，1855(安政2)年に神社に寄贈された。江戸時代の大名面が大半を占めるが，室町・桃山時代の能面も存在する。能衣裳の多くは，江戸時代中期のものである。賀多神社の約200m北にある日和山（ひよりやま）(69m)の山頂には，「文政五（ぶんせい）(1822)年」の銘がある方位石（ほういいし）があり，船はこの山から日和をみて出帆して行った。

　鳥羽2丁目には，御木本真珠店（みきもと）(現，ミキモト)創業者の御木本幸吉生誕地跡（こう）の石碑があり，江戸川乱歩（えどがわらんぽ）・竹久夢二（たけひさゆめじ）と交流した民俗研究家岩田準一（いわたじゅんいち）の資料を展示する鳥羽みなとまち文学館がある。文学館から東南方向へ900m行った所に，1825年に建造された旧広野（ひろの）家住宅（け）(角屋（かどや）)主屋・内蔵（うちくら）・土蔵（どぞう）(国登録)が残っている。

二見から鳥羽・志摩へ

神島・答志島・坂手島・菅島 ㉛

〈M ▶ P. 165〉鳥羽市神島町
鳥羽港(佐田浜)🚢神島(50分),答志島(20分),坂手島(8分),菅島(15分)

豊漁を祈る男たちの願いを秘めたゲーター祭

各島へは,鳥羽港(佐田浜)から市営定期船が運航されている。

三島由紀夫の小説『潮騒』で有名な神島は,三重県の東端に位置し,伊勢湾の入口にある。島の中央から200余段の石段をのぼり詰めた所に,八代神社がある。古墳時代から室町時代までの銅鏡64枚を始めとする伊勢神島祭祀遺物や,兜の装飾板である鉄獅噛文金銅象嵌鍬形(ともに国重文),および八代神社神宝銅鏡・陶磁器(県文化)が収蔵される。伊勢神島祭祀遺物には,銅鏡や画文帯神獣鏡・海獣葡萄鏡などが含まれる。象嵌鍬形は,平安時代前期の作である。

また,毎年,大晦日の夜から元旦未明に行われる八代神社のゲーター祭(県民俗)は,グミの木を白紙で巻いて日輪に見立てた直径2mほどの「アワ」を,男たちが先に紙矛をつけた長い女竹で空高く突き上げ,地上に叩きつける,豊漁祈願の行事である。

答志島は伊勢湾内最大の島である。東岸の和具には,関ヶ原の戦い(1600年)で西軍に与し,この地に逃亡して自刃した九鬼嘉隆墓(県史跡)がある。花崗岩製の五輪塔で,高さは175cmある。1600(慶長5)年に嘉隆の嫡子守隆が建立し,守隆の3男隆季が補修した。西部の桃取町には,楠路脇のヤマトタチバナと奈佐のヤマトタチバナ(ともに県天然)がある。タチバナともよばれる常緑の小高木で,わが国に分布する数少ないミカン属の1種である。

鳥羽佐田浜港から約500mの距離にある坂手島には,幕末に海防のため,鳥羽藩主稲垣長明が築いた坂手村砲台跡(県史跡)が,田崎と丸

答志島(左)・坂手島(手前)・菅島(右),奥に神島

美し国,伊勢・志摩

山にある。

　坂手島の東の菅島は，しろんご祭りで知られる。毎年7月11日，白い磯着を身につけた島内の海女がアワビ採りを競い，最初にとれたアワビを，白髭神社に供える行事である。

海の博物館 ㉜
0599-32-6006
〈M▶P.165〉鳥羽市浦村町1731-68
JR参宮線・近鉄鳥羽線鳥羽駅🚌石鏡港行海の博物館前 🚶7分

「海の文化財」の宝庫

　鳥羽駅から車で20分ほどの海の博物館は，伊勢湾・志摩半島・熊野灘など，三重県内の漁業資料で構成される，伊勢湾・志摩半島・熊野灘の漁撈用具6879点（国民俗）を収蔵する。展示スペースでは，「海民」「船」「漁具と漁法」「海の環境を守る」の4テーマで展示され，膨大な和船資料は専用の建物に展示する。

　志摩半島の東端にある国崎は，古くから伊勢神宮へ熨斗鮑を奉納してきた。海の博物館前バス停から，スペイン村行きのバスに乗り，3つ目の国崎バス停より200m南にある漁協組合が保管する紙本墨書国崎文書11通（県文化）は，国崎が伊勢神宮の神戸（神社経営を支える収入）としての特権維持のため，周囲の村々からの妨害に抵抗した闘いの記録である。

海の博物館

庫蔵寺 ㉝
0599-26-3354
〈M▶P.164, 202〉鳥羽市河内町539　🅿
近鉄志摩線加茂駅🚌15分

知られざる名刹 自然環境も素晴らしい

　加茂駅を出て西へ約200m進み，右折して国道167号線を約500m歩くと岩倉バス停がある。この一帯は，九鬼嘉隆が鳥羽城に入る前に居城を構えた田城跡である。現在は九鬼岩倉神社がある。国道167号線を北に進んで河内川を渡り，100mほど先を左折して，加茂中学校前を通り西に約5分歩くと，隠殿岡がみえてくる。ここで，毎年8月15日夕方から翌朝にかけて，志摩加茂五郷の盆祭行事（国

二見から鳥羽・志摩へ　　201

庫蔵寺

加茂駅周辺の史跡

民俗)が開催される。もとは5地区で行われていたが、現在は柱松行事が、松尾町と河内町の2地区のみで行われている。

隠殿岡北の奥河内の集落から、丸山の山道をのぼると、山頂近くに庫蔵寺(真言宗)がある。庫蔵寺は、825(天長2)年弘法大師空海が朝熊山金剛證寺を創建したとき、その奥の院として建立されたというが確証はない。九鬼嘉隆により、寺領20石の保護を受けた。1680(延宝8)年に寺領は没収されたが、代々鳥羽藩の祈願所であった。本尊の木造虚空蔵菩薩像を安置する庫蔵寺本堂附厨子・棟札(国重文)は、1561(永禄4)年の建立と伝えられる。本堂の裏の小高い所に、1606(慶長11)年建造の鬼子母神をまつる庫蔵寺鎮守堂附棟札(国重文)がある。堂内には総高24.9cmで、ヒノキの寄木造の木造荒神像(県文化)があり、「享禄五(1532)年」の銘文がある。境内には、樹高約25mの庫蔵寺のコツブガヤ(国天然)を始め、イスノキ・ツガなど、志摩半島の古代の自然環境を彷彿とさせる、丸山庫蔵寺のイスノキ樹叢(県天然)がある。

加茂駅の南隣の松尾町には、松尾町の額取(県選択)という、20歳を機に、擬制的親子関係を結ぶ習俗がある。

伊雑宮 ㉞　〈M ▶ P.164〉志摩市磯部町上之郷374
近鉄志摩線上之郷駅 🚶 3分

日本三大御田植祭「磯部の御神田」

上之郷駅から西へ300mほど行くと、伊雑宮がある。伊雑宮は、皇大神宮(内宮)の別宮で、祭神は天照坐皇大御神御魂である。倭姫命が志摩国を巡行した際に、伊佐波登美命が創建したとい

202　美し国、伊勢・志摩

伊雑宮

う。正殿は神明造で、式年遷宮は、伊勢神宮の翌年に実施する。度会郡大紀町にある滝原宮とともに、伊勢神宮にもっとも関係が深い別宮である。毎年6月24日に催される、伊雑宮の御田植神事である磯部の御神田(国民俗)は、日本三大御田植祭の1つである。笛・ささら・太鼓を囃すなか、伊雑宮の御料田で田植えを行い、その後、裸の若者たちによる竹取り神事が行われる。

上之郷駅から鳥羽方面へ2駅行った、五知駅の北約500mの所にある福壽寺(曹洞宗)に、「建武三(1336)年」の銘がある木造如来形坐像懸仏(県文化)がある。

磯部の御神田(竹取り神事)

志摩国分寺跡 ㉟
0599-47-3128(国分寺)

〈M ▶ P.165〉志摩市阿児町国府3476
近鉄志摩線鵜方駅 🚌 安乗行国府 🚶 3分

志摩国分寺の法灯を今に伝える

国府バス停から北へ100mほど行くと、国分寺(天台宗)がある。この周辺一帯が、志摩国分寺跡(県史跡)に指定されている。国分寺建立の詔を受けたが、志摩国は下国で経済力に乏しかったため、国分寺の建立および維持には、尾張・三河(ともに現、愛知県)両国からの補填によった。809(大同4)年に志摩国分寺・尼寺の僧尼たちは、伊勢国分寺(鈴鹿市)に移されたが、しだいに衰退した。1467(応仁元)年、兵火により焼失したが、1493(明応2)年、一堂を現在地に建てて本尊を安置した。現在の国分寺の本堂は、1843(天保14)年に完成した。本尊の木造薬師如来坐像(県文化)は寄木造の秘仏で、安濃津(現、津市)の仏師法院定栄が、1507(永正4)年に制作した。

二見から鳥羽・志摩へ

志摩国分寺

　国府の北方約3kmの所に安乗集落がある。的矢湾の入口に位置し、江戸時代、大坂と江戸を往来する廻船などの風待港として栄え、東西の文化の影響を受けた。安乗神社の境内で、9月15・16日に、安乗の有志(多くが安乗中学生)によって催される<u>安乗の人形芝居</u>(国民俗)は、淡路系文楽の影響を受けている。

おじょか古墳 ㊱ 〈M ▶ P.165〉志摩市阿児町志島512-1
近鉄志摩線鵜方駅🚌志島農協前行終点🚶5分

　志島バス停近くの海蔵寺前から東に坂道を約60mのぼると、太平洋を見下ろす台地上に<u>おじょか古墳</u>(県史跡)がある。1967(昭和42)年に発掘調査が実施され、5世紀後半の北九州の筑後川流域の初期横穴式石室と共通する石室から、銅鏡・鉄製武具・農具・装身具・埴輪枕が出土した。墳丘は改変が著しく、規模・墳形は不明。

　おじょか古墳から北へ約3kmの立神にある、江戸時代末期建立の薬師堂には、1460(長禄4)年の青銅製鰐口と平安時代書写の<u>紙本墨書大般若経</u>600帖(ともに県文化)がある。1674(延宝2)年に修復した際、円空は巻子本を折本に改装し、巻首に簡略な筆法による釈迦説法図を添付した。円空仏も数体ある。立神地区の盆行事では、<u>ささら踊り</u>(県民俗)が催される。

古墳時代の「海のルート」を考えさせる古墳

おじょか古墳

仙遊寺 ㊲
せんゆうじ
0599-72-0708

〈M ▶ P.165, 205〉 志摩市大王町波切6
近鉄志摩線鵜方駅🚌御座港行波切🚶10分

白亜の灯台 眼下には太平洋の怒濤

波切バス停から波切漁港を経て約10分歩くと，断崖上に屹立する1927(昭和2)年完成の大王埼灯台に至る。灯台からは，知多・渥美半島を遠望できる。灯台から約100m西の高台(城山)に波切城跡がある。1362(貞治元・正平17)年に，九鬼隆良が築城した城郭の遺構は，確認できない。

灯台の北200m余りの所に，熊野(尾鷲市)九鬼出身の九鬼氏が，志摩半島に進出したときの呼称である，波切九鬼氏の菩提寺仙遊寺(臨済宗)があり，九鬼氏初代隆良から5代定隆までの5基の五輪塔がある。仙遊寺の東へ50mの石段をのぼると，波切神社(祭神国狭槌神ほか)があり，9月の申の日に，波切のわらじ曳き(県民俗)が行われる。祭礼の前日に10人余りの氏子で，縦3m・横1mのわらじをつくる。当日午後1時頃，若者4人によって波切神社に奉納し，神事の後，須場の浜に安置され，さらに神事を行って，最後に沖合約600mにある大王島付近で海に放たれる。

大王埼灯台

波切バス停南の階段をのぼると薬師堂があり，境内には，地元の人びとの篤い信仰を受けている汗かき地蔵と思案地蔵がある。毎年2月24日に，汗かき地蔵祭が行われる。

大王崎周辺の史跡

和具観音堂 ㊳
わぐかんのんどう
0599-85-1600

〈M ▶ P.164, 206〉志摩市志摩町和具2985-7
近鉄志摩線鵜方駅 🚌御座港行和具 🚶5分

県内では数少ない銅造仏像を所蔵

　大王埼灯台から国道260号線に戻り，西南に3.3km進むと，志摩市大王町船越と志摩町片田の境にあたる深谷水道を通過する。水道は，太平洋と英虞湾を結ぶ，長さ約550m・幅約20mの運河で，英虞湾内の真珠養殖に必要な新しい海水を送り込むことを目的として，1932（昭和7）年に完成した。

　志摩の国漁業協同組合片田支所には，平安～室町時代にかけて書

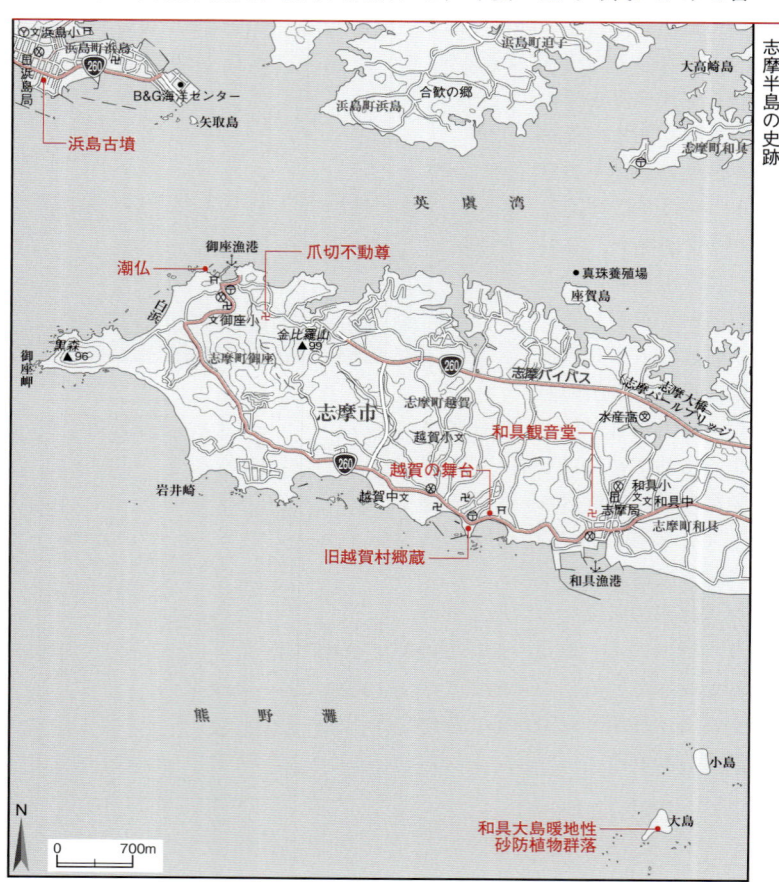

志摩半島の史跡

美し国，伊勢・志摩

和具観音堂

写された，紙本墨書大般若経599帖（県文化）が保管されている。842（承和9）年の「池上内親王願経」がもっとも古く，1674（延宝2）年の修復に際し，10巻ごとに円空が釈迦説法図を描き加えた。

　和具バス停から北へ400mほど行くと，和具観音堂（真言宗）がある。13世紀の創建と伝えられ，1720（享保5）年より幾度か改修された。総高17.1cmで，平安時代前期作の銅造如来坐像（国重文），総高155cmで，平安時代中期作の木造十一面観音立像，総高98cmで，平安時代後期作の木造仏頭（ともに県文化）などがある。

　観音堂から南へ約300m行った和具漁港から，船で10分ほどの和具大島の周囲の岩礁は，海女の漁場であり，島内には，4万本のハマユウなどの諸植物からなる和具大島暖地性砂防植物群落（県天然）がある。7月1日（旧暦6月1日）には，この地で潮かけ祭りが行われる。

　和具バス停から2つ目の，越賀神社バス停近くにある越賀の舞台（県民俗）は，1849（嘉永2）年に上棟され，村の青年たちによる地芝居が行われた。

　越賀の舞台から西へ約50mの，越賀の城山にある旧越賀村郷蔵（県史跡）は，鳥羽藩への年貢米を一時収納した倉庫で，1766（明和3）年に建造された。

爪切不動尊 ㊴
0599-88-3431
〈M ▶ P.164, 206〉志摩市志摩町御座
近鉄志摩線鵜方駅🚌御座港行終点🚶15分

「海の文化」を仏教信仰に表現した仏像たち

　御座は英虞湾に臨み，対岸の浜島および賢島とは定期船で結ばれている。御座港の船着き場横の鳥居をくぐり，海岸沿いの参道を進むと，海中に鎮座する潮仏とよばれる石仏があり，女性の信仰が篤い。神社の東南にある金比羅山（99m）麓にある不動堂に，延暦年間（789〜806）に弘法大師空海が，自然石に爪で刻んだと伝えられる爪切不動尊が安置されているが，秘仏である。

二見から鳥羽・志摩へ

爪切不動尊

浜島には、浜島古墳がある。13基中9基が県の史跡に指定された。いずれも直径10〜16mの6世紀後半の円墳で、主体部の横穴式石室は比較的大型のものである。観光ホテル南風荘の庭内にある古墳のみが見学可能である。

秘蔵の国，伊賀

Iga

芭蕉の森より上野城を望む

赤目の不動滝

210　秘蔵の国，伊賀

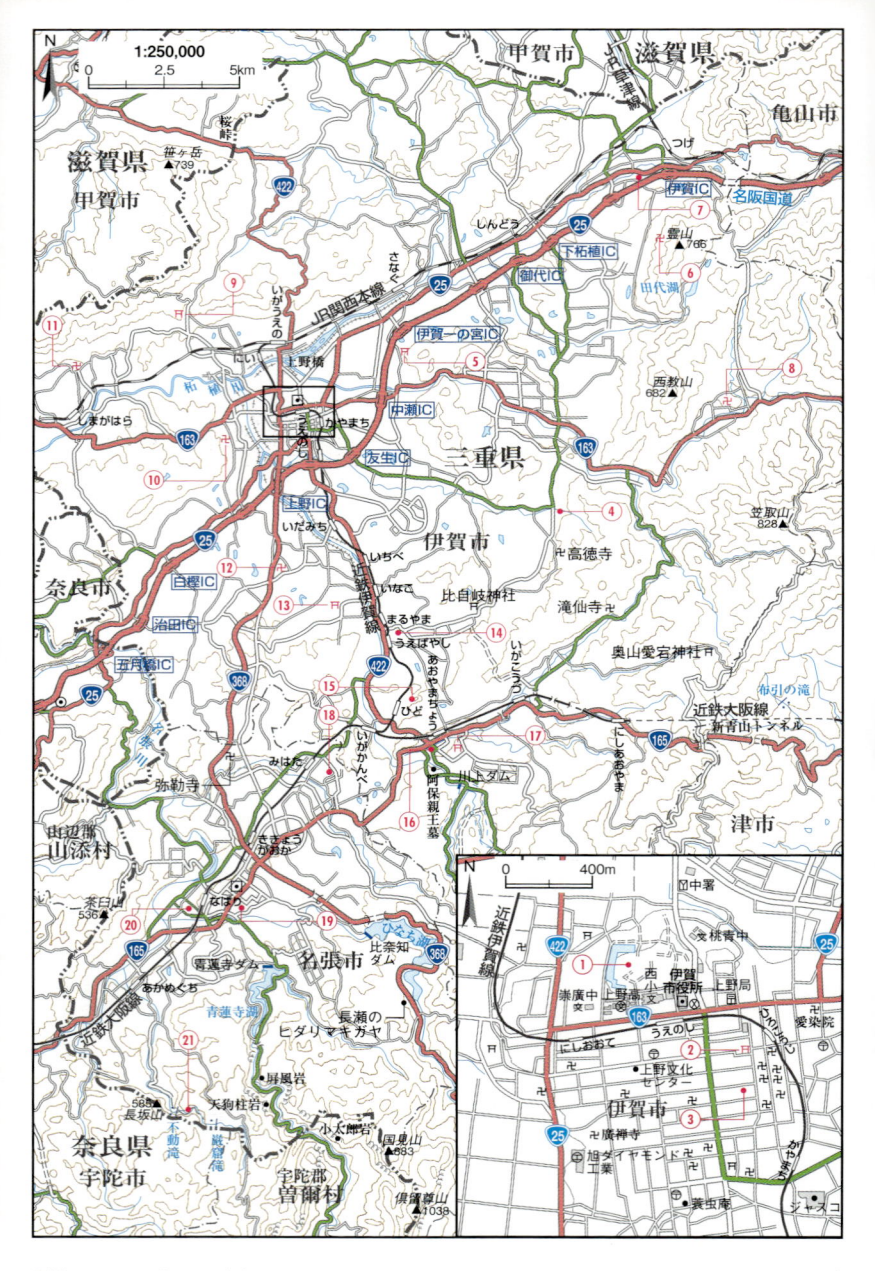

◎伊賀散歩モデルコース

伊賀上野の古建築コース　　　近鉄伊賀線上野市駅_5_上野高校正門_5_旧小田小学校本館_10_小六坂(竹の道)_10_鍵屋の辻_10_旧崇廣堂_1_北泉家住宅(旧上野警察署庁舎)_8_上野市駅

芭蕉と忍者・伊賀上野の伝統コース　　　近鉄伊勢線上野市駅_5_芭蕉翁記念館_2_上野城跡_3_伊賀流忍者博物館_2_俳聖殿_5_伊賀信楽古陶館_3_だんじり会館_10_芭蕉生家_3_芭蕉翁故郷塚_5_寺町通り_2_菅原神社_3_入交家住宅_2_栄楽館_10_蓑虫庵_1_愛宕神社_5_忍町(武家屋敷)_8_上野市駅

和銅の道〜上野西部の寺院コース　　　JR関西本線・近鉄伊賀線伊賀上野駅_20_仏土寺_30_廃補陀落寺町石_20_廃補陀落寺跡_10_高倉神社_3_鳥居出バス停_7_木根団地バス停_20_射手神社_15_常住寺・ふるさと芭蕉の森_5_西蓮寺_10_長田バス停_8_上野産業会館_1_近鉄伊賀線上野市駅

古代ロマンコース　　　近鉄大阪線名張駅_6_名張市役所バス停_3_夏見廃寺跡・夏見廃寺展示館_3_名張市役所バス停_6_近鉄大阪線桔梗が丘駅_1_近鉄大阪線美旗駅_1_馬塚古墳(美旗古墳群〈古墳群中の各古墳をまわると徒歩1時間〉・観阿弥ふるさと公園)_1_美旗駅_2_近鉄伊賀線比土駅_3_城之越遺跡・城之越学習館_10_近鉄大阪線・伊賀線伊賀神戸駅_5_近鉄大阪線青山町駅_8_大村神社_5_初瀬街道交流の館たわらや_8_青山町駅

①上野城跡
②菅原神社
③入交家住宅
④百地城跡
⑤敢国神社
⑥霊山寺
⑦福地城跡
⑧新大仏寺
⑨高倉神社
⑩西蓮寺
⑪観菩提寺
⑫勝因寺
⑬猪田神社
⑭丸山城跡
⑮城之越遺跡
⑯阿保宿跡
⑰大村神社
⑱美旗古墳群
⑲夏見廃寺跡
⑳名張藤堂家邸跡
㉑赤目の峡谷

① 上野城下の史跡

江戸時代を通じて津(藤堂)藩の城下町。碁盤目状の町並みに,武士と町民の残した歴史と文化が,忍者のごとく出没する。

上野城跡 ❶
0595-21-3148
〈M ▶ P. 210, 214〉伊賀市上野丸之内106-3 **P**
近鉄伊賀線上野市駅🚶10分

昭和の木造天守

俳聖殿

上野市駅から地下道をくぐると伊賀市役所があり,その2階に,御墓山窯跡出土宮殿形陶製品(県文化)を始め,種々の出土品が展示されている。市役所前の伊賀信楽古陶館には,奥地勇収集古伊賀・古信楽器物類一括(県文化)を始め,現代陶芸家の作品も展示している。

市役所西側の道をそのままのぼると,上野城跡(国史跡)である上野公園に入って行く。右手に,更級紀行芭蕉自筆稿本(国重文)・松尾芭蕉関係資料(県文化)を蔵する芭蕉翁記念館,少し進むと伊賀流忍者博物館,芭蕉の旅姿を模して建てられた俳聖殿があり,左手のほうにのぼると,1935(昭和10)年に再建された伊賀上野城(伊賀文化産業城)があり,唐冠形兜(県文化)を始め,伊賀地方の文化や産業の資料を展示している。

上野城跡は,上野台地の北端高所にある。1585(天正13)年,平楽寺があったこの台地に,筒井定次が築城したが,1608(慶長13)年に改易され,かわって築城の名手藤堂高虎が,伊勢・伊賀の大名として入国した。本丸を筒井定次の城より西に移し,日本一高いという石垣を築くなど,大改修に着手するとともに,碁盤目状の城下町建設も行った。

城跡の南にある県立上野高校の木造校舎は,1900(明治33)年に建造された旧三重県第三尋常中学校校舎で,正門とともに,県の文

伊賀の忍者

コラム

諜報の専門家

「全身黒の装束に手裏剣」のイメージで描かれることが多い忍者だが、実際は濃紺の衣装を使用していたようである。明治時代末期の立川文庫『猿飛佐助』以後、デフォルメされた忍者の虚像が、今日まで人気を得続けている。

戦国時代、伊賀国では多くの地侍が割拠し、各地侍が勢力を保つため、情報収集戦とゲリラ戦を日夜繰り返し、ここから「忍術」が自然発生したと考えられている。忍術を身につけた忍者たちは、身体能力にすぐれ、厳しい規律を守り、動植物や化学などの知識を身につけた諜報者・技術者集団であった。

本能寺の変(1582年)のとき、徳川家康を護衛して伊賀越の危難を救った服部半蔵は、百地丹波守・藤林長門守とともに、指導者格の上忍で、その名を江戸の半蔵門に残している。

幕府に召し抱えられた忍者(伊賀者)は、日常的に大名や幕臣を観察して、動静を把握したり、同心として、江戸市中の治安維持にあたった。また、諸藩も近隣の動静に敏感で、伊賀者を使って情報を集めた。

1853(嘉永6)年、ペリーの浦賀(現、神奈川県横須賀市)来航の際に、川東村(現、伊賀市川東)の沢村甚三郎保祐は、藩主を通じて命を受け、黒船に乗り込んで探索をしている。沢村保祐は、伊賀者最後の忍術者であった。

化財に指定されている。西隣の旧崇廣堂(国史跡)は、津(藤堂)藩10代藩主藤堂高兌が1821(文政4)年、津の藩校有造館の分校として建てたものである。西半分の「武の学校」練武場跡は、崇廣中学校となっているが、東半分の「文の学校」御文場跡には、講堂・有恒寮・正門・通用門(朱塗りの長屋門)など、御文場の大部分が残る。現存藩校跡として貴重なものである。

旧崇廣堂の南、近鉄伊賀線の踏切を越えると、北泉家住宅主屋(旧上野警察署庁舎、国登録)があり、北のほうに城の高石垣を眺めながら進むと、1881(明

旧崇廣堂

上野城下の史跡

上野城下の史跡

治14)年に建てられた旧小田小学校本館(県文化)が,資料館として公開されている。

　旧小田小学校から国道163号線を渡り,住宅の間を通って竹林の美しい小六坂(ころくざか)をくだり,小さな三重塔(さんじゅうのとう)のある開化寺(かいかじ)(浄土宗)から近鉄伊賀線のガード下をくぐると,旧崇廣堂からまっすぐ西進してきた道と合流する。そこが,1634(寛永11)年荒木又右衛門(あらきまたえもん)が,義弟渡辺数馬(かずま)を助けて河合又五郎(かわいまたごろう)を討った,伊賀越の仇討(あだ)ちで知られる鍵屋の辻(かぎやのつじ)(県史跡)で,伊賀越資料館もある。

菅原神社 ❷　　〈M▶P.210, 214〉伊賀市上野東町(ひがしちょう)2929
すがわらじんじゃ
0595-21-2940　　近鉄伊賀線上野市駅🚶5分,または広小路駅(ひろこうじ)🚶2分

　上野市駅から銀座通りに出て右折し,東町交差点を左折すると,突き当りに「天神(てんじん)さん」と愛称される菅原神社(祭神菅原道真ほか)

214　　秘蔵の国,伊賀

上野天神祭

コラム

鬼行列と絢爛豪華な伝統の祭り

　毎年10月25日は、伊賀市上野東町の天神さん(菅原神社)の祭りで、23日は上野車坂の東の御旅所で宵宮が行われ、夕方に本町筋・二之町筋・三之町筋の9つの町の楼車の提灯に灯が入り、露天が並び、祭り気分がしだいに高まっていく。24日の午後になると、本町通りで楼車の曳初め、三之町通りで鬼行列の練行があり、宵山で提灯に灯がともる。

　25日の本祭では、神輿渡御を先頭に、供奉面をつけた鬼行列が続き、最後に、絢爛豪華な金具や幕で飾られた9台の楼車で構成される行列が東御旅所を出発し、祇園囃子・天神囃子をともなって、本町通り〜二之町通り〜三之町通りを1日中かけて巡行する。この祭りは上野天神祭のダンジリ行事として国の重要無形文化財に指定され、供奉面や楼車の金具・幕のいくつかは、上野天神祭供奉面、上野天神祭山車幕・金具として、三重県の文化財指定を受けている。

　楼車は、普段は各町の収蔵庫で保管されているが、上野公園東隣にあるだんじり会館に、常時3台展示され、半年ごとに入れ替えられる。また鬼行列の一部も再現されている。

上野天神祭のダンジリ行事

が鎮座している。菅原神社は、1611(慶長16)年、藤堂高虎の上野城改修のとき、外堀の外の現在地に移し、勧進を行った修験者の小天狗清蔵の本願により、再興・上棟をした。楼門・鐘楼は、県の文化財に指定されている。

　菅原神社の裏を70mほど東に行き、右折すると寺町通りになる。江戸時代、有事の際には、城下町を守る東の一郭であった。現在は、東側に4カ寺、西側に3カ寺あり、東北角の上行寺(日蓮宗)に紙本著色藤堂高虎像、東南の念仏寺(浄

菅原神社

上野城下の史跡　215

寺町通り

小天狗清蔵が再建した神社と城下を防御した寺院

土宗)に紙本墨書末代念仏授手印(ともに県文化)・木造阿弥陀如来坐像(国重文)があり、西南の大超寺(浄土宗)には、大津事件(1891年)をおこした津田三蔵の墓がある。

寺町の東、農人町郵便局前で左折すると愛染院があり、その境内に、松尾芭蕉の遺髪を納めた芭蕉翁故郷塚、北西約150mの上野赤坂町に、芭蕉生家とその奥庭に、句集『貝おほひ』を撰した、当時のまま残る釣月軒がある。

入交家住宅 ❸
0595-26-0313 〈M ▶ P. 210, 214〉伊賀市上野相生町2828
近鉄伊賀線上野市駅 🚶 8分

公開された武家屋敷

上野市駅から銀座通りに出て、4つ目の交差点の東南角に栄楽館がある。昭和時代末期まで営業していた料理旅館で、江戸時代から昭和時代にかけて使用された数寄屋風の建物である。現在は、伊賀市の生涯学習施設として利用され、見学もできる。要予約。

栄楽館の約100m東に、武家屋敷の入交家住宅(県文化)がある。建物・古文書の調査、屋敷地の発掘調査後、一般公開している。長屋門を入ると茅葺きの主屋があり、正面には、式台玄関という上役の訪問時のみに使われる出入口も残っている。

上野城下で、武家屋敷の面影を今に残しているのは、銀座通りより西約300mの中之立町通りの忍町界隈である。

城下町の西部、上

入交家住宅

216　秘蔵の国、伊賀

伊賀国分寺跡

野徳居町の廣禅寺は，伊賀地方の曹洞宗の本山で，木造聖観音菩薩立像，名阪国道上野IC南200mにある九品寺（天台真盛宗）は，木造薬師如来坐像を所蔵し，城下町南端の上野愛宕町には，愛宕神社本殿 附 棟札（いずれも県文化）がある。少し北の上野西日南町に，松尾芭蕉の高弟服部土芳が隠住した蓑虫庵（県史跡・名勝）がある。城下の指定関係の建造物では，上野福居町の寺村家住宅主屋・前倉，上野中町の上野文化センター，小田町の上野運動公園体育館の東へ約800mの所にある上野市上水道水源地送水機関室（いずれも国登録）がある。

　近鉄茅町駅から東に約800m，名阪国道の高架をくぐると右手に，伊賀国分寺跡（国史跡）が松林の中にみえてくる。遺構は，約240m四方の築地跡と考えられる土塁で囲まれている。中門・金堂・講堂跡の土壇が南北の中軸線上に，塔跡の土壇が中門の外の西側に残存するが，いずれも礎石が取り去られ，その穴跡が，当時の面影を偲ばせている。市道を挟んで東の草むらが，国分尼寺跡と考えられている長楽山廃寺跡（国史跡）である。

❷ 伊賀市北部の史跡

県内最大の御墓山古墳，東大寺と関係が深い正月堂，新大仏寺，国分寺跡，国府跡など史跡・文化財が多い。

百地城跡 ❹
〈M ► P. 210, 219〉伊賀市喰代
近鉄伊賀線上野市駅(上野産業会館) 🚌高山行喰代 🚶2分

上野産業会館から高山行きバスに乗り，中友生バス停で降りると，バス停の南約250mに見徳寺(曹洞宗)がある。本堂の脇壇に，客仏として安置されていた木造薬師如来坐像(県文化)は，白鳳期のクスノキの一木造で，伊賀地方では最古の仏像であるが，見学できない。さらに，700mほど東の界外にある西光寺(天台宗)の木造観世音菩薩坐像・勢至菩薩坐像(国重文)は，同地にあった阿弥陀寺の遺像といわれ，平安時代末期から鎌倉時代初期の作である。

中友生バス停から東に3kmほど進むと，喰代に百地城跡がある。一般に百地砦とか百地丹波守城とよばれ，伊賀流忍術組織の上忍百地丹波守の城跡と伝えられる。土塁や堀跡が残り，約1000m^{2}の，伊賀地方の中世城跡としては大きく，要害堅固な城である。城跡西側にある青雲寺(曹洞宗)は百地氏の菩提寺で，境内には代々の墓がある。城跡の右手約30mの林の中に式部塚があるが，塚の由来には2説あり，1つは村人に殺された代官夫婦の悪霊が遊行中の僧の念仏で成仏したとする謡曲「樒塚」に由来，他は百地という壮士が京で契った女がこの地を訪れ，本妻に殺されたという説である。

百地城跡

敢国神社 ❺
0595-23-3061
〈M ► P. 210, 219〉伊賀市一之宮877 🅿
JR関西本線佐那具駅 🚶15分，または名阪国道一之宮IC 🚗3分

敢国神社(祭神大彦命ほか)は，名阪国道一之宮ICの約500m南，

伊賀流忍者の城跡

秘蔵の国，伊賀

勝手神社の神事踊

コラム　芸

伝統の祭りに村内安穏を祈る

　伊賀市山畑の勝手神社に伝わる神事踊（国選択）は、10月の第2日曜日に奉納される。悪疫退散・雨乞い・豊作などの祈りをささげる農民芸能で、鞨鼓とよばれる太鼓を、胸からかけ大きな花笠を背負って歌曲太鼓の音に調和して古式ゆかしい服装で踊るところから「鞨鼓踊り」ともよばれる。踊り子は、楽長（ハタカキともいう）1人・楽太鼓打（ガクウチともいう）4人・中踊6人・歌出し5人・赤鬼青鬼各1人・笛吹2人で構成され、ほかに、宮年番が籠馬（2人）と馬子（2人）、猿の役を演じる。歌は20種類あり、それにあわせた踊りがあるが、毎年4～5種類の踊りが奉納される。「鞨鼓踊り」は、以前は、伊賀市内北辺の各地で行われていたが、現在は、伊賀市下柘植の日置神社の「宮踊り」、伊賀市馬場の陽夫多神社の「鞨鼓踊り」、伊賀市島ケ原の「太鼓踊り」として伝承されている。

勝手神社の神事踊

百地城跡から敢国神社の史跡

　南宮山西北麓に鎮座する。杜の静けさと社殿の佇まいは伊賀国の一の宮に相応しく、「伊賀の一宮さん」と親しまれている。社蔵の三十六歌仙扁額（県文化）は、12面に納めた扁額で、桃山時代末期の作である。毎年12月5日の大祭に奉納される獅子舞（県民俗）は、慶長年間（1596～1615）に始まったといわれ、昭和時代初期までは伊賀国内を巡演し、五穀豊穣・家内安全を祈った。

　伊賀国府跡は、敢国神社の北約1.5kmのJR関西本線佐那具駅西約500mの線路北側の坂之下で発見され、発掘調査の後は埋め戻さ

伊賀市北部の史跡

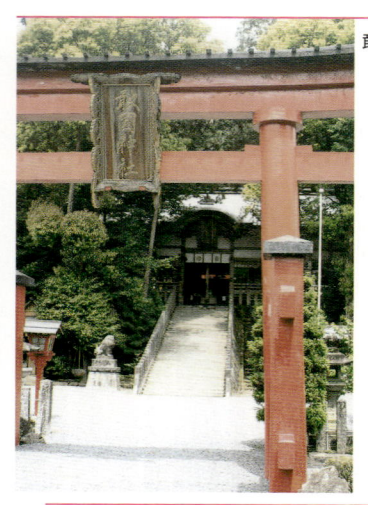

敢国神社

れた。現在は田圃になっている。国府跡の北から東北にかけての丘陵に、外山古墳群があり、丘陵の麓の外山集落内の北東部に、巨石を用いた伊賀地方最大級の玄室をもつ7世紀前半に築造された勘定塚古墳がある。佐那具駅の東方約800mには、全長約180mで、県内最大の前方後円墳である御墓山古墳（国史跡）、東南約1km荒木の2つ頂上のある山の鞍部に、長さ93mの車塚（県史跡）がある。

伊賀国の式内社25座中唯一の大社

霊山寺 ❻
0595-45-4680

〈M ▶ P. 210, 220〉 伊賀市下柘植3252 P

JR関西本線新堂駅🚶60分、または名阪国道下柘植ICから🚗10分

山頂に寺院遺跡を残す信仰の山、霊山

霊山（765.8m）は、伊賀国と伊勢国を分ける布引山地の北端にあり、平安時代から信仰の対象としての山でもあった。新堂駅で降りて、国道を東に進み2つ目の信号を越え、右手斜めの道を約30m進み柘植川を越えると、平安時代後期の木造阿弥陀如来坐像（県文化）を本尊とする下柘植の西光寺（浄土宗）がある。登山道は、西光寺から名阪国道側道を東に進み、大𠮷跨道橋を渡って山の中を行き、中腹の霊山寺を通る道と、川東・山畑を経由して白藤の滝を越え、大阪市青少年野外センターからのぼる道、JR柘植駅から東海自然歩道を歩く道の3ルートがある。

霊山寺周辺の史跡

山頂の窪地の一角にある石室内には、「永仁三（1295）乙未年」銘の宝塔の一部を利用した台石に、「延宝三（1675）年」銘の青銅製聖観音像がまつられている。1952（昭和27）年、TV中継鉄塔工事中、銅鏡・刀剣・香盒などを埋納した経塚が発見された。寺院跡、石室と経塚は、霊山山頂遺跡として県の史跡に指定され

春日神社拝殿

ている。

　霊山寺は、弘仁年間(810～824)に、最澄が山頂に創建したが、天正伊賀の乱(1581年)で焼失したと伝えられる。寺院遺跡は山頂を少し南にくだった平地にあり、1989年に発掘調査された。

　現在、霊山の中腹にある霊山寺(黄檗宗)は、延宝年間(1673～80)に、柏野村転輪寺の瑞見和尚によって現在地に再建された。本尊十一面観音菩薩立像は、33年ごとに開帳される。境内にはオハツキイチョウ(県天然)の大木がある。

　新堂駅から約2km南の川東に、春日神社(祭神武甕槌命ほか)があり、拝殿(県文化)は後世の補修はあるが、桁行7間・梁間3間、入母屋造、正面唐破風付の建造物である。建造年代は15世紀中頃以前とされ、県内でも1,2を競う古さである。内部に掲げられている大絵馬13面中8面は、「雨乞満願御礼」として、江戸時代中期～明治時代にかけて奉納されており、春日神社雨乞願解大絵馬　附相撲板番付として、県文化財に指定されている。春日神社から西に約2kmの西之沢に、ノハナショウブ群落(県天然)がある。

福地城跡 ❼

〈M ▶ P. 210, 220〉伊賀市柘植町　P
JR関西本線・草津線柘植駅 🚶 30分、または名阪国道伊賀IC 🚗 5分

古代から交通の要衝地柘植　中世土豪の城跡

　古代三関の1つ鈴鹿関から、山を越えてすぐ西に位置する柘植は、古代から交通の要衝であった。壬申の乱(672年)で、大海人皇子が高市皇子と合流した積殖の山口や、平安時代前期におかれた斎王頓宮、徳川家康が伊賀越の際に立ち寄ったとされる徳永寺(浄土宗)、大和街道の柘植宿があった。1890(明治23)年2月、柘植・草津間の鉄道が開通して、柘植駅は三重県最初の鉄道駅となった。

　柘植駅から約500m南下して交差点を右折すると、大和街道の柘植宿跡に入る。途中、都美恵神社の入口、民家の庭先に「旧麗沢舎

福地城跡

跡」(県史跡)の碑が立つ。江戸時代の心学講社跡を示すものである。町並み西端の鉤の字の曲がり角に，当時の宿場の面影が残っている。この角を曲がらず300mほど進むと，高台に文豪横光利一文学碑があり，隣の柘植歴史民俗資料館では，松尾芭蕉関係資料や民俗資料とともに，横光利一の資料を展示している。

　資料館の南方500mほどにある万寿寺(曹洞宗)は，奈良の西大寺の末寺という歴史をもつ。本尊木造地蔵菩薩坐像(国重文)は「貞治三(1364)年」の胎内銘をもち，舎利や文書など多数の納入物が発見された。また，木造不動明王立像(県文化)など，多くの文化財を有する。寺の東方約200mに福地城跡(県史跡)があり，詰城と館が組み合わされた典型的な城で，保存状態もよく，伊賀地方にある数百の中世城館跡の中でも屈指である。城主福地氏は，日置氏・北村氏とともに，「柘植三方」とよばれた中世豪族で，織田信長に与したが，信長の死後衰えた。本丸は，芭蕉二百回忌事業として，「芭蕉生誕地」の碑が建てられ，芭蕉公園として整備された。芭蕉生誕宅跡の碑は，麓の山出の拝野集落内にある。

　柘植駅から約4km西方の小杉を過ぎ，上友田に至ると来迎寺(浄土宗)があり，境内に形の整った石造宝塔(県文化)がある。さらに，約8km西進した滋賀県境に近い内保の西音寺(浄土宗)に，木造薬師如来坐像(県文化)がある。

来迎寺石造宝塔

秘蔵の国，伊賀

コラム

伊賀焼

産

茶陶から日常品まで土と炎がつくり出す

　安土・桃山時代，千利休・古田織部らの茶人は，独特の肌合い，ビードロ釉，縦横に施された篦目，崩しが加えられた形の水差・花入などの伊賀焼を茶陶として好んだ。
　1584(天正12)年に，伊賀国主に任じられた筒井定次は，古田織部と親交があり，上野城内の窯で焼かせるなど伊賀焼を奨励し，津(藤堂)藩初代藩主藤堂高虎，2代高次も伊賀焼の生産を奨励した。
　1669(寛文9)年，良質の陶土を産出した白土山は，濫掘防止のために採土が禁止される「御留山」となり，伊賀焼はしだいに衰退した。文化年間(1804～18)前後に，弥助・定八・久兵衛・得斉といった陶工が出て，8代藩主藤堂高嶷は，雑器・茶器などをつくらせ，「伊賀国丸柱製」の押印を許し，伊賀焼の復興に意欲をみせた。しかし，筒井定次・藤堂高虎の時代につくられた，古伊賀のような茶陶は焼かれず，耐火度の高い，伊賀陶土の特質をいかした，土鍋・行平・土瓶などの日常雑器が多くなった。
　1885(明治18)年には，丸柱(現，伊賀市)を中心に，60余戸の生産戸数をもつ産業形態ができあがり，1923(大正12)年に伊賀焼同業組合が結成され，1934(昭和9)年の伊賀焼陶磁器工業組合へと発展，1939年に，三重県窯業試験場伊賀分場が設置された。1982年には伊賀焼が伝統的工芸品に指定され，丸柱に伊賀焼伝統産業会館が開館した。
　現在の伊賀焼は，丸柱を中心に市域のあちらこちらで製作されている。製品は，土鍋や食器・茶陶など多岐にわたり，7月第4土・日曜日には，伊賀焼陶器まつりが行われる。

新大仏寺 ❽
0595-48-0211

〈M ▶ P. 210, 224〉 伊賀市富永1238　P
近鉄伊賀線上野市駅(上野産業会館) 🚌 汁付行成田山前 🚶 2分

「阿波の大仏さん」と親しまれる古刹

　上野産業会館から汁付行きバスを岡山口バス停で下車し，900mほど東に向かうと，国道163号線沿いの岩壁に，服部川に面して鎌倉時代の宋の石工の手による中ノ瀬磨崖仏(県文化)がある。9つ先の宮の前バス停で下車すると，150mほど北に植木神社(祭神須佐之男命ほか)が鎮座する。毎年7月24・25日に行われる植木神社祇園祭(県文化)は，勇壮に舞う神輿と豪華な楼車など，伊賀地域の祇園祭の典型といえる祭礼行事である。当社の北西約1kmに，寺音寺古墳(県史跡)がある。東方約700mの鳳凰寺の薬師寺(真言宗)は，白鳳期の鳳凰寺跡(県史跡)の礎石を一部利用して，立っている。境

新大仏寺周辺の史跡

内にも礎石が集められており，鳳凰寺の出土品(県指定)や薬師寺の約700m東方にある，大友皇子の母伊賀采女宅子にちなむ鳴塚古墳からの出土品を保管している。大山田支所まで戻り，支所前バス停から東に向かい，川北バス停で降り，青山方面へ向かうと，広瀬に広徳寺(曹洞宗)があり，平安時代後期作の木造阿弥陀如来坐像・木造釈迦如来坐像(県文化)が安置されている。

　成田山前バス停の北約150mにある新大仏寺(真言宗)は，四周を山で囲まれた閑静な地にあり，700年の歴史をもった古刹である。奈良の東大寺を再建した俊乗房重源が，1202(建仁2)年にその用材を求めた杣山に創建した伊賀別所に始まる。創建当初は，岩山の突出部を削平し，まわりに獅子の彫刻を施した石造基壇(国重文)をつくり，堂を建て，快慶作の木造阿弥陀三尊像を安置した。近世初期には荒廃が進み，松尾芭蕉が「丈六に陽炎高し　石の上」

新大仏寺境内

224　秘蔵の国，伊賀

と嘆いたように,仏頭と石の基壇しか残っていなかったという。
　享保年間(1716〜36)に陶栄上人によって,獅子の彫刻をいかして石の基壇を縮小し,残っていた仏頭を使い,木造阿弥陀如来坐像(国重文)につくりかえた。

　当寺には,ほかに木造俊乗上人坐像・木造僧形坐像・絹本著色興正菩薩像・板彫五輪塔(いずれも国重文)や水晶製舎利塔(県文化)など,多くの文化財が収められている。大仏殿の裏の岩窟には,岩屋不動明王がまつられる。寺域は東海自然歩道のコース内にあり,南は青山高原,北は霊山へと続く。昭和40年代に,境内の一角に成田山不動尊が勧請され整備されてからは,「阿波の成田山」ともいわれている。

　新大仏寺から国道163号線を津方面へ向かうと,道路左脇に猿蓑塚がある。『おくのほそ道』の旅を終えた芭蕉が,伊賀へ帰るとき詠んだ「初時雨　猿も小蓑を　ほしげなり」の句碑を,約100年後に宗雨が建立したものである。

高倉神社 ❾
0595-21-5864

〈M▶P. 210, 226〉伊賀市西高倉1050-2　P
近鉄伊賀線上野市駅(上野産業会館)🚌西山行鳥居出🚶3分

ハイキングコース「和銅の道」に沿っての史跡

　JR・近鉄伊賀上野駅の東北約500m,三田小学校の西側の道の突き当りに,平安時代作の木造薬師如来坐像(国重文)を本尊とする西盛寺(天台宗)がある。

　また,伊賀上野駅から西約1.5kmの東高倉には仏土寺(真言宗)があり,本堂前に堂々たる2基の石造多宝塔(県文化)がみえてくる。鎌倉時代後期の作である。堂内に木造阿弥陀如来及両脇侍像(国重文)がまつられる。本尊阿弥陀如来像は,「承安二(1172)年」の胎内銘をもち,脇侍は日光・月光菩薩坐像である。ほかに,室町時代末期作の12面1双の屏風である紙本著色十二天画像(県文化),平

高倉神社

伊賀市北部の史跡

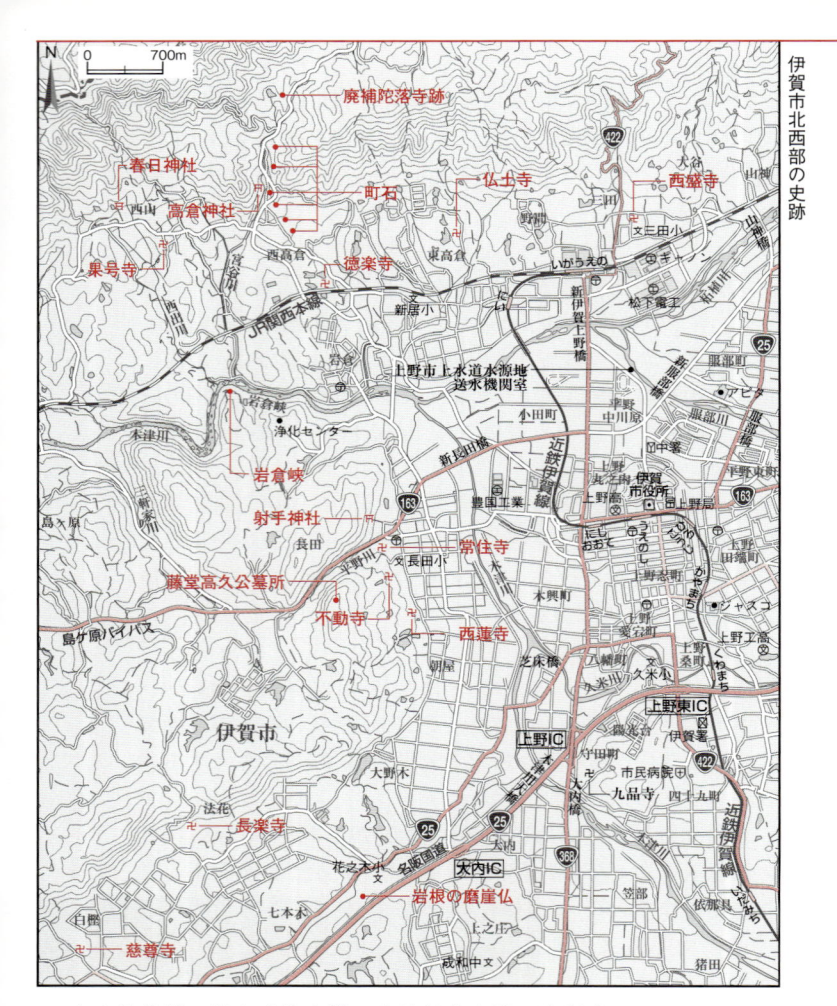

安時代後期〜鎌倉時代末期の水晶製舎利塔・陶製壺など，仏土寺出土品(県文化)を所蔵する。

　仏土寺から西南約2kmの西高倉にある徳楽寺(とくらくじ)(真言宗)には，室町時代の絹本著色如来荒神曼荼羅図(こうじんまんだらず)(県文化)がある。

　西高倉の北西，鳥居出バス停から山手に約500m進むと，高倉神社(祭神高倉下命(じのみこと))がある。本殿，境内社八幡社本殿(はちまんしゃ)・境内社春日社本殿は重要文化財で，附棟札(むなふだ)(国重文)によると，1574(天正2)年

に伊賀国守護仁木長政が建立したことがわかる。3殿とも、屋根は檜皮葺きで彩色され、蟇股・木鼻などに、安土・桃山時代の特徴を残している。境内のシブナシガヤは、南西約1kmの西山にある果号寺(浄土宗)のシブナシガヤとともに、国の天然記念物である。カヤが指定されているのは、全国でこの2本のみである。また境内に、アヤマスズ自生地(県天然)があり、西山の春日神社には、木造獅子・狛犬(県文化)が保存されている。

　高倉神社の北およそ1km、信楽へ抜ける林道を越えた山林の中に、廃補陀落寺跡がある。ここから南に向かう参詣道に、梵字・道程・寄進者名を刻した1町(約109m)ごとの廃補陀落寺町石(国史跡)が配置され、現在15基のうち10基が残る。基石と千丁石に「建長五(1253)年」銘があり、大阪府箕面市の勝尾寺の「宝治元(1247)年」銘についで、わが国で2番目に古いものである。

西蓮寺 ⑩
0595-21-0467
〈M ▶ P. 210, 226〉伊賀市長田1931　P
近鉄伊賀線上野市駅(上野産業会館)　島ケ原行長田 10分

上野市街が一望できる長田山にある史跡

　高倉神社から約3km南に進み、木津川に架かる高倉大橋を渡り右折、岩倉大橋を渡り左折して約1.5km、木津川に沿って西進すると、四季を通じて素晴らしい景観をなし、公園として整備されている岩倉峡がある。高倉大橋まで戻り、国道163号線に出ると西方約1km信号の右手に、射手神社(祭神応神天皇ほか)がみえてくる。『源平盛衰記』に、源義経が木曽義仲追討のため京に向かうとき、射手とは縁起がよいと弓を奉納して戦勝を祈願したとある。2基の十三重塔のうち南方塔(国重文)は南北朝時代のもので、金剛界四仏の種子が刻まれている。また銅経筒附法華経残欠一括・木札一枚(県文化)を所蔵している。

　射手神社から南に向かい、国道163号線を越えると、集落の西側はなだらかな長

岩根の磨崖仏

伊賀市北部の史跡　227

田山となり，北から常住寺・不動寺・西蓮寺と並んでいる。

　常住寺(天台宗)には，閻魔堂附棟札及同写・木造厨子附木造閻魔坐像・十王図(いずれも県文化)の文化財がある。裏手は松尾芭蕉の句碑を配したふるさと芭蕉の森として整備されており，春のサクラ，秋のモミジを通して眺望する上野城は素晴らしい。芭蕉の森の看板の左手から奥に山道を7〜8分のぼると，山頂に津(藤堂)藩3代藩主藤堂高久公墓所(県史跡)がある。

　常住寺の約350m南に，無住であるが，木造不動明王立像(県文化)をまつる不動寺(真言律宗)があり，さらに南に約200m進むと，堂々とした山門をもつ西蓮寺(天台真盛宗)がある。天台真盛宗の開祖真盛上人が，1495(明応4)年，ここで2度目の四十八夜念仏会の最中に遷化し，遺骸は当寺に葬られた。本堂右側に真盛廟(県史跡)があり，「明応四年晦日」銘の五輪塔がまつられている。本堂左側に伊賀城代家老の藤堂采女家代々の墓が並ぶ。また，天海の賛辞がある絹本著色藤堂高虎像(国重文)，紙本墨書真盛自筆消息・絹本著色星曼荼羅図(ともに県文化)のほかに，建造物・仏像・絵画など，市指定の多くの寺宝がある。裏地の整備された墓地の中ほどの薬師堂前に，真盛に深く帰依した後土御門天皇・尊盛法親王および真盛の3基の西蓮寺の供養塔(県史跡)，『三国地志』の著者藤堂元甫，芭蕉の高弟服部土芳の墓が並んである。ここからは，上野城と城下の町並み，さらに，霊山から南に続く青山高原，油日岳から北に続く鈴鹿山系の御在所岳などを遠望できる。

　ここより約3km南，花之木小学校の西隣に「徳治元(1306)年」の紀年銘があり，釈迦如来・阿弥陀如来・地蔵菩薩の立像，五輪塔などが彫られている岩根の磨崖仏(県文化)がある。その約2km西方，法花の長楽寺(真言宗)に木造四天王立像(県文化)，さらに約2km南西の白樫の慈尊寺(真言宗)に，平安時代の定朝様式を比較的よく受け継いだ木造阿弥陀如来坐像，「元亨元(1321)年」の紀年銘がある石造板碑(ともに県文化)がある。

観菩提寺 ⓫　〈M ▶ P. 210, 229〉伊賀市島ケ原1349　P
0595-59-2009　　JR関西本線島ケ原駅🚶20分

高い正月堂　修正会で名

島ケ原駅から北へ約1.5km行くと，入母屋造・檜皮葺きの堂々と

観菩提寺楼門

した本堂・楼門がみえてくる。奈良東大寺の実忠和尚が、聖武天皇の勅願により開基したと伝えられる観菩提寺(真言宗)で、本堂・楼門(ともに国重文)とともに、室町時代の様式を残している。旧正月9・10日に行われる修正会(県民俗)から、正月堂とよばれる。現在、修正会は2月11・12日に行われる。11日の大餅会式は、7つの講社がそれぞれ節句盛りという鬼の頭の形をした飾り物や直径約30cm、厚さ約12～15cmほどの5つの円筒形の大きな餅などを、当番の家である頭屋から、行列を仕立てて正月堂に奉納する練り込み行事が行われる。翌日の結願法要では、金堂内の本尊木造十一面観音立像(国重文)の厨子前で行われるが、僧侶の練行衆は、牛玉杖で厨子裏を乱打する。ついで「乱声」のかけ声とともに、法螺・太鼓・鐃・拍子木を乱打するなか、水天と火天の舞が奉納される達陀行法の荒行で終了する。本堂内に木造聖観音立像、木造十一面観音立像(2軀)、楼門背面の左右に木造広目天立像・木造多聞天立像、「応永三十二(1425)年」銘の鰐口(いずれも県文化)など、多くの寺宝を有している。当寺の東約300mに、福岡醤油店(国登録)があり、1895(明治28)年創業当時の伝統を受け継ぎ、製造を続けている。

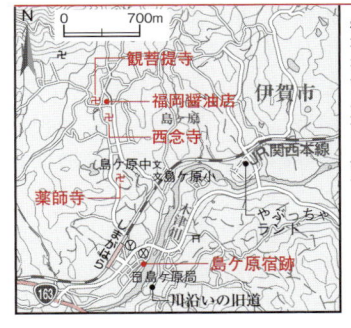

　島ケ原駅方向に200mほど戻ると、西念寺(天台宗)に鎌倉時代の絹本著色仏涅槃図(県文化)、さらに戻ると薬師寺(天台宗)に薬師寺磨崖仏がある。国道163号線に架かる島ケ原大橋西詰から木津川に沿った町は、大和街道の島ケ原宿があった所で、旧本陣岩佐家は宿札や本陣関係の古文書を蔵しているが、公開していない。

観菩提寺周辺の史跡

伊賀市北部の史跡　　229

伊賀市南部の史跡

旧上野市南部および旧青山町には古代の城之越遺跡，中世の丸山城跡，近世の宿場を始め，文化財を所蔵する社寺が多い。

勝因寺 ⑫
0595-21-3559

〈M ▶ P. 210, 230〉 伊賀市山出1658 P
近鉄伊賀線上野市駅(上野産業会館) 名張駅前行金坪 10分

　国道368号線(名張街道)金坪バス停から東に約800m行くと，弘法大師空海を開基と伝える勝因寺(真言宗)がある。本尊の木造虚空蔵菩薩坐像(国重文)は，木造聖観音立像とともに，平安時代中期の作で，秘仏であるが，特別の拝観はできる。木造二天立像2軀(県文化)も所蔵している。境内には，伊賀の修験者小天狗清蔵が寄進した「慶長十七(1612)年」銘の袈裟襷文梵鐘(県文化)がある。清蔵は，天正伊賀の乱(1581年)で焼失した敢国神社・上野天満宮を始め，多くの社寺の復興に努め，当寺に隠住して，1632(寛永9)年に没した。

　勝因寺から東へ近鉄伊賀線猪田道駅方面へ向かう途中に，仏勝寺(真言律宗)がある。33年ごとに開帳される本尊木造薬師如来坐像(国重文)は，平安時代中期の作。木造十二神将立像12体(県文

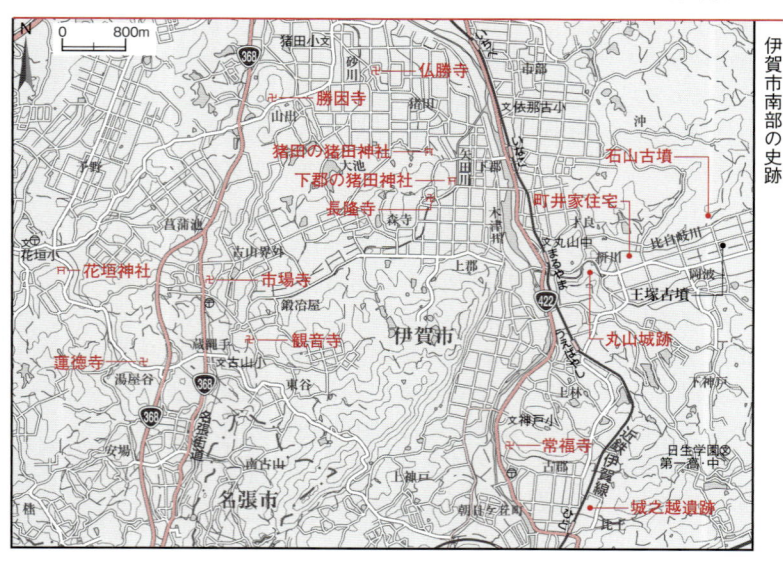

花垣のヤエザクラ

コラム

花守の里

　名阪国道白樫ICを出て約2km南下した伊賀市予野に、花垣神社が鎮座する。鳥居の横にある「一里は　みな花守の　子孫かや」の松尾芭蕉の句碑は、神社境内の約300m南側にある花垣のヤエザクラ(県天然)を詠んだものである。

　予野は、かつて奈良興福寺の予野荘(花垣荘ともいう)のあった所。鎌倉時代の仏教説話集『沙石集』に、一条天皇の中宮彰子が、興福寺の東円堂辺りにあるヤエザクラが名木であることを聞き、宮中に運ばせようとしたが、興福寺の僧が阻止した。サクラを愛でる僧たちの心に感心した彰子は、持ち出しを断念するとともに、ヤエザクラの養護料として、伊賀国の花垣荘を興福寺に寄進し、とくに、花の盛りの7日間は宿直させて守らせたという話がある。

　あるとき、ヤエザクラの花守に出仕していた花垣荘の荘民が、奈良からヤエザクラの1株を持ち帰り、氏神の春日神社(現、花垣神社)の社地に植えたのが、花垣のヤエザクラの祖といわれる。現在のヤエザクラは、江戸時代に植え替えられたと伝えられるが、樹勢は衰え、そばに若木を植えている。まわりには各種のヤエザクラが植えられ、4月下旬が見ごろである。

化)や鎌倉～南北朝時代の五輪塔がある。

　名張行きバスで菖蒲池バス停で降り、東へ徒歩3分の所に、市場寺(真言宗)がある。今は無住の小寺だが、天正伊賀の乱以前は、現在地の東約200mの古山界外字市場にあり、6間四面の阿弥陀堂を構え、寺領380石を領したと伝える。本尊の木造阿弥陀如来坐像とこれを守護する木造四天王立像(ともに国重文)は、平安時代後期の作で、ともに、収蔵庫に安置されている。境内には、南北朝時代の五輪塔もある。

　菖蒲池バス停から、名張方面へ2つ目の蔵縄手バス停の東約500mの東谷にある観音寺(真言宗)の本尊は木造阿弥陀如来坐像(国重文)で、平安時代末期～鎌倉時代初期の作。ほかに、平安時代後期作の木造不動明王・毘沙門天立像がある。

　また、蔵縄手バス停の西約1kmの湯屋谷に、蓮徳寺(真言宗)がある。本尊木造薬師如来坐像は秘仏となっており、60年ごとに開帳される。その脇侍の木造日光・月光菩薩立像(国重文)は、平安時代後期の作である。もとは寄木造の彩色像であったが、今はヒノキ

伊賀市南部の史跡　　231

の素地があらわれ,美しい木目をみせている。

猪田神社 ⓭

0595-37-0111/0595-21-4850

〈M▶P. 210, 230〉伊賀市下郡598-3／猪田5139 P
近鉄伊賀線依那古駅 🚶15分

依那古駅の西方にある丘陵地の東端麓と北東端麓に,「猪田神社」という同名の神社が鎮座する。丘陵の東端麓の神社は,下郡の猪田神社(祭神猪田神ほか)とよばれ,本殿(県文化)は極彩色,一間社流造の檜皮葺きで,「天正十五(1587)年」と「慶長九(1604)年」銘の棟札(県文化)を残し,伊賀の修験者小天狗清蔵によって再建された。

下郡の猪田神社から約300m南西に,長隆寺(真言律宗)がある。所蔵の木造薬師如来坐像(国重文)は,定朝様式を伝える平安時代中期の作。本尊の木造大日如来坐像(県文化)は,平安時代初期の作で,いずれも収蔵庫内に安置されている。

北東麓に鎮座している猪田の猪田神社(祭神武伊賀津別命ほか)の本殿(国重文)は,1527(大永7)年の再建で,この年以降の7枚の棟札(うち6枚は国重文)も残されている。本殿は,一間社流造で極彩色,屋根は檜皮葺き,様式は室町時代末期のものを残している。

本殿すぐ後ろの丘に横穴式石室の円墳猪田神社古墳 附 古井(県史跡)がある。井戸は社殿の東方約100mにあって,どんなときでも水が枯れないという聖水信仰(伝説)を伝え,「天乃真名井」とよばれる。かたわらに兼好法師の歌碑がある。

猪田の猪田神社

丸山城跡 ⓮

〈M▶P. 210, 230〉伊賀市枅川 P
近鉄伊賀線丸山駅 🚶20分

丸山駅から東南約400mの小高い丘が丸山城跡で,1576(天正4)年に,伊勢国司北畠具教が築城にかかり,途中で断念した。1578

猪田と下郡の2つの猪田神社

町井家住宅

年，伊勢国司を継いだ織田信長の2男信雄が，伊賀侵攻の拠点として再び築城にかかったが，翌79年，伊賀の土豪に攻略され，落城した。天守台のある主郭跡や空堀，西の丸や南の曲輪，出丸などがよく残り，城の北側を取り囲むようにして比自岐川が流れ，外堀の役目をはたしている。

天正伊賀の乱のさきがけとなった城

　丸山城跡の北の枅川集落に，町井家住宅(国重文)がある。江戸時代の大庄屋の住宅で，当時は，現在の主屋・書院のほか，正面に長屋門・文書蔵があり，今より遙かに広壮であった。主屋は入母屋造・桟瓦葺き・平屋建ての建物で，前面に本瓦葺きの庇がつく。書院は入母屋破風が巧みに組み合わされ，美しい調和をみせている。主屋は棟札により，1744(延享元)年の建造であることが明らかで，書院は江戸時代後期の建造である。現在も住宅として使っているので，堀越しに建物の外観をみることはできるが，内部の見学はできない。

　町井家住宅から比自岐方面へ約1.5km東の才良の丘陵上には，古墳時代前期の前方後円墳として，葺石および円筒埴輪をめぐらし，形象埴輪が豊富に出土した，全長約120mの石山古墳，南方の田地の中に，全長約48mの王塚古墳がある。

城之越遺跡 ❶⑮
0595-36-0055(城之越学習館)

〈M▶P. 210, 230〉　伊賀市比土4724　P
近鉄伊賀線・大阪線伊賀神戸駅🚶15分，または比土駅🚶3分

古代の井泉をもつ祭祀遺跡

　城之越遺跡(国名勝・国史跡)は，1991(平成3)年に発掘された古墳時代前期(4世紀後半)の祭祀遺跡である。遺構は，3カ所に井泉をもち，大溝は貼石で護岸し，大溝の合流点は岬状に造成され，立石がすえられている。東方には柱列が2重にめぐる大型掘立柱建物跡があり，それらがふるさと歴史の広場として整備され，屋外で展示されている。大溝から出土した土師器，木製の刀・剣・飾弓，

伊賀市南部の史跡

城之越遺跡

小机は、祭祀に使用されたと考えられている。出土品などは、広場内の一角に建てられた城之越学習館で展示されている。

城之越遺跡の東約1.3kmの古郡に、常福寺(真言宗)がある。本尊の不動・降三世・軍荼利・大威徳・金剛夜叉の木造五大明王像(国重文)は、寄木造・平安時代末期の作で、五大明王がすべて揃っているのは珍しい。本堂内の大きな厨子内にまつられている。本堂の木鼻・蟇股と正面を飾る鳳凰は、伊賀出身で津(藤堂)藩に仕えた彫工田中岷江の作である。同寺には、鰐口 附 由縁書(県文化)もある。

阿保宿跡 ⓰

〈M ▶ P. 210, 235〉伊賀市阿保
近鉄大阪線青山町駅 🚶 5分

古代の頓宮跡
江戸時代の宿場

青山町駅前を、国道165号線と木津川に架かる阿保橋を渡ると、かつては初瀬(伊勢)街道の宿場町阿保宿であった阿保の町並みに出る。阿保は、古代から交通の要衝として栄え、天皇行幸や斎王の頓宮の伝承地が集落西部に残されている。その西50mほどに、垂仁天皇の皇子息速別命の陵墓がある。

近世の伊勢参宮は、「講」という仲間を結成して行われた。京阪神方面の参宮講社のいくつかが、旅籠「たわらや」を常宿とした。その契約の証とされた参宮講看板附たわら屋看板(県民俗)100枚余りが、資料館「初瀬街道交流の館たわらや」に残されている。

参宮講看板

234 秘蔵の国、伊賀

初瀬街道の道中で伊勢への最大の難所は、「青山三里」とよばれた青山峠越えであった。阿保宿とつぎの伊勢路宿は、青山越を控えての宿場であり、両宿に立つ常夜灯は、その面影を残す。本居宣長の吉野紀行である『菅笠日記』に描写された文を刻んだ菅笠日記の碑が、阿保・下川原中山橋畔・伊勢路の３カ所に立てられている。

阿保宿跡周辺の史跡

大村神社 ⓱
おおむらじんじゃ
0595-52-1050

〈M ▶ P.210, 235〉伊賀市阿保1555 Ｐ
近鉄大阪線青山町駅 徒 ８分

地震鎮めの要石がある社

　青山町駅前を直進し、国道165号線と阿保橋を渡り、突き当りの三差路を左手に進むと、小高い丘の森の中に、大村神社（祭神大村神など）が鎮座する。『延喜式』式内社で、宝殿（国重文）は一間社春日造、入母屋造・妻入り・檜皮葺きで、形状もよく整い、斗栱・木鼻・蟇股や、正面の龍・唐獅子牡丹・シカ・モミジなどの彫刻・彩色に豪華さを残す。棟札から、天正伊賀の乱後の「天正十五（1587）年」に建立されたことがわかり、華麗な安土・桃山時代の様式を伝えている。

　境内には、地震除けの霊石として崇められている要石、悲話伝説をもつ虫喰鐘がある。鐘は、明治時代初期に廃寺となった別当寺の禅定寺のものであった。禅定寺の本尊木造十一面観音立像（国重文）と写本大般若経600巻は、当社から東へ約700ｍの寺脇の宝厳寺（真言宗）に移され、まつられている。

　大村神社の東、柏尾の丘陵地から、総高106.9cmで双頭渦文飾耳がつく、突線六区袈裟襷文の銅鐸（東京国立博物館蔵）が出土した。柏尾では、十七明神社の例祭として、毎年10月９日にクニチ祭が

伊賀市南部の史跡　235

行われるが，1585(天正13)年以降の宮座の柏尾当番帳(県民俗)が，祭礼を営む大統講に伝わる。

阿保から約6km南の種生の常楽寺(真言宗)に伝わる紙本墨書大般若経 附 唐櫃(国重文)は，奈良時代～江戸時代に書写されたものである。同寺には，絹本著色兼好法師像(県文化)もある。左隣の種生神社(祭神武甕槌神ほか)には，室町時代初期～江戸時代初期の棟札(県文化)が残されている。種生神社から北東へ約2km離れた老川の極楽寺(曹洞宗)では，鎌倉時代作の木造阿弥陀三尊像(県文化)がまつられている。

伊賀上津駅から北へ約4kmの瀧集落で，不動橋を渡った所に，滝仙寺(真言宗)がある。豪族滝三河守保義の実弟宥海が，1579(天正7)年に開いたと伝える。所蔵の絹本着色大威徳明王像(県文化)は，鎌倉時代の作。境内に，「観応二(1351)年」銘の石造九重塔(県文化)や「延徳三(1491)年」銘の五輪塔などの石造物が多く残されている。

瀧から2kmほど戻った勝地から，青山高原県立公園への奥山川に沿うハイキングロードを約5kmほどのぼって行くと，奥山権現と称され，信仰を集めている奥山愛宕神社が鎮座する。その付近一帯に，奥山愛宕神社のブナ原生林(県天然)が広がる。神社へは，青山高原三角点(756m)からくだると，約1.5kmで行ける。

名張市の史跡 ❹

黒田荘，古墳群，夏見廃寺跡など，古代ロマンを感じさせる史跡と名張藤堂家邸などの史跡は，全時代にわたる。

美旗古墳群 ⓲

〈M ► P. 210, 238〉 名張市新田・美旗中村・上小波田・下小波田
近鉄大阪線美旗駅 🚶 2〜60分

4〜6世紀の伊賀氏1代1墳の古墳群

　美旗駅で降りると，すぐ前に美旗古墳群（国史跡）中最大で，県内で2番目の大きさを誇る馬塚古墳（全長142m）がある。馬塚の北方には，殿塚古墳（全長88m）・女良塚古墳（全長100m）・毘沙門塚古墳（全長65m）・南東に貴人塚古墳（全長55m）があり，これら5基の前方後円墳は1世代1墳的に築造され，築造時期により，殿塚は柄鏡式，女良塚・毘沙門塚は帆立貝式，馬塚の前方部は撥状に開くなどの特徴を示している。国道165号線を越えた上小波田に，全長12mの横穴式石室をもつ円墳赤井塚（径22m）がある。

　古墳群がある美旗駅北辺の平地部は，美濃原あるいは小波田野とよばれた所で，江戸時代初期，津（藤堂）藩の伊賀加判奉行加納直盛・直堅父子が開発し，新田村を誕生させた。

　水路は難工事の末，約15kmも離れた伊賀市高尾から引いた。入植した百姓たちは，苦難の連続であったが，藩は百姓の逃亡を防止するため，百姓を鉄砲隊に取り立て，開墾に誇りをもたせるとともに，兵力の

馬塚古墳

弥勒寺

名張市の史跡　237

美旗古墳群周辺の史跡

増強も図ったのである。また、新田村内に初瀬(伊勢)街道を通し、旅人相手の半農半商を行うという藩の政策もあって、しだいに発展した。水田水路堤に立つ常夜灯や道標は、往時の面影を偲ばせてくれる。上小波田での火縄製造は、鉄砲隊が使用するため、藩命によって生産されたと推測されるが、現在まで引き継がれ、生産されている。

　名張駅前から上野行きバスに乗り、田原バス停で降りて西へ約600m行くと、西田原に弥勒寺(真言宗)がある。本堂は収蔵庫を兼ねており、平安時代後期作・一木造の木造聖観音立像と寄木造で全身に彩色を施していたと考えられる木造十一面観音立像(国重文)が安置される。本堂にはほかに、平安時代後期作の本尊木造薬師如来坐像、脇侍の木造弥勒如来坐像(ともに県文化)や木造役行者倚像、木造広目天像・多聞天像などがある。弥勒寺にすぐれた仏像が多数伝わったのは、古代名張郡に属した毛原廃寺(現、奈良県山添村)から移したため、あるいは近辺にあった寺々から集めたためという説がある。

夏見廃寺跡 ⑲

〈M▶P. 210, 241〉名張市夏見　P
近鉄大阪線名張駅🚌桔梗が丘駅前行名張市役所🚶5分

白鳳時代のロマンを伝える寺院跡

　名張市役所から南へ、国道165号線を越えた名張中央公園の陸上競技場の南側に、夏見廃寺跡(国史跡)がある。1937(昭和12)年頃、寺跡が発見され、1946〜47年の発掘調査で、おおよその伽藍配置が判明し、多くの塼仏が検出された。さらに1984〜86年の再調査で、伽藍配置は南面する斜面に沿って金堂を西に、塔を東に、講堂を西南の一段下に配置した変則的なもので、北と東・西の3面に築地塀がつくられていたことが判明した。建立年代は、7世紀末〜8世紀前半と推定されている。斎王大来皇女が建てた昌福寺が、夏見廃寺と考えられている。現在、史跡公園として整備されており、その

秘蔵の国、伊賀

観阿弥ふるさと公園

コラム

観阿弥創座の地

　名張市上小波田の国道165号線南約50mに,「観阿弥ふるさと公園」として整備されている観阿弥創座の地がある。駐車場から坂道をのぼると,「能楽大成者　観阿弥創座之地」の大きな碑があり,能舞台が立つ。

　世阿弥の2男元能が,父の芸談を1430(永享2)年に筆録した『申楽談儀』に,「伊賀小波田にて座を建て初められし時」とあり,観阿弥がこの地で猿楽座を立てたことを伝えている。

　観阿弥は浅宇田村(現,伊賀市守田町)の生まれ,妻は小波田の土豪竹原大学法師の養女で,小波田の地で座を立てたのは,妻の父との関係によるとの説がある。観阿弥ふるさと公園で,毎年11月に薪能が奉納されている。

観阿弥創座の地

一角にある夏見廃寺展示館内には,出土品が展示されている。また,正面中央の柱間には,金堂跡から出土した各種の塼仏をもとに,大きさの違う5種類の塼仏709個を組み合わせた塼仏壁が復元され,金色に輝いている。

整備された夏見廃寺跡

江戸時代の遺構を伝える数少ない大名屋敷

名張藤堂家邸跡 ⑳
0595-63-0451

〈M ▶ P. 210, 241〉名張市丸之内54-3　P
近鉄大阪線名張駅🚶5分

　名張駅西口を出た小公園に,万葉歌碑と能楽大成者観阿弥像が立っている。歌碑は歌人佐佐木信綱の揮毫で,「吾せこは　いづく行くらん　おきつ藻の　名張の山を　今日か越ゆらん」とあり,これは,692年持統天皇の伊勢行幸に供奉した当麻真人麻呂の妻が,夫の帰りを待ちわびて詠んだものである。

　歌碑から北に駅前の通りを進み,消防署の角を左折して50mほど

名張市の史跡　　239

名張藤堂家邸跡

進んだ所に,現存の大名屋敷として貴重な 名張藤堂家邸跡 (県史跡)がある。1636(寛永13)年,藤堂高吉が名張に屋敷を構えたのが名張藤堂家の始まりで,高吉は町経営も積極的に進めた。以後,名張は小規模ながら城下町,また初瀬街道の宿場町として発展した。

屋敷は,1710(宝永7)年の名張大火で焼失したが,ただちに再建された。江戸時代中期の名張藤堂家旧邸図によると,屋敷の総面積は約1万8800m²,畳数は記入のないものをのぞいても,1083畳になる。明治時代初期,屋敷の大部分が取りこわされ,現存するのは奥住居の一部分だけである。屋根は八棟造と称される複雑な形をしている。桃山式枯山水の庭園や茶室,邸跡の裏手にある,高吉をまつる寿栄神社に移築されている太鼓門とよばれた屋敷の正門などの遺構は,往時の栄華を偲ばせている。

邸跡よりきた道を戻り,近鉄線の高架をくぐって南に行くと,名張川北側の平尾に,名張藤堂家の菩提寺徳蓮院(曹洞宗)がある。歴代当主および一族の墓や,重臣で伊勢領代官となり,灌漑用水路(現,松阪市東黒部町)事業を,生命をなげうって成し遂げた福井文右衛門の顕彰碑がある。

徳蓮院より約300m西に,名張の人びとから「お春日さん」と親しまれ,藤堂家からも尊崇を受けた宇流冨志禰神社(祭神宇奈根神・武甕槌神ほか)が鎮座する。所蔵の能狂言面46面(うち44面は県文化)は,能楽を愛好した名張藤堂家より奉納されたもので,室町時代末期や安土・桃山時代の面も含まれ,予約して見学ができる。神社から西へ約600mの新町に,日本の探偵小説の基礎を築いた江戸川乱歩生誕地の碑がある。

名張駅から梅ヶ丘行きバスに乗り,大屋戸天神前バス停で下車すると,杉谷神社(祭神菅原道真ほか)が鎮座している。本殿(県文化)

大来皇女と夏見廃寺

コラム

人

万葉のロマンを感じさせる古代寺院跡

大来皇女は，天武天皇の皇女で，同母弟に大津皇子がいる。壬申の乱翌年の673年に，斎王に選定され，翌674年伊勢神宮に下向した。686年天武天皇の崩御により任を解かれ，同年11月に帰京した。晩年の皇女に関しては詳らかでないが，『薬師寺縁起』に，「大来皇女が父天武天皇の菩提を弔うため，神亀二(725)年に伊賀国名張郡夏見に昌福寺を建立した」という記述があり，夏見廃寺は，大来皇女が父天武天皇の菩提を弔うために建てた昌福寺の寺跡と考えられている。

大来皇女は，『万葉集』に6首の歌を残しているが，いずれも大津皇子を偲ぶ歌であることから，夏見廃寺は，謀反の嫌疑をかけられ，非業の最期を遂げた大津皇子を偲ぶ堂であったとの説がある。

夏見廃寺跡の史跡公園内に，「磯の上に　生ふる馬酔木を　手折らねど　見すべき君が　在りといはなくに」の，大来皇女の歌碑が建立されている。

は，檜皮葺きの三間社入母屋造・極彩色の建築物で，1612(慶長17)年と1704(宝永元)年の棟札が残され，安土・桃山時代の建築様式が認められる。「黒田の悪党」で名高い大江氏が，平安時代に氏神として建立したと伝え，1214(建保2)年の東大寺文書に「椙谷社」とあり，1419(応永26)年の奥書のある当社蔵の紙本着色北野天神縁起3巻(県文化)に，「名張郡惣社」とある。天神信仰の流行により，いつの頃からか菅原道真を併祀したことで，杉谷天神とよばれるようになった。

北野天神縁起の奥書には，天神縁起が散逸したので，急ぎ作成し

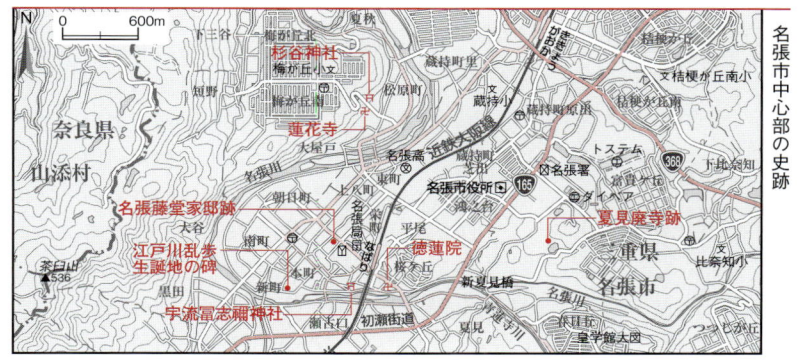

名張市中心部の史跡

名張市の史跡

奉納した，とある。画は粗雑だが詞書は流麗な筆跡で書かれ，京都北野天満宮所蔵の根本縁起を手本にしたと推察される。しかし，根本縁起にはない詞書があり，それを補える点に価値がある。社殿の裏には，横穴式石室をもつ大屋戸1〜3号墳がある。

道路を挟んで，神社の西隣にある蓮花寺(真言宗)は，1214年の東大寺文書記載12寺の中で，黒田の無動寺とともに現存している。

赤目の峡谷 ㉑

〈M ▶ P. 210, 244〉名張市赤目町長坂 P
近鉄大阪線名張駅・赤目口駅🚌赤目滝行終点🚶5分

渓谷は修験道霊場 四季を彩る滝と自然

名張駅から，若宮橋行きバスに乗り，中戈バス停で降り，西方へ民家を通り越え，茶臼山(535m)のほうへ約500mのぼって行くと，勝手神社(祭神大物主命ほか)が鎮座する。境内からは，名張市内が一望できる。もとは金力比羅神社で，1907(明治40)年に近在の神社を合祀したとき，現在名に改称されたが，今も「コンピラさん」とよばれる。境内に南北朝時代のものと推定される高さ約1.7mの石灯籠(勝手神社境内の石灯籠，県史跡)があり，矢川の春日神社にある「正平八(1353)年」銘をもつ石灯籠(春日神社境内の石灯籠，県史跡)もある。

勝手神社の100mほど西にある無動寺(真言宗)は，伊賀国における東大寺の荘園として有名な，黒田荘の中心的な寺院であった。1581(天正9)年の天正伊賀の乱後に再建，1665(寛文5)年に名張藤堂家の，1685(貞享2)年には津藩主の祈願寺となり，享保年間(1716〜36)以降は藩主御目見寺となっている。本尊は木造不動明王立像(国重文)で，鎌倉時代初期の作。彩色は剥落し，白い顔料が残っているのみで，俗に「白不動」とよばれている。ほかに，鎌倉時代の作とされる両界曼荼羅，阿弥陀如来図などを所蔵し，

無動寺山門

242　秘蔵の国，伊賀

極楽寺の松明調進行事

コラム 行

700年余りの伝統を今も受け継ぐ行事

　赤目口駅から徒歩で約15分の所，赤目町一ノ井の極楽寺（真言宗）には，毎年，東大寺二月堂（奈良県奈良市）のお水取り（修二会）の松明を調進する松明調進行事という，700年以上も続く行事がある。

　この行事は，一ノ井に住した道観長者が，臨終に際して，私有の田地を二月堂に寄進し，没後は，寄進した田地の収入で松明をつくり，毎年，二月堂の修二会に献上するように，と遺言したことに起因すると伝えられる。この伝承を証明する文書は残っていないが，1249（宝治3）年の東大寺文書に，聖玄法眼が，二七夜行法（お水取行法）のため，二月堂に田地6反を寄進したとの記事がみえる。

　松明調進行事は，2月11日，松明講員から選ばれたその年の5人の松明衆と講長・極楽寺住職が，松明材をとる専門の山で，直径20cmぐらいの檜を伐り取り，極楽寺へ運び，境内で松明を調整する。

　長さ約36cmで，断面が二等辺三角形（約9cmの2辺，底辺1cm弱）の割木をつくり，割木を5～6本括って1把とし，7把または8把で1束とする。7把もの10束，8把もの10束をつくり，7把もの1束と8把もの1束を重ねたものを，それぞれ青竹の両側に荷造りし，計5荷をつくる。できあがった5荷の松明は，本堂に収めておく。3月12日，講員や近在の僧侶が集まって法要が行われた後，二月堂に奉納され，来年の3月12日に使われる。

　一ノ井は，かつて黒田荘の中にあって，東大寺とは，荘園領主・荘民の関係にあった。荘園崩壊後は関係がなくなり，また，その後の社会の変化にもかかわらず，この松明調進行事は，一ノ井の人びとによって，今日まで受け継がれている。

境内に「文明七（1475）年」銘の石造十三重塔が立つ。

　黒田の東，近鉄大阪線の線路を越えた箕曲中村に，平安時代にあった壬生寺の後身と考えられる福成就寺（真言宗）があり，舎利容器を納める黒漆厨子（国重文）がある。高さ20.8cmの小さなものであるが，外面は部分黒漆塗りで，扉を開くと，右扉には不動明王，左扉には愛染明王が極彩色で描かれている。正面の舎利容器は，火焰つき宝珠が蓮葉に乗った形で精巧をきわめ，台裏に「文明十二（1480）年」の銘がある。境内に立つ高さ約4mの石造十三重塔には，「正応六（1293）年」の刻銘がある。

名張市の史跡

赤目の峡谷周辺の史跡

赤目滝バス停で降り、みやげ物店や旅館の間を約300m進むと、赤目の峡谷(国名勝)の入口である日本サンショウウオセンターに着く。ここが、全長4km余りにおよぶ赤目四十八滝のゲートでもある。四十八滝は大小含め、多くの瀑布があることから名づけられた名称である。「赤目五瀑」に数えられる不動滝・千手滝・布曳滝・荷担滝・琵琶滝は、とくにみごたえがある。この峡谷は、役行者の行跡地とされ、平安時代から修験道の霊場として開かれた。そのため、信仰の対象として、仏教的な名がつけられた滝もある。赤目滝という名称の由来については、阿弥陀滝の転化とか、登り口の延寿院(天台宗)に、赤い目の不動がまつられていたことにちなむ、などの説がある。延寿院は、平安時代に創建された寺院で、境内に高さ2.45m、「徳治二(1307)年」銘の石造灯籠(国重文)、同時代の作とされる石造十三重塔がある。

赤目の峡谷には、オオサンショウウオ(国特別天然)が棲息し、日本サンショウウオセンターで、世界のさまざまなサンショウウオをみることができる。

秘蔵の国、伊賀

Higashi-Kishū

世界遺産と神話の東紀州

馬越峠道の石畳

赤木城跡

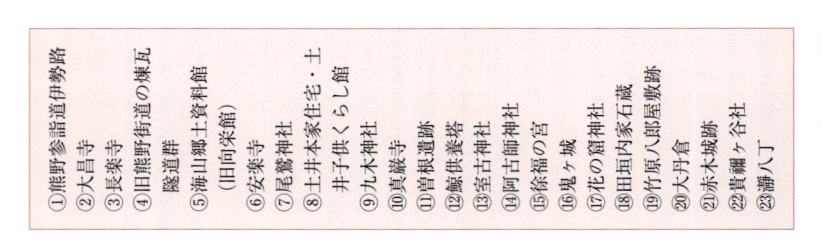

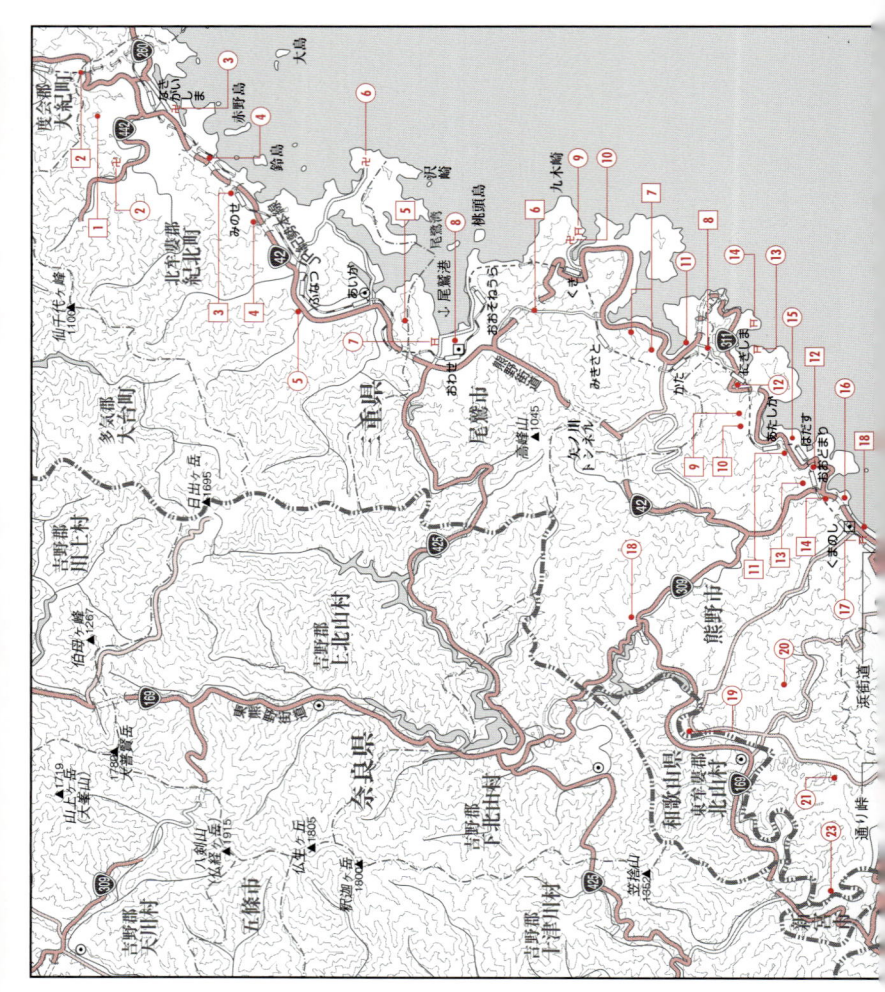

①熊野参詣道伊勢路
②大昌寺
③長楽寺
④旧熊野街道の煉瓦隧道群
⑤海山郷土資料館（旧向井栄館）
⑥安楽寺
⑦尾鷲神社
⑧土井本家住宅・土井子供くらし館
⑨九木神社
⑩真嵓寺
⑪曽根道跡
⑫鯨供養塔
⑬室古神社
⑭阿古師神社
⑮徐福の宮
⑯鬼ヶ城
⑰花の窟神社
⑱田垣内家石蔵
⑲竹原八郎屋敷跡
⑳大丹倉
㉑赤木城跡
㉒貴禰ヶ谷社
㉓瀞八丁

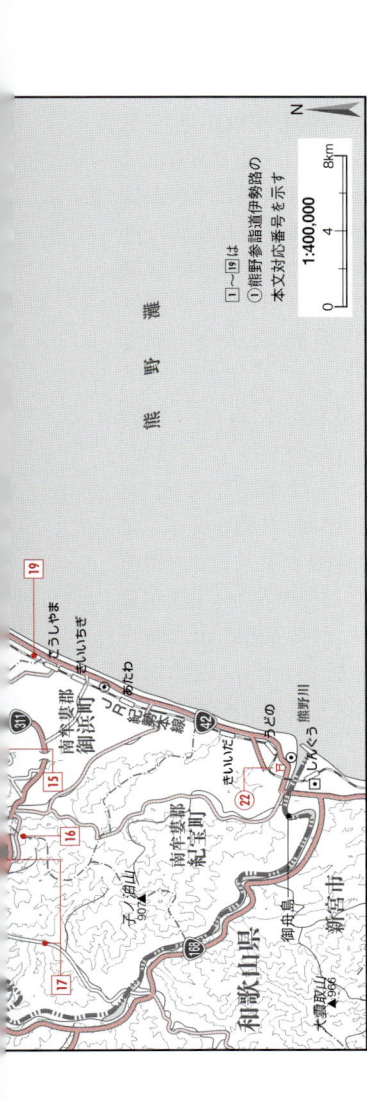

◎東紀州散歩モデルコース

1. JR紀勢本線梅ケ谷駅_45_ツヅラト峠道_10_志子バス停_10_圓通閣観音堂_20_大昌寺_12_長楽寺_25_長島城跡_30_仏光寺_3_長島神社_10_江の浦トンネル_20_古里歩道トンネル_22_道瀬歩道トンネル_15_JR紀勢本線紀伊長島駅

2. JR紀勢本線船津駅_15_海山郷土資料館(旧向栄館)_30_安楽寺_30_馬越峠_120_尾鷲神社・金剛寺_10_土井家住宅・土井子供くらし館_10_JR紀勢本線尾鷲駅_12_JR紀勢本線九鬼駅_17_九木神社_5_真厳寺_15_JR九鬼駅

3. JR紀勢本線尾鷲駅_10_三重県立熊野古道センター_15_八鬼山道_240_JR紀勢本線三木里駅_5_JR紀勢本線賀田駅_5_JR紀勢本線賀田駅_11_飛鳥神社飛鳥・曽根遺跡・曽根町郷土資料館_30_曽根城跡_35_JR紀勢本線賀田駅

4. JR紀勢本線熊野市駅_5_奥熊野代官所跡_10_木本隧道_10_鬼ヶ城_15_獅子巌_5_花の窟神社_10_熊野市立歴史民俗資料館_20_産田神社_20_JR紀勢本線有井駅

5. JR紀勢本線熊野市駅_40_丸山千枚田_10_田平子峠刑場跡_10_赤木城跡_20_紀和町鉱山資料館_7_外国人墓地_30_JR紀勢本線熊野市駅

6. JR紀勢本線熊野市駅_10_観音道_40_田垣内家石蔵_40_竹原八郎屋敷跡_60_潜ハブ小川口_40_JR紀勢本線熊野市駅

□1〜□19は①熊野参詣道伊勢路の本文対応番号を示す

1:400,000
0 4 8km

東紀州北部をめぐる

1

東紀州の入口紀北町には、世界遺産の熊野参詣道伊勢路を始め、中世から近代にわたる史跡・文化財がみられる。

熊野参詣道伊勢路 ❶

〈M ▶ P. 246, 247〉 北牟婁郡紀北町紀伊長島区〜熊野市紀和町楊枝川
※交通は後掲表を参照

世界で3例目の道の世界遺産

　熊野参詣道(熊野古道・熊野街道)伊勢路は、2004(平成16)年に世界文化遺産に登録された紀伊山地の霊場と参詣道の一部である。この世界遺産は、吉野・大峯、高野山、熊野三山の3霊場とその参詣道という文化的景観を重視し、和歌山・奈良・三重3県の広大な範囲におよぶなどの点で、今までに国内で登録された世界遺産とは異なる特色をもっている。道の世界遺産としては、スペインとフランスの「サンティアゴ・デ・コンポステーラの巡礼路」につぎ、世界で3例目である。

　平安時代、熊野三山(熊野本宮大社・熊野速玉大社〈新宮〉・熊野那智大社)への参詣道に、紀路(紀伊路)と伊勢路があったことは、後白河法皇が編纂した『梁塵秘抄』の歌によって確認できる。紀路は、京都を起点に、紀伊半島の西側(和歌山県側)を通るルートである。伊勢路は、紀伊半島の東側(三重県側)を通るルートで、伊勢神宮に近い田丸(現、度会郡玉城町)を起点とし、長島(現、北牟婁郡紀北町紀伊長島区)へ出て、沿岸部を通りながら熊野三山に向かう。藤原行成の日記『権記』によれば、999(長保元)年に花山法皇が熊野参詣を計画した際には、難路である紀路を避け、船を利用できる伊勢路で行きたいと主張している。

　しかし、中世の熊野詣においては、厳しい修行を行った修験の影響からか、紀路(中辺路)が正規ルートとされていた。このため伊勢路は、近隣地域の参詣者の利用が中心となり、衰えた。15〜16世紀頃、西国三十三所巡礼の盛行につれて復活し、近世になると、伊勢参宮後、熊野へ向かう東国の民衆がふえ、活況を呈するようになった。

　このように、伊勢路は紀路とは対照的な「庶民の道」といえ、地域の生活道という性格も強い。それゆえ、従来、あまり脚光を浴び

248　世界遺産と神話の東紀州

ることはなかったが，世界遺産への登録を機に関心が高まり，急速に整備が進んだ。世界遺産への登録部分は，ほとんどが，中・近世以来の景観をよく残す峠の山道で，各所で特色ある石畳もみられる。こうした現状のほとんどは，江戸時代の紀州藩による整備の結果と考えられている。

　以下，おもな参詣道について簡単に説明する。

ツヅラト峠道・荷坂峠道①②（数字は地図対応番号）
　ツヅラト峠道（世界遺産）は，梅ケ谷駅から県道758号線を西へ約2.2km行き，栃古川沿いの林道に入る。荷坂峠道（世界遺産）は，梅ケ谷駅から国道42号線を南へ約2.5km行き，荷坂トンネル手前で左に入る。両峠とも，伊勢から紀伊への国境の峠道である。中世はツヅラト峠道が利用されていたが，1635（寛永12）年の紀州藩による熊野往還道整備の際に，荷坂峠道が正規ルートに変更されたと考えられる。東国からの巡礼者は，ここで初めて熊野の海を目にした。

馬越峠道⑤
　相賀駅から国道42号線に出て南へ約1.5km，道の駅「海山」を過ぎて500mほど行くと，馬越峠道（世界遺産）登り口がある。伊勢路随一の美しさといわれる石畳が約2km続く。途中には，夜泣き地蔵尊や1712（正徳2）年の紀州藩による街道整備事業で築かれた馬越一里塚跡，茶屋跡に立つ幕末期の近江（現，滋賀県）の俳人可涼園桃乙の句碑，桜地蔵尊など見どころが多く，伊勢路でもっとも人気の高い峠道である。

八鬼山道⑥
　向井バス停から石油タンク群を目指して西へ500mほど歩くと，尾鷲節の歌碑が立つ林道入口に着く。左側の舗装された林道を300mほど行くと，八鬼山道（世界遺産）登り口の案内板がある。『西国巡礼道中記』（1812）などで「西国第一の難所」とされた峠道で，急峻で距離は長いが，史跡は多い。なお，「第一」とは「最初」を意味するという説が有力である。

　途中，尾鷲側に伊勢神宮の遷宮復興に尽力した清順上人を供養するために建立された石造不動明王立像（県民俗）がある。「永禄

八鬼山道荒神堂

九(1566)年」銘があり，紀年のある石造物としては，尾鷲市最古のものである。路傍に点々とみられる八鬼山町石(県民俗)は，伊勢外宮の御師や大湊の商人によって寄進され，現存の35体中，「天正十四(1586)年」銘のものが最古である。桜茶屋一里塚を過ぎた頂上付近には，1573(天正元)年に再興された三宝荒神堂(日輪寺)がある。堂内に安置されている石造三宝荒神立像(県民俗)には，「天正四年」の銘があり，再興者の徳を讃えて奉納されたとみられる。峠から東の展望広場からは，志摩半島から那智山まで見渡せる。下りには明治道と江戸道，2つのルートがある。

　向井バス停から東へ300mほど行くと，三重県立熊野古道センターがある。熊野古道と周辺地域の歴史・文化・自然に関する情報を収集し，発信する施設として2007(平成19)年2月に開館した。尾鷲ヒノキを使用した交流棟・展示棟と鉄筋コンクリート造りの研究収蔵棟からなる。

曽根次郎坂・太郎坂 ⑧

賀田駅から国道311号線を南に1.2kmほど行き，曽根町集落南端の墓地を抜けて山道をのぼって行くと，曽根次郎坂・太郎坂(世界遺産)に至る。「次郎・太郎」という名称は，「自領・他領」が訛ったもので，中世，この甫母峠が志摩と紀伊の国境であったことに由

三重県立熊野古道センター

世界遺産と神話の東紀州

来するといわれる。道の脇には、イノシシから作物を守る、石積みの猪垣がみられる。

波田須道 11

新鹿駅より国道311号線を波田須方面へ約2km歩き、波田須トンネルの手前から古道を歩くと、やがて森に入る。この波田須道(世界遺産)は伊勢路でもっとも古く、鎌倉時代につくられたとされる石畳が300mほど残る。石はほかにくらべて大ぶりで、表面はなめらかである。

松本峠道 14

大泊駅から国道311号線に出て、西へ1kmほど歩くと、峠への登り口である。松本峠道(世界遺産)は熊野市街の木本へ向かう道で、船人の目印とされた巨大な老松がかつてあったのが、その名の由来と伝えられている。峠の東側からは、七里御浜の絶景が一望できる。

浜街道(七里御浜) 19

熊野市駅から東に歩くと、国道42号線の向こうに海岸が広がる。鬼ヶ城西口より南牟婁郡紀宝町鵜殿まで、約25kmにわたって平坦な砂利浜が続くことから、七里御浜(世界遺産)とよばれている。この海岸に沿った一帯が浜街道で、多くの史跡が点在する。

国道42号線を南へ約1.5kmほど歩くと、花の窟神社に着く。そこから国道42号線と並行に走る旧道を南へ約1km行くと、立石の巡礼道標があり、本宮道と浜街道との分岐点を示している。国道42号線を渡り、海岸沿いに進むと、2kmほどで有馬の一里塚があり、さらに1.5kmほど進むと、南牟婁郡との境になる志原川に至る。近世の道中記では、この河口は「親知らず子知らず」の難所とされ、河畔には高波を鎮めるためにまつられたという龍神燈が立つ。対岸の松林の中には巡礼の墓や供養碑があり、さらに海岸線を2.5kmほど進むと、国道沿いに市木の一里塚が残る。

立石の巡礼道標

東紀州北部をめぐる

三重県の世界遺産

地図番号	名称	距離	駐車場	住所／交通
1	ツヅラト峠道	1.4km	無	度会郡大紀町大内山志古谷～北牟婁郡紀北町紀伊長島区島原／JR紀勢本線梅ケ谷駅🚶45分（所要時間は峠の登り口まで。以下同じ）
2	荷坂峠道	0.9km	無	北牟婁郡紀北町紀伊長島区東長島／JR紀勢本線梅ケ谷駅🚶35分
3	三浦峠道（熊ケ谷道）	1.5km	無	北牟婁郡紀北町紀伊長島区道瀬～三浦／JR紀勢本線紀伊長島駅🚌尾鷲方面行地蔵前4分
4	始神峠道	1.7km	有	北牟婁郡紀北町紀伊長島区三浦～海山区馬瀬／JR紀勢本線三野瀬駅🚶15分
5	馬越峠道	2.6km	有	北牟婁郡紀北町海山区相賀～尾鷲市北浦町／JR紀勢本線相賀駅🚶30分
6	八鬼山道	7.5km	有	尾鷲市矢浜大道～名柄町／JR紀勢本線尾鷲駅🚌紀伊松本行向井🚶12分
7	三木峠道・羽後峠道	2.2km	無	尾鷲市三木里町～賀田町／JR紀勢本線三木里駅🚶20分
8	曽根次郎坂・太郎坂	4.2km	無	尾鷲市曽根町～熊野市二木島町／JR紀勢本線賀田駅🚶18分
9 10	二木島峠道・逢神坂峠道	3.0km	無	熊野市二木島町～新鹿町／JR紀勢本線二木島駅🚶15分
11	波田須道	0.3km	無	熊野市波田須町／JR紀勢本線新鹿駅🚶40分
12	大吹峠道	1.4km	無	熊野市波田須町～磯崎町／JR紀勢本線波田須駅🚶40分

13	観音道	0.9km	無	熊野市大泊町／JR紀勢本線大泊駅🚶20分
14	松本峠道	0.7km	無	熊野市大泊町〜木本町／JR紀勢本線大泊駅🚶10分
15	横垣峠道	1.8km	無	南牟婁郡御浜町神木〜阪本／JR紀勢本線熊野駅🚌瀞流荘行横垣峠入り口
16	風伝峠道	1.8km	無	南牟婁郡御浜町川瀬〜熊野市紀和町矢ノ川／JR紀勢本線熊野市駅🚌瀞流荘行いっぽいっぽ🚶15分
17	本宮道	0.9km	無	熊野市紀和町矢ノ川／JR紀勢本線熊野市駅🚌瀞流荘行矢ノ川大平🚶30分
		0.6km	無	同市紀和町小栗須〜小川口
		0.2km	無	同市紀和町小栗須〜湯ノ口
		0.4km	無	同市紀和町湯ノ口〜大河内
		0.2km	無	同市紀和町楊枝川
以上，参詣道総延長34.2km				
18	鬼ヶ城附獅子巌		有	熊野市木本町，井戸町／JR紀勢本線熊野市駅🚶40分（東口）
19	七里御浜	18.0km	有	熊野市井戸町〜南牟婁郡紀宝町鵜殿／JR紀勢本線熊野市駅🚶5分
20	花の窟		有	熊野市有馬町字上ノ地／JR紀勢本線熊野市駅🚶20分
	熊野川	21.0km	無	南牟婁郡紀宝町小舟〜紀宝町鮒田
	熊野速玉大社・御船島		有	南牟婁郡紀宝町鮒田右市ヶ鼻

※赤色の番号は，本文中に説明があるもの。距離は世界遺産指定部分のみを示したが，実際には全体の距離が数倍あることが多い。

風伝峠道・通り峠 16

いっぽいっぽバス停より50mほど歩いて左折すると、風伝峠登り口の案内板がある。風伝峠道(世界遺産)は、本宮道と大和国北山荘(現、奈良県吉野郡下北山村)に通ずる北山道が分岐する峠越えの要路であった。現在は旧国道に寸断され、部分的に石畳が残存するだけだが、山頂近くには「文政四(1821)年」銘の法界塔がある。風伝峠をおり、県道40号線を北へ行くと、通り峠登り口がある。一部に石畳を残すだけであるが、眼下に1300枚以上ある丸山千枚田をみることができる。この棚田の歴史は古く、1601(慶長6)年の浅野氏の検地帳では、2240枚(およそ7ha)が確認できる。高度経済成長期には、約500枚まで減少したが、1993(平成5)年の条例制定以後、町をあげて復旧が進められ、現在は「日本の棚田百選」にも選ばれている。

本宮道 17 (熊野市紀和町矢ノ川〜楊枝川)

本宮道は、現在ではわずかに石畳のみられる箇所があるにすぎない。文献では、風伝峠から紀和町小栗須で南に方向をかえ、楊枝川沿いを熊野川に出る。楊枝の渡しで熊野川を越え、和歌山県新宮市熊野川町の志古から小雲取越えで、本宮へ向かったと記されている。楊枝地区のはずれ、三和大橋の北西約1kmの所に、楊枝薬師堂がある。平安時代、頭痛に悩んだ後白河法皇が、この地にあったヤナギの大木を棟木として、京都の三十三間堂(蓮華王院本堂)を建立し、快癒後、礼としてヤナギの切り株の上に堂を建てたのが始まりという。地元ではヤナギの木の精、親子の別れの民話が伝えられており、浄瑠璃の題材にもなった。

楊枝から熊野川沿いに南下し、紀宝町成川に至る道が、川丈(川端)街道である。

楊枝薬師堂

途中，和気には本龍寺(曹洞宗)がある。本堂(県文化)は，住職や家族の居間である庫裏を同じ棟に設ける形式をとる。1605(慶長10)年に建立され，1693(元禄6)年の倒壊後，まもなく再建されたもので，元禄年間(1688〜1704)まで遡るものは貴重である。

大昌寺 ❷
0597-47-3180

〈M▶P.246〉北牟婁郡紀北町紀伊長島区島原(大原)258 🅿
JR紀勢本線紀伊長島駅 🚌河合行大原 🚶3分，または🚗15分

極彩色の格子絵天井

大原バス停から北へ200mほど行くと，右側の山手に大昌寺(曹洞宗)がみえてくる。1657(明暦3)年の開基とされ，本尊の薬師如来坐像は，江戸時代の作である。本堂左側の不動堂には，143枚の板に百人一首などの和歌と歌人を，見事な彩色で描いた格子絵天井が残る。絵師は不明だが，江戸時代末期に近郷の住人が奉納したものである。堂内の不動明王立像は，寄木造で鎌倉時代の作とされている。

大昌寺から南東へ1.6kmほど行くと，中桐集落バス停のすぐ北に，圓通閣観音堂がある。当地は中世の熊野古道筋にあたり，本尊の聖観音坐像は，巡礼を導く観音とされ，桃山時代末期の作といわれている。路線バスはきわめて本数が少ないため，自動車などの利用がよい。

大昌寺格子絵天井

長楽寺 ❸
0597-47-1096

〈M▶P.246, 256〉北牟婁郡紀北町紀伊長島区長島969 🅿
JR紀勢本線紀伊長島駅 🚶15分

戦国時代の城跡と加藤氏の菩提寺

紀伊長島駅から県道766号線を西へ800mほど行くと，正面に城腰とよばれる小高い山がみえてくる。ここには，南北朝時代以降，当地を支配した加藤氏の居城長島城跡がある。山裾に沿って町中の道を南に400mほど歩くと，南麓に加藤氏の菩提寺長楽寺(浄土真宗)があり，山門に向かって，右の細い道を600mほどのぼると城跡に着く。後世の改変を受けているが，主郭や西側尾根の空堀などを

東紀州北部をめぐる　255

長楽寺

確認することができる。東側の尾根筋を200mほどくだった所には、宝篋印塔が2基あり、加藤氏5代甚五郎の墓と伝えられる。もとは長楽寺にあったが、元禄年間(1688〜1704)に現在地に移された。長楽寺に伝わる古文書や系図によれば、加藤甚五郎は、17歳のとき長島を出奔し、諸国流浪の後、織田信長に仕官した。その後、信長の2男で伊勢国司となった信雄の命により、長島城に再び入ったが、1576(天正4)年、新宮の堀内氏に敗れ、自刃したという。

なお長楽寺は、伊賀の武士で、甚五郎の孫娘の婿となった服部兵庫によって、1635(寛永12)年に開かれた。

長楽寺から南西へ200mほど歩くと、仏光寺(曹洞宗)がある。1627(寛永4)年に、大竜禅師が長島岡ノ上に開いた常光院を始まりとし、1655(明暦元)年、大順が現在地に移し、1713(正徳3)年に芳禅が現在の名に改めた。かつては11の末寺をもつ、当地では有数の寺院であった。本堂は規模も大きく、曹洞宗の伝統的様式をよく保つ、近世初期の貴重な例とされる。本尊の釈迦三尊坐像は、江戸時代の作である。境内には、1707(宝永4)年と1854(嘉永7)年の大津波による流死者を供養するために建てられた碑が各1基あり、津波のおそろしさや大地震の際の避難の心得なども刻まれている。

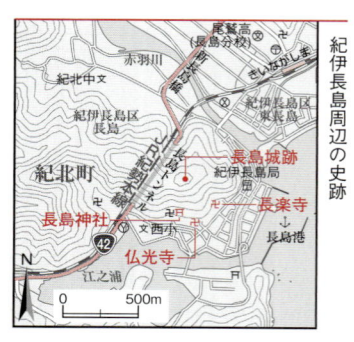

紀伊長島周辺の史跡

仏光寺から西へ200mほどの所に長島神社(祭神建速須佐之男命)があり、社叢(県天然)は暖地性植物群落をなす。

また、紀伊長島沖合約6kmにある無人島の大島は、全島に暖地性植物群落(国天然)が分布する貴重な島

256　世界遺産と神話の東紀州

である。入島には，紀北町教育委員会の許可が必要である。

旧熊野街道の煉瓦隧道群 ❹

〈M ▶ P. 246, 257〉 北牟婁郡紀北町紀伊長島区長島・海野・道瀬
JR紀勢本線紀伊長島駅🚌尾鷲方面行加田教会前🚶7分

加田教会前バス停から，国道42号線を尾鷲方面に500mほど行くと，左へ分岐する細い道があり，その先に延長321mの江の浦トンネル（旧長島隧道）がみえてくる。ここから42号線を，尾鷲方面に1.7kmほど進むと，延長208mの古里歩道トンネル（旧海野隧道），さらに1.5kmほど南進すると，延長308mの道瀬歩道トンネル（旧道瀬隧道）がある。2001（平成13）年に県内のトンネルとして，初めて国登録有形文化財に指定された隧道群である。

これらは，1910（明治43）年に三重県が着手した熊野街道第二次改修事業に基づき，1911年から1915（大正4）年にかけて竣工した。いずれも幅員4.2m・高さ4.5m，隧道内の大部分は素掘りである。坑門の約10mのみ赤レンガでイギリス積みを施し，アーチ環は五角形の迫り石で装飾されている。古里・道瀬両歩道トンネル内には，レンガ造りのガス灯道具格納庫も残っている。第二次熊野街道改修時に掘られた隧道としては，このほか，三浦・相賀・尾鷲の3つの隧道が現存するが，いずれも廃道となっている。当時としては，莫大な工費が投じられたこれらの隧道の完成によって，1919年から

江の浦トンネル

旧熊野街道煉瓦隧道群周辺の史跡

は，乗合バスの運行も始まり，住民の喜びは大変なものであったという。

道瀬歩道トンネルから北へ約300mの所を海側に折れ，1.4kmほど歩くと，豊浦神社(とようら)(祭神足仲彦命(たらしなかつひこのみこと))がある。付近は中世の行長宅跡とされ，境内に五輪塔が1基残る。1987(昭和62)年には，神社前の道路工事中に，常滑焼(とこなめやき)の壺に入った室町時代の永楽通宝(えいらくつうほう)など約5500枚が発見され，現在は，紀伊長島郷土資料館に保管されている。社叢(県天然)は，クスノキの大木を始め，暖地性の樹木がよく繁茂し，柑橘類(かんきつ)の原種とされるタチバナもみられる。

豊浦神社の眼前にある鈴島(すずしま)にも，暖地性植物群落がみられ，付近の海底は，造礁(ぞうしょう)サンゴ群生地域(ともに県天然)として保護されている。

海山郷土資料館(みやまきょうどしりょうかん)(旧向栄館(きゅうこうえいかん)) ❺
0597-36-1948

〈M ▶ P. 246〉北牟婁郡紀北町海山区中里96 P
JR紀勢本線船津駅(ふなつ)🚶15分

大正時代の洋風建築

船津駅から南西へ700mほど行くと，Y字路に至る。さらに右側の道を300mほど行くと，右手に海山郷土資料館(旧向栄館，国登録)がある。

当地の林業家松永忠兵衛(まつながちゅうべえ)が，日露戦争(にちろ)(1904～05年)の戦捷(せんしょう)記念に，本宅の隣接地に別邸として設けたとされている。建築年は1910(明治43)年とも，1912(大正元)年とも伝えられ，明確でない。木造平屋建て・桟瓦葺(さんがわらぶ)き・下見板張(したみいたばり)で，玄関を中央に配し，左右両端を前方に突出させた左右対称の構造をもつ。右半分は土間(どま)で，商品の材木を展示したという。半分は洋室の広間になっている。木材には堅牢な当地産のヒノキを多く使用し，施工も入念で，当地の林業・

海山郷土資料館

製材の近代化を象徴する建築物といえる。

　第二次世界大戦後は旧海山町に寄贈され、現在は、郷土資料館として旧海山町の歴史・民俗資料の保管・展示に利用されている。

安楽寺 ❻ 東紀州最古の仏像
0597-39-0054
〈M▶P.246〉北牟婁郡紀北町海山区島勝浦321　P
JR紀勢本線相賀駅🚌島勝行終点🚶4分

　島勝バス停から東へ200mほど行くと郵便局があり、その前を右へ曲がると安楽寺(曹洞宗)がある。本尊の十一面観音像は、江戸時代の作である。本堂の右脇壇には、ヒノキの一木造の木造薬師如来坐像(県文化)が安置されている。もと尾鷲金剛寺の本尊であったが、この寺の本尊と交換されて、まつられることになったとの言い伝えがある。光背はないが、11世紀前半頃の作と考えられる、東紀州最古の仏像である。また、鎌倉時代末期に夢窓疎石が、伊勢から船で熊野に行く際に滞在したとの寺伝があり、同僧を供養する宝篋印塔が残る。

　安楽寺から南へ30mほど行った所に、島勝神社樹叢(県天然)がある。亜熱帯暖地性植物群が繁茂し、わが国のビロウドムラサキ分布の北限として重要である。北東へ約1.5kmの海岸には、島勝の海食洞門(県天然)もある。

安楽寺本堂

安楽寺木造薬師如来坐像

東紀州北部をめぐる

2 尾鷲市内をめぐる

近世以来，漁港・廻船の寄港地として栄えてきた尾鷲市周辺には，さまざまな史跡や特色ある民俗行事がみられる。

尾鷲神社 ⑦
0597-22-1486
〈M▶P.246, 260〉尾鷲市北浦町12-5 P
JR紀勢本線尾鷲駅 🚶13分

尾鷲ヤーヤ祭で知られる

　尾鷲駅から東へ延びる紀望通りを700mほど進み，百五銀行の斜め前の路地を左へ入る。これは熊野参詣道で，そのまま北へ300mほど行くと，北川を渡った左手に尾鷲神社（祭神建速須左之男命）の大クス（県天然）がみえてくる。その右隣が金剛寺（曹洞宗）である。

　尾鷲神社は，もとは伊勢神宮領の拡大にともない創建された，外宮の末社であったとされる。1596（慶長元）年，光林寺（現，金剛寺）の再興に際し，その鎮守となって大宝天王とよばれ，1663（寛文3）年以降は，同寺から分離して現在に至った。この神社の獅子頭（県民俗）は，平素は本殿内獅子殿に安置されているが，2月1～5日の尾鷲ヤーヤ祭（県選択）最終日の夜に出御の儀式があり，その年の豊凶を占っている。

　金剛寺は，もとの寺号「光林」が，紀州藩3代藩主徳川綱紀の院号と同じという理由で，1714（正徳4）年に金剛寺と改められた。その後，熊野五カ寺の1つに数えられる高い寺格を有した。山門の仁王像は，2005（平成17）年の修復時に，首の裏側の墨書銘から「天文二十一（1552）年」の作であることが判明した。

土井本家住宅と土井子供くらし館 ⑧
0597-22-0002（子供くらし館）
〈M▶P.246, 260〉尾鷲市朝日町14-6
JR紀勢本線尾鷲駅 🚶10分

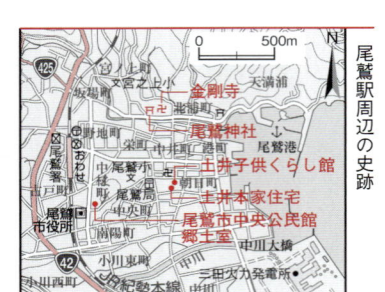

明治時代の建築物
山林王の繁栄伝える

　尾鷲駅から東に延びる紀望通りを600mほど行き右折し，郵便局の南30mほどで左折すると，土井本家住宅（内部非公開）と土井子供くらし館がある。土井家は，寛永年間（1624～44）の末頃，尾鷲に移住して以来，代々山林経営を行い，大庄屋などもつとめてきた当地

尾鷲駅周辺の史跡

260　世界遺産と神話の東紀州

土井本家住宅

随一の大山林地主である。

　土井本家住宅は，事務所である洋館とそれに連なる和館からなる。和洋館を併設した住宅としては，県内でもっとも早い時期に建てられたもので，桑名市の旧諸戸家住宅とともに，上層住宅建築の代表例とされる。竣工は，1888(明治21)年頃といわれ，津の野呂組が当初請け負った(一説には宇治山田の大工とも)が，途中から地元の大工仲光松が引き継いだといわれている。

　洋館は，木造2階建て・寄棟造・桟瓦葺きで，屋根窓が棟近くに設けられ，外壁は下見板張となる。正面に，玄関ポーチ・バルコニーが張り出す意匠が印象的である。1階は事務室と応接室・和室，2階は入札や会合に利用された広間となっている。バルコニーの羽目板には，国内産各種木材を使用し，木材の見本とする工夫もみられる。和館は，居間・仏間などが設けられた民家風の構成となっている。これらは，現在も居宅として使用されているため，内部見学はできない。

　土井子供くらし館は，江戸時代末期の大納屋と蔵の内部を改装して，同家に伝えられてきた，明治〜昭和時代初期の玩具や生活用具を展示している。土・日曜日の10〜16時のみ見学することができる。

　ここから西へ600mの所にある尾鷲市中央公民館郷土室には，近世の漁業資料として貴重な，尾鷲組大庄屋文書と須賀利浦方文書(いずれも県文化)が保管されている。

九木神社と真厳寺 ❾❿
0597-29-2117(真厳寺)

〈M▶P.246〉尾鷲市九鬼町506-5／九鬼町314
JR紀勢本線九鬼駅 ★17分／★15分

九鬼水軍の発祥地
東紀州唯一の中世紀年銘仏

　九鬼駅から海岸沿いの道を東へ1.4kmほど行くと，九鬼港東側に突出した山端の一画に，九木神社(祭神菅原道真)がある。永和年間(1375〜79)に九鬼氏2代目隆治が，居城隅にまつった天神を，1662(寛文2)年に現在地に移したとされる。本殿前の3基の石灯籠には，1669(寛文9)年に九鬼隆季が寄進したものもある。海岸の鳥

尾鷲市内をめぐる　261

真巌寺木造薬師如来坐像

居から社殿へ向かう参道両側の急傾斜地は、亜熱帯性・暖地性の樹林や樹陰植物が自生する九木神社樹叢(国天然)になっている。

海岸の鳥居から北側を望むと、頂山の中腹に真巌寺(曹洞宗)がみえる。もとは薬師寺といい、1346(正平元)年、九鬼氏の祖九鬼隆信の創建と伝える。1640(寛永17)年に火災で焼失し、4年後に再建された際に、延命庵・林泉庵の2カ寺をあわせ、真巌寺と称するようになった。本尊の木造薬師如来坐像(県文化)は、創建以来の像と伝える。ヒノキの寄木造で、江戸時代の修理により、肉身は漆箔、袈裟は茶褐色に彩られている。膝裏に「嘉暦四(1329)年己巳卯月十二日」の墨書があり、東紀州で唯一、中世の紀年銘を有する仏像として貴重である。

九木浦は九鬼氏発祥の地とされ、初代隆信から9代光隆に至るまで居住したというが、その詳細は明らかでない。光隆の弟が織田信長・豊臣秀吉に仕え、九鬼水軍で名を馳せた九鬼嘉隆である。またこの九木浦で、12月31日〜1月5日に行われている尾鷲九木浦の正月行事は、神仏分離以前の複合的な予祝行事を色濃く残す珍しいものとして、国選択民俗文化財に指定されている。

曽根遺跡とその周辺 ⓫
曽根町郷土資料館0597-27-2326(館長宅)

〈M▶P. 246, 263〉尾鷲市曽根町 P
JR紀勢本線賀田駅 🚶11分

東紀州を代表する縄文遺跡さまざまな史跡が点在する地区

賀田駅から国道311号線に出て、東南へ900mほど進むと、正面に杜がみえてくる。ここが飛鳥神社(祭神速玉男命・事解男命)で、樹叢は県の天然記念物となっており、高さ30mにおよぶクス・スギなどの大樹が見事である。また、シマクロキの自生北限地でもある。

この神社とその向かいの飛鳥幼稚園(旧曽根小学校)を含む一帯が曽根遺跡である。1923(大正12)年と1954(昭和29)年に調査され、縄文時代から鎌倉時代までの遺跡と判明した。とくに縄文時代に関し

飛鳥神社

ては，早～晩期の東海系と近畿系の土器型式が出土しており，東紀州を代表する遺跡である。出土品は，遺跡地内に立つ曽根町郷土資料館に保管されており，事前に連絡すれば見学することができる。

この資料館から850mほど南へ行った，海抜180mの城山山頂に，曽根城跡がある。当時，この辺りには盗賊が横行しており，その対策として近江国（現，滋賀県）から曽根村を始め，近隣の村の人びとによって，佐々木宇右衛門正吉（曽根弾正）が招かれた。曽根城は，弘治年間（1555～58）に，佐々木によって築かれた。今も露岩を巧みに利用した郭や堀などの遺構がよく残る。城跡は城山公園として整備され，遊歩道・案内板も設置されており，見学に好適である。また，曽根公民館の北側に残る石垣は，曽根弾正屋敷跡の一部と伝えられ，曽根町南端の墓地には，曽根弾正夫妻の五輪塔・長男孫太郎の板石塔婆がある。

この墓地を抜けるとすぐに庚申供養塚がある南関所跡に至り，すぐ上に隣接して安定寺和尚の名号碑もある。さらに行くと，曽根次郎坂・太郎坂である。なお北関所跡も，賀田駅の西約400mにある。また，隣の集落梶賀町では，毎年1月第2月曜日に，江戸時代の捕鯨をよく伝えるとされる鯨船行事（ハラソ祭，国選民）が行われる。

賀田駅周辺の史跡

東紀州南部をめぐる

③

熊野市および南牟婁郡には、神話・伝承に彩られた史跡や名勝、世界文化遺産の熊野参詣道伊勢路の各峠などが広範囲に点在する。

鯨供養塔 ⑫

〈M ▶ P. 246, 265〉熊野市二木島町相川
JR紀勢本線二木島駅 🚶 3分

熊野捕鯨の繁栄を今に伝える

二木島駅を北方向に降りると、すぐ左の山裾に、高さ1m余りの鯨供養塔(県文化)が立っている。碑文には、「鯨三十三本供養塔、寛文十一(1671)年」とあり、当時「一頭しとめれば七浦潤う」といわれたクジラが、大量に捕獲できた二木島浦の賑わいぶりを今日に伝えている。

鯨供養塔前の熊野街道を150mほどのぼった所に、二木島の一里塚(県文化)がある。また、一里塚横の庚申堂内には、灯籠の竿部だけが残ったキリシタン灯籠がある。花崗岩製で、高さは約90cmあり、上部に文字、下部に人物像が彫られていて、江戸時代初期のものではないかとされている。

鯨供養塔

駅から二木島湾沿いの道を東方に1kmほど歩くと、最明寺(曹洞宗)に着く。室町時代中期に創建されたと伝えられる古刹で、とくに本堂(県文化)は、江戸時代中期の曹洞宗寺院として、典型的な方丈形式をとる貴重なものである。

また駅から南に800mほど歩くと、唐人塚がある。高さ65cmほどの石碑で、「皇清待贈雲漳陳公之墓」の碑文がある。陳雲漳は、1825(文政8)年末、長崎来航途中に暴風雨に遭い、遠江国(現、静岡県)に漂着した商船の副船長で、長崎に護送される途中、当地で没したと伝えられている。

室古神社・阿古師神社 ⑬⑭

〈M ▶ P. 246, 265〉熊野市二木島町新田
🅿／熊野市甫母町
JR紀勢本線二木島駅🚶60分／🚗20分 🚶20分

二木島湾を挟むように，2つの神社がまつられている。湾の東，牟婁崎の神社を室古神社（祭神豊玉彦命・稲飯命），西側英虞崎の神社を阿古師神社（祭神豊玉姫命・三毛入野命）という。中世以前は，この二木島が紀伊国と志摩国の境であったため，それぞれの国の海神として，両社がまつられたといわれている。両神社にまつわる伝承は多い。神武東征の際，神武天皇の亡くなった2人の兄を，地元民がまつったともいわれる。毎年11月3日に行われる，両社の例祭である二木島祭（県民俗）は，八丁櫓の関船2隻が，両社と甫母浦・二木島浦間を競漕してまわる船漕ぎで知られる。関船の勝敗により，豊漁・不漁を占うもので，勇壮な熊野水軍の姿を伝えるものといわれている。東征中に，船が難破した神武天皇を，競って救助したことにちなむという。

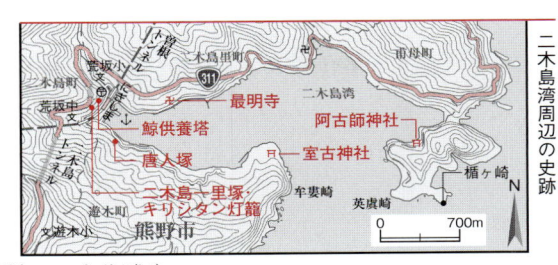

阿古師神社より遊歩道を2kmほど歩くと，楯ヶ崎（県名勝・県天然）に着く。高さ約80m・周囲約550mの花崗斑岩で，柱状節理をなし，巨岩が大平洋に向かって，楯を並べたように突き立っているところから，この名がついた。周囲の海岸線も切り立った岩壁が続き，熊野の海金剛とよばれている。

二木島湾周辺の史跡

神武東征伝説の二木島祭と雄大な景勝地

楯ヶ崎

東紀州南部をめぐる

徐福の宮 ⓯

〈M▶P.246〉熊野市波田須町
JR紀勢本線波田須駅 🚶5分

徐福の上陸地伝説

徐福の宮

波田須駅より東に300mほど歩くと徐福の宮があり、かたわらには、徐福の墓とされる石碑が立っている。司馬遷の『史記』に、秦代の方士徐福が始皇帝の命を受け、不老不死の仙薬を求めて海を渡ったことが記されているが、当地はその徐福の上陸地と伝えられている。波田須の地名も、「秦住」が訛ったものと伝えられている。近年、秦・漢時代の貨幣である半両銭が、参道付近から出土している。

鬼ヶ城 ⓰

〈M▶P.246, 268〉熊野市木本町1789 P
JR紀勢本線熊野市駅 🚶30分

奇岩の景勝地

鬼ヶ城

熊野市駅より北東へ約400m行くと、天理教南紀大教会の敷地内に、かつて本宮（現、和歌山県田辺市本宮町）から長島（現、北牟婁郡紀北町）に至る約100カ村を統轄した、紀州藩の奥熊野代官所跡がある。代官所跡を過ぎ、かつての熊野街道である本町通を東へ向かうと、木本隧道がある。1926（大正15）年、隧道建設に従事していた朝鮮人労働者と地元住民との間で騒動がおこり、朝鮮人労働者2人が虐殺された（木本事件）。隧道の木本側入口横の高台には、追悼碑が建てられている。

木本隧道を抜け，国道42号線を越えると，鬼ヶ城（世界遺産・国天然・国名勝）の東入口である。鬼ヶ城は熊野灘に面し，凝灰岩の岩壁が海食を受けてできた奇勝が，およそ1.2kmにわたって続いている。かつて多娥丸という鬼がここに住み着き，坂上田村麻呂に征討されたという伝説があり，名前の由来となっている。

　鬼ヶ城の南1kmほどの浜には，獅子巌（世界遺産・国天然・国名勝）がある。高さ25mの凝灰岩塊で，太平洋に向かって，獅子が吼える姿にみえることから，その名がある。

花の窟神社 ⑰

〈M▶P.246, 268〉熊野市有馬町 字上ノ地130-1～3　P
JR紀勢本線熊野市駅🚶20分

最古の形態を残す神社

　熊野市駅より国道42号線を南へ約1.5km行くと，花の窟神社（世界遺産・国史跡）がある。神殿はなく，高さ70m余りの巨岩を神体とする，古い形態の神社である。祭神は伊弉冉尊と軻遇突智神であり，『日本書紀』神代巻の中には，火の神である軻遇突智神を産んだ伊弉冉尊が，火傷を負って亡くなり，これに怒った伊弉諾尊が軻遇突智神を殺し，妻とともに紀伊国熊野の有馬村に葬ったと記されている。2月2日と10月2日には，花の窟のお綱かけ神事（県民俗）が行われる。長さ160mほどの綱に縄を編んでつくった幡三流を吊るし，幡の先には，花や扇を結びつけ，神体の巨岩の頂から，支柱（かつてはマツの木）へ張り渡すものである。先の『日本書紀』にも，「花の時には亦花を以って祭

花の窟のお綱かけ神事

花の窟神社

東紀州南部をめぐる

熊野市中心部の史跡

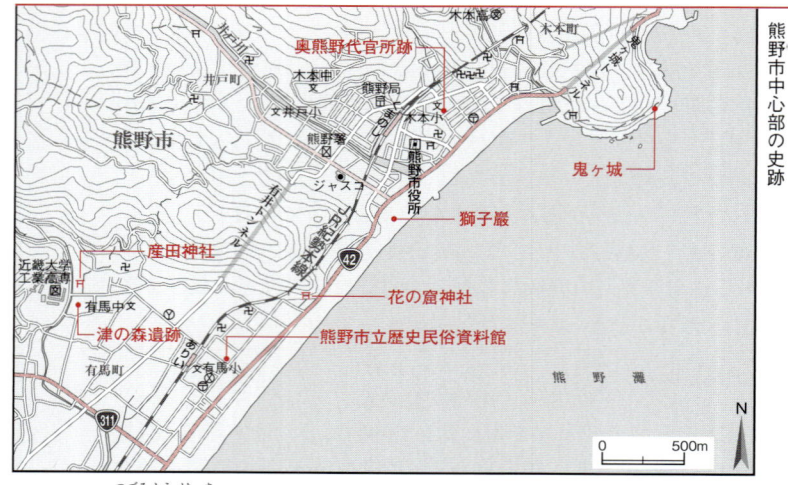

る。又鼓笛幡旗を用て歌い舞て祭る」と記されており、古来より続く神事である。

花の窟神社より有馬町の集落内を700mほど歩くと、熊野市立歴史民俗資料館があり、古文書や古民具などが展示されている。資料館より山側に1.5kmほど歩くと、産田神社がある。伊弉冉尊と軻遇突智神を主神とし、伊弉諾尊もあわせてまつっている。伊弉冉尊が軻遇突智神を産み、亡くなった場所とされている。本殿の左右にある台石は、神籬（神の降臨する場）とよばれる、祭りを執行する神聖な場所で、全国的にも珍しいものといわれている。

産田神社の周囲には、弥生時代の集落跡である津の森遺跡があり、土器などが出土している。

田垣内家石蔵（たがいとけいしぐら）⑱

〈M▶P.246〉熊野市五郷町桃崎345
JR紀勢本線熊野市駅🚌桃崎行桃崎大橋🚶5分、または🚗40分

紀州では珍しい明治時代中期の石蔵

熊野市の山間部、飛鳥町・五郷町・神川町・育生町や南牟婁郡の山間部などにも史跡は多い。ただし交通機関がほとんどなく、またかなり広域に点在しているため、自動車の利用が必要である。

桃崎大橋バス停から400mほどの所に立つ石造りの蔵が、田垣内家石蔵（国登録）である。旧五郷村の旧家の敷地内に立ち、近郊から産出する花崗岩を加工した、切石による石造りの道具蔵は、紀州地

田垣内家石蔵　　　　　　　　　　　　　　　　　　　　　　　　　　　　竹原八郎屋敷跡

方では珍しい。建築面積29m²，小規模ながら外面・2階の間に胴蛇腹(じゃばら)(帯状の突出部)や，出入口には切妻のポーチをつけるなど，凝った造りの2階建てで，明治時代中期の建造とみられる。

竹原八郎屋敷跡(たけはらはちろうやしきあと) ⑲　〈M▶P.246〉熊野市神川町花知(はなじり)
JR紀勢本線熊野市駅🚗40分

　熊野市駅から井戸川(いど)沿いに，県道34号線で神川町に進む。右手に七色(なないろ)ダム(和歌山県)をみつつ，さらに県道を，熊野市育生町方向に3kmほど進むと，道路沿いに白い鳥居がある。これが竹原八郎屋敷跡である。南北朝時代，この地に逃れた大塔宮護良親王(おおとうのみやもりよししんのう)を，土地の豪族竹原八郎がかくまったと『太平記(たいへいき)』に記されている。屋敷は，北以外の3方を土塁(どるい)に囲まれた約30mの方形をなし，北は北山(きたやま)川に面した約20mの絶壁となり，東と南には，幅約10m・深さ約5mの堀が設けられていた。現在は，花知神社がまつられている。

　この熊野・南牟婁郡には，南朝や後南朝に関わる史跡が多く，竹原八郎屋敷跡以外にも，南朝最後の後亀山天皇の皇子とされる尊雅(ごかめやま)王が隠棲したとされる熊野市飛鳥町神山の光福寺(こうふくじ)(曹洞宗)や，同市紀和町(きわちょう)の大河内行宮址(おこうちあんぐう)などがある。

南北朝時代の館跡

大丹倉(おおにくら) ⑳　〈M▶P.246〉熊野市育生町赤倉(あかくら)
JR紀勢本線熊野市駅🚗50分

　熊野市駅から国道42号線・311号線を経て，熊野市金山町(かなやまちょう)に至り，県道52号線を同市育生町方向に約10km行くと，道路脇の山腹に巨大な岩の姿がみえてくる。これが高さ約200m・幅約500mにおよぶ大絶壁，大丹倉(県天然)である。熊野酸性岩(凝灰角礫岩(かくれきがん))とよばれ

巨大な岩塊

東紀州南部をめぐる　　269

大丹倉

る火成岩で形成されており、その鉄分が酸化して赤くみえることから、この名がついた。絶壁の頂上まで林道が通じており、その頂上からの眺めは絶景である。

赤木城跡 ㉑　〈M▶P.246〉熊野市紀和町赤木　P
JR紀勢本線熊野市駅🚗50分

中世～近世への過渡期の城跡と刑場跡

　熊野市駅から国道42号線を南下、国道311号線を紀和町板屋方面に向かい、風伝トンネルを過ぎた直後、右折して県道40号線を西山方面に向かうと、赤木城に向かう農道へと出る。この道を5分ほど行くと、赤木城跡(国史跡)に至る。赤木城は、尾根を利用した郭配置に、中世山城の様相を引き継ぐ一方、高く積まれた石垣や枡形虎口など、近世城郭の特徴も見受けられる平山城である。尾根上に、主郭・東郭・西郭を地割し、主郭の東側犬走りは、北の付曲輪とその北方の堀切に通じている。石垣は野面乱層積みで、反りはない。主郭は高さ4mほどと高く、四隅は算木積みで、南・北の隅には横矢掛りがみられる。東郭には城門が設けられ、主郭へと続く部分は虎口となり、西郭の西側は、自然の谷を利用した空堀になっている。築城当時の原形を残した城跡は、全国的にも少なく、貴重である。

　築城主や築城時期は定かではないが、豊臣秀吉の弟秀長に紀州攻めを命じられた藤堂高虎が、1585(天正13)年頃に当地に入り、その後、11年間在住したとの記録があることから、高虎が築城したものと考えられる。なお、熊野市の「倉谷家文書」には、1589(天正17)年頃の築城と記されている。

　赤木城跡の南800mの所に、田平子峠刑場跡(国史跡)がある。江戸時代後期の『紀伊続風土記』には、平地に獄門柱の穴があると記されているが、現在では遺構はなく、近年建立された供養塔が立つのみである。この地域では、豊臣秀長の紀州攻め以降も、天正・慶長と2度にわたって一揆がおきた。「尾川家文書」「色川家文書」

熊野市・南牟婁郡の巨木

コラム

「木の国」の巨木群

　温暖多雨の紀州は「木の国」とよばれるように，樹木も豊富で，自然林や巨木が多い。とくに有名なのが引作の大クス（県天然，南牟婁郡御浜町）で，樹高35m・幹周14.4m，樹齢1500年を数える。この巨木は，1911(明治44)年に伐採の危機に瀕したが，民俗学者南方熊楠が柳田国男に懇願し，伐採を免れたという逸話をもつ。

　また，樹高18m・幹周5m，樹齢300年以上の下市木のイブキ（県天然，御浜町）や，樹高20m・幹周5.4m，樹齢200年の神木のイヌマキ（御浜町）なども，全国的に珍しい巨木である。

　自然林としては，徳司神社樹叢（県天然，熊野市新鹿町）があり，オガタマノキ・イヌマキ・クスノキなどが繁茂しており，また神内神社樹叢（県天然，南牟婁郡紀宝町）も，安産樹とよばれるホルトノキのほか，自然のままの樹林が残っている。

引作の大クス

には，藤堂高虎が赤木城築城時に，一揆の首謀者を謀殺したことが記されている。当地には，「行たら戻らぬ赤木の城へ，身捨てどころは田平子じゃ」の歌が歌い継がれており，一揆に対する処断の厳しさを，今に伝えている。

　田平子刑場跡から県道756号線を，紀和町板屋方面へ車で約20分，入鹿公民館の近くに，紀和町鉱山資料館がある。入鹿銅山の歴史は古く，奈良東大寺の大仏造立の際に，当地からも銅が献上されたといわれている。その後も産出は続き，第二次世界大戦中には，労働力不足を補うために，朝鮮人やイギリス人捕虜を強制連行して，使役したりした。資料館から国道を西に約500mの所には，労役中に亡くなった外国人の墓地がある。

貴禰ヶ谷社 ㉒

熊野三山の旧社地の伝承

〈M ▶ P.247〉 南牟婁郡紀宝町矢淵
JR紀勢本線鵜殿駅🚌新宮駅行矢淵🚶10分

　矢淵中学校の校庭横に参道入口があり，急坂を100mほどのぼった所に，貴禰ヶ谷社が鎮座する。熊野三神（家津御子大神・速玉大神・夫須美大神）が，諸国遍歴ののちに当地に鎮まり，その後，家

東紀州南部をめぐる

貴禰ヶ谷社

津御子大神が本宮に、速玉大神が新宮にそれぞれ遷ったとする伝承があり、その際に鵜殿の民が奉仕したといわれている。

和歌山県新宮市の速玉大社で、10月16日に行われる御船祭は、その故事にちなんだものといわれ、神輿を載せた神幸船を曳く諸手船には、現在も烏止野神社(祭神大己貴命)の氏子が奉仕する。祭礼では、諸手船・神幸船・早船が熊野川を遡り、紀宝町鮒田にある御船島(世界遺産・国史跡)を左から3周するが、熊野水軍として名を馳せた、鵜殿衆の伝統を伝えるものという。貴禰ヶ谷社本殿に向かって右の台地上には、鵜殿一族の墓と伝えられる宝篋印塔や五輪塔が並ぶ。

また、貴禰ヶ谷社のある丘陵の東麓には、村社である烏止野神社があり、頂部には、鵜殿氏の居城であった鵜殿城跡が残る。現在は歴史公園となっており、東西約14m・南北約24mの卵形曲輪の周囲には、幅約3mの掻き揚げ式土塁がめぐる。

鵜殿より神内を経て相野谷に向かうと、途中の田代公園内に紀宝町ふるさと資料館があり、三反帆(帆を張った川船)や民具・農具が展示されている。

瀞八丁 ❷

〈M▶P.246〉 南牟婁郡紀和町
JR紀勢本線熊野市駅🚌40分、または小川口🚌30分

渓谷美を誇る景勝地

瀞峡は熊野川の支流北山川にあり、岸壁が川面からそそり立つ雄大な峡谷で、三重・和歌山・奈良の3県にまたがっている。瀞八丁(国特別名勝・国天然)は、瀞峡のうち、和歌山県新宮市熊野川町玉置口から奈良県吉野郡十津川村田戸までの約1.2kmの部分で、谷幅は約100m・高さ40〜50mの岸壁に挟まれる。侵食による洞窟や連続する奇岩・巨岩、そして季節ごとに彩りをかえる樹林は、見事な渓谷美をつくり出している。熊野市紀和町小川口から、ウォータージェット船が出ており、遊覧できる。

あとがき

　最初の『三重県の歴史散歩』が刊行されて以来，今回が3回目の改訂であり，その間30年余りの歳月が流れた。前回の改訂からも15年が経過していることから，山川出版社が新たに全面改訂を企画し，三重県高等学校社会科研究会に，執筆依頼があった。人選がなされて第1回の編集委員会が開かれたのは，2003（平成15）年10月であった。

　前回の執筆経験者としてただひとり残られた和田忠臣先生を委員長として，編集委員会はスタートした。その後，2005年3月には和田先生が退職され，代わって副委員長であった倉田が委員長をつとめることになった。

　今回の改訂での編集方針として，旧版にとらわれない全く新しい見方で執筆することに重点をおいた。学校の勤務状況は年々多忙化の一途をたどり，夏季休業中の研修もほとんどとれないなかで，それぞれの担当者は，休日などを活用して地域を回り歩いた。また，平成の市町村大合併が進行中であることから，旧版とは執筆地域を移したところもある。当初，目標とした新しい視点からの記述は，ページ数の制限から削除せざるを得ない状況もでてきた。結果的に，どこまで読者の方々に新しい視点からの記述を提供できたのかは疑わしいが，各地域を分担執筆した者たちの力作であると自負したい。

　われわれはこの執筆を機会に，改めて地域の文化財の現状を知らされた。今度は探訪者の目で，三重県の歴史に触れてみたいと思っている。本書を手に，多くの方々が三重県内の文化財に，少しでも興味・関心をもっていただければ望外の喜びである。

2007年6月

『三重県の歴史散歩』編集委員会委員長

倉田守

【三重県のあゆみ】

三重の始まり

　人類の歴史は道具を用いることから始まり、およそ3万年前から1万年前の後期旧石器時代の遺跡は、三重県内でナイフ形石器出土遺跡として150カ所ほど確認されている。宮川とその支流濁川との合流地点で、張り出した河岸段丘中央部に位置する出張遺跡(多気郡大台町)の発掘調査では、ナイフ形石器やスクレイパーなどが出土し、その材質の大半は地元産のチャートである。なかには、大阪府と奈良県境にある二上山一帯から産出されたサヌカイトによるものもあり、当時の文化的交流を知ることができる。

　土器の使用が始まる縄文時代には、近畿地方を中心に分布する早期にあたる押型文土器が、県内各地で150カ所近くの遺跡から出土している。そのうち、もっとも古い型式とされる大鼻式の標識遺跡となった遺跡に、大鼻遺跡(亀山市)がある。この大鼻遺跡の場合、発掘調査された竪穴住居の状況から、一定の定住生活を行っていたと考えられている。縄文遺跡は県内で600カ所を超えるが、これらの遺跡は伊勢湾沿岸から熊野灘沿岸、さらには伊賀盆地などの内陸部にまで広がっている。とくに鈴鹿山麓に広がる台地上や雲出川・櫛田川など、伊勢湾にそそぐ大河川の河岸段丘上に集中している。この中には、櫛田川左岸の段丘上に位置する粥見井尻遺跡(松阪市飯南町)のように、日本最古といわれる土偶が出土した縄文時代草創期のものも含まれる。三重県では、関東地方の縄文遺跡にみられる大規模な貝塚は、確認されていない。

　縄文時代中期から後期にかけては、およそ200カ所の遺跡があることがわかっている。中期前半の遺跡と思われる志摩半島の贄遺跡(鳥羽市)では、関東系の土器も出土し、海を越えた文化的交流のあったことが、推察されている。松阪市嬉野の天白遺跡では、約50m四方におよぶ配石遺構が確認されており、葬送儀礼を行った場所ではないかと考えられる。

　紀元前3世紀頃には、大陸から水耕稲作や鉄器類をともなった弥生文化が伝来した。伊勢湾沿岸では、雲出川流域の中ノ庄遺跡(松阪市三雲)から北上して、安濃川流域の納所遺跡(津市)、鈴鹿川流域の上箕田遺跡(鈴鹿市)などへと広がっていった。納所遺跡からは多数の木製品が出土し、上箕田遺跡からは鹿狩りをする人物などが描かれた土器が出土した。鈴鹿市磯山町では、同様に狩猟を行う人物が描かれた銅鐸も出土している。なお、弥生時代後期から古墳時代にかけてベンガラなどを使用した赤い土器が出土しているが、これらは伊勢湾沿岸で祭祀用としてつくられた特徴的なものである。

　古墳時代に入ると地域の権力者の象徴として、平野部を見下ろす台地上や丘陵上に、古墳が築造されるようになった。県内でもっとも古い時期の古墳と考えられて

いる伊賀市の東山古墳(旧阿山町)は、服部川流域の平野部を見下ろす丘陵部先端に築かれている。やがて前方後円墳や前方後方墳が築造されるようになるが、4世紀末の伊賀市の石山古墳(旧上野市)は、家形埴輪などを出土した前方後円墳として注目される。また、古墳時代前期の祭祀遺跡として、伊賀市の城之越遺跡(旧上野市)がある。遺跡は低い丘陵部の裾につくられ、3カ所確認されている井泉から湧き出た水が、石を貼りつけた水路を流れるようになっており、建物のないことや出土する特殊な形態の土器などから、ここで水辺の祭祀が行われていたことをうかがわせる。

　古墳時代中期になると、県内でも大規模な前方後円墳が出現する。伊賀市の御墓山古墳(旧上野市)や名張市の美旗古墳群中央部の馬塚、松阪市の宝塚1号墳などは全長100mを超え、それにつぐ規模をもつ亀山市の能褒野王塚古墳や鈴鹿市の王塚古墳なども確認されている。6世紀以降になると、一般的には横穴式石室をもつ小規模な円墳が各地に築造されるが、志摩市のおじょか古墳(旧阿児町)はそれ以前の築造と考えられ、九州地方の影響も指摘されている。

　なお、全国的にも貴重な墳丘形態をもつ明合古墳(津市安濃町)は、双方中方墳とみられ、国史跡にも指定されている。

古代の三重

　672年におこった皇位継承をめぐる壬申の乱では、伊勢と伊賀はともにその重要な歴史的舞台となった。挙兵を決意した大海人皇子は吉野(現、奈良県)を脱出し、強行軍で伊賀から加太越で伊勢に入ると、鈴鹿評(現、亀山市関町)から三重評(現、四日市市釆女町)を経て朝明評の迹太川付近で天照大神を遙拝し、戦勝を祈願したという。伊勢神宮がどのような経緯で国家的祭祀の対象となっていったのか定かではないが、この壬申の乱後に成立した天武朝において、確立したと考えられている。この時期に、天皇にかわって大来皇女を斎王として伊勢神宮に奉仕させることにより、推古朝の酢香手姫以来、中断していた斎王を復活させた。この斎王が生活していた斎宮跡は、多気郡明和町にあったとされているが、その実態解明に向けて、1970(昭和45)年以降、三重県による計画的な発掘調査が進められ、その成果は、斎宮歴史博物館でみることができる。

　仏教伝来の結果、これまでの古墳にかわって、有力者による寺院の建立が始まった。県内で、その存在が推定されている寺院跡数は、30カ所を超える。そのうち、早い時期に建立されたと思われるのは、額田廃寺(桑名市)と縄生廃寺(三重郡朝日町)で、ともに7世紀末頃の造営と考えられる。縄生廃寺跡は、山中への高圧線建設による緊急発掘調査によって確認されたものであるが、倒壊した塔の屋根瓦の一部が葺かれたままの状態で発掘され、さらに塔心礎内からは唐三彩碗を蓋にした舎利容器が発見されて話題をよんだ。また、名張市の夏見廃寺跡からは塼仏片が出土し、伽藍配置も確認できる重要な遺跡である。

三重県のあゆみ

奈良時代に入り、鎮護国家をはかる聖武天皇の発願によって、各地に国分僧寺と国分尼寺が設置されることになった。伊賀国には国府の南方伊賀市西明寺字長者屋敷(旧上野市)に、伊勢国には鈴鹿市国分町に、志摩国では志摩市阿児町国府にそれぞれ建立されたと考えられる。

　律令制度のもとで行われた班田収授法にともなう条里制の地割遺構は、県内各地に残っていたが、近年までの圃場整備事業によって、急速にその姿を消していった。8世紀中頃以降、土地公有制の崩壊によって、墾田の私有化が進み、中央の貴族や有力社寺の荘園が各地に広がっていった。奈良の東大寺や京都の東寺・醍醐寺などが、県内に大規模な荘園を抱えていたが、なかでも伊勢神宮は、国家からの給付もあって、度会・多気・飯野3郡に続いて、伊勢北部の員弁・三重・安濃3郡も神郡(伊勢神宮が行政権をもつ郡)に加えていった。

　やがて律令体制の崩壊とともに、地方の治安が悪化し、軍事力を背景にした武士層があらわれた。10世紀前半の承平・天慶の乱(935〜941)以降、武士団を形成して活動範囲を広げ、この乱で功績を残した平貞盛の子維衡は、伊勢の地に勢力を伸ばし、伊勢平氏の祖とよばれた。伊勢平氏は、伊勢の中部から北部にかけて勢力を拡大していったものの、中央では源氏に圧倒されていた。しかし平正盛の頃に、伊賀国内の領地を京都六条院に寄進したことをきっかけに、白河上皇に接近し、やがて中央でも源氏と並ぶ勢力をもつようになった。正盛の子忠盛も鳥羽上皇に用いられ、さらにその子清盛は保元・平治の乱(1156・59年)を経て、太政大臣となって平氏政権を樹立し、平氏は全盛期を迎えた。

三重の中世社会

　1185(文治元)年の壇ノ浦の戦いで平氏が滅亡すると、平氏の基盤の地であった伊勢・志摩・伊賀の3国は大きな転換期を迎えた。これまでの平氏勢力にかわって、東国の武士らがあらたに地頭として進出してきた。これに対して平氏残党は、1204(元久元)年、伊勢・伊賀両国の守護山内経俊を破って鈴鹿関や八風峠を制圧し、京都・近江(現、滋賀県)との交通路を遮断した。しかし事態を重くみた鎌倉幕府は、京都守護平賀朝雅に残党の討伐を命じ、平氏に反発する民衆らの攻撃も加わって、3日間で乱は鎮圧された。いわゆる「三日平氏の乱」である。

　後醍醐天皇による倒幕への動きのなかで、鎌倉幕府が滅亡し、かわって樹立した建武政権も崩壊して、南朝と北朝が対立・抗争する南北朝時代に突入した。県内の勢力分布については、北伊勢は室町幕府方(北朝方)が中心であったが、南伊勢では後醍醐天皇の腹臣北畠親房の勢力基盤となったため、南朝方が占めた。伊賀では鎌倉時代後半以降、黒田荘(現、名張市)を中心とした悪党の活躍が目立っていたが、やがてその多くが南朝方に組み込まれていった。

　室町時代の県内の支配体制は複雑であった。伊勢国に限っても、守護が仁木氏や土岐氏らから北畠氏や一色氏らへ移るなどして支配が錯綜し、そこに伊勢十ケ所人

数や北方一揆勢も加わって，支配分布を一層複雑なものにした。大きくみると，南伊勢や伊賀南部を北畠氏が，安濃郡や菴芸郡を長野氏が，鈴鹿郡を関氏が，それぞれ勢力範囲にしていたといえる。また，熊野灘では，九鬼氏や越賀氏ら海上交通を支配した領主の中から，九鬼嘉隆が水軍の将として勢力を伸ばしていった。

鎌倉新仏教として親鸞によって広められた浄土真宗は，室町時代には東海・北陸地方を中心に，急速に信者をふやしていった。北伊勢では北陸方面に勢いを伸ばした蓮如の子蓮淳が，長島（現，桑名市）を中心とする地域に本願寺の教線を広げた。南伊勢では真慧が下野国（現，栃木県）から菴芸郡一身田（現，津市一身田町）に道場（無量寿寺）を開き，のち下野の本山専修寺が火災に遭ったため，一身田に本山として専修寺を移した。専修寺は，南伊勢を中心に門徒をふやし，本願寺とは異なって，織田信長・豊臣秀吉・徳川家康とも協調路線をとることにより，寺領の寄進を受けながら寺域の拡大にも努めた。現在も一身田は，専修寺を中心とした寺内町の面影を漂わせている。一方，一志郡大仰（現，津市白山町）で生まれた真盛は，天台宗の厳しい戒律を僧に教え，武士から農民に至るまで幅広い信者を得て，県内に天台真盛宗を広めていった。

三重の近世社会

全国統一を目指す織田信長は，1567（永禄10）年以降，伊勢・伊賀方面への侵攻を開始した。信長は神戸氏に3男信孝を，長野氏には弟信包を養子として送り込むことで北伊勢を支配下におき，大河内城（現，松阪市）攻略で苦戦した北畠氏とは，2男信雄を北畠具房の養子とし，和睦した。畿内に勢力を拡大しつつあった信長であったが，長島の一向一揆には苦戦を強いられた。1574（天正2）年まで3度にわたる攻撃の末，ようやく一揆を鎮圧する。その後，信長は長篠の戦い（1575年）で武田勝頼を破ると，不要となった北畠一族を滅ぼした。

1582年の本能寺の変後，信長の統一事業の後継者をめぐって，信雄・信孝と豊臣秀吉との対立が始まり，小牧・長久手の戦い（1584年）の講和によって優位に立った秀吉は，信雄の所領を大幅に削減し，直轄領にするとともに，支配地の検地を順次行っていった。1594（文禄3）年の検地は，伊勢・志摩両国において実施され，伊勢国は天正年間（1573〜92）の石高を18万石ほども上まわる57万石弱となった。なお，この検地では伊勢神宮領は除外された。

1600（慶長5）年の関ヶ原の戦いでは，地理的な関係から伊勢・伊賀両国が東西両軍の境目にあたるため，安濃津城（現，津市）の攻防戦など，各地で戦いが行われた。西軍に加わった桑名・神戸・亀山の領主らは，東軍の勝利によって領地を没収され，大規模な転封が実施された。伊予国（現，愛媛県）今治から津に移された藤堂高虎は，その後，伊賀国上野（現，伊賀市）を加増され，32万石の大名となった。関ヶ原の戦い後，現在の県域には12藩が残っていたが，その後，転封や改易などによって激減し，江戸時代を通じて存続したのは，桑名・亀山・津・鳥羽の4藩のみで

あった。伊賀上野や松坂(現，松阪市)，田丸(現，度会郡玉城町)には城郭が残されて城代が配置され，伊賀上野は津藩の，松坂と田丸は紀州藩(現，和歌山県)の支配下におかれた。

関ヶ原の戦いで勝利を収めた徳川家康は，早くも1601年，東海道に宿駅を設けた。東海道は県内北部を通り，桑名・四日市・石薬師・庄野・亀山・関・坂下の7宿が設置された。このうち，石薬師と庄野はのちに追加されたもので，これによって東海道は五十三次となった。宿には本陣や脇本陣のほか，旅籠や茶屋もでき，人馬の往来も盛んに行われた。『東海道中膝栗毛』の弥次郎兵衛や喜多八も四日市に宿泊して，伊勢に向かっている。東海道だけではなく，伊勢参宮のために日永の追分(四日市市)で東海道から分岐する伊勢街道や大坂方面からの伊勢本街道，初瀬街道などを多くの旅人が行き来した。これらの街道沿いには，今も道標や常夜灯が多数残され，寄進者の出身地域も広範囲におよんでいる。

経済面では，距離的に畿内に近く，海上交通の盛んな伊勢国からは，多くの大商人が生まれた。彼らは伊勢商人として活躍し，江戸や大坂，京都などに出店をもって莫大な利益をあげた。なかでも，松坂木綿を扱って巨利を得た松坂の小津家や長谷川家，津の川喜田家などが知られる。また，薄利多売方式という当時の新商法によって急成長した三井家(越後屋)も，松坂から出た豪商であった。

文化面では，元禄年間(1688～1704)に伊賀から出た俳諧師松尾芭蕉が著名であるが，松坂からは国学者本居宣長が出て，『古事記伝』を著し，津からは谷川士清が出て，国語辞典のはしりである『和訓栞』を編んだ。

江戸時代中期以降，各藩の財政窮乏が目立ち始める。大商人からの借入金にも限界があり，いろいろな手段で年貢増徴を図ったが，領民からの反発は大きかった。1768(明和5)年におきた亀山藩領一揆は，年貢増徴を目指した検地計画と米問屋の不正に対するものであり，1782(天明2)年の桑名藩領一揆は，天明飢饉による凶作に対して，ごくわずかな減免しかなかったうえに，御用金を課すという政策に対するものであった。双方の一揆ともに，役人や庄屋らの打ちこわしを行う激しいものであった。また，1796(寛政8)年に発生した津藩の大一揆は，財政立直しを図るために，任命されたばかりの郡奉行が行ったあらたな改革に農民らが反発したもので，3万人にもおよぶ農民らが，各地で打ちこわしをともないながら，津城下に押し寄せるという事態にまで発展した。

1853(嘉永6)年のペリー来航以降，幕府は諸藩に対して海防強化を積極的に進めるよう命じた。伊勢に対しては神宮があるため，幕府はとくに厳重な警戒体制をとり，津藩を始め支藩久居藩や鳥羽藩などにも警備を命じた。一方，紀州藩は，従来の浦組制度(農民統制をかねた農兵による海防制度)を伊勢湾方面にも拡大して，異国船の来航に備えた。

近世後期から幕末にかけて，特筆すべきことがらとして，御蔭参りと「ええじゃ

ないか」がある。御蔭参りは、ある年に各地の民衆が爆発的に伊勢参宮を行うもので、江戸時代を通じて6回ほど確認されているが、その原因や実態はよくわかっていない。とくに、後期の1830(文政13)年の御蔭参りは、参宮者は約500万人ともいわれ、街道は道行く人びとで埋め尽くされたという。いずれも神宮の御札が降ったことをきっかけに発生したとされるが、さらに激しさを増したのが、1867(慶応3)年の「ええじゃないか」である。このときは、伊勢参宮よりも各地で御札や金品などを降らせて踊りまわり、幕末の不安定な世情を背景とする民衆の日常の不満を爆発させる場合が多かったと考えられている。

　1867年、15代将軍徳川慶喜によって大政奉還がなされると、その直後に王政復古の大号令を発し、これに反発する旧幕府側と新政府側との間で、大規模な戦いが始まった。この鳥羽・伏見の戦いで、桑名藩と鳥羽藩は旧幕府側につき、当初、旧幕府側に同情的であった津藩が新政府側に説得されて山崎(現、京都府八幡市)で旧幕府軍を砲撃したため、旧幕府軍は総崩れとなった。その後、1869(明治2)年に薩摩・長州・土佐・肥前の4藩の版籍奉還を受けて、諸藩主も後に続き、各藩主は知藩事に任命され、1871年7月、新政府は一挙に廃藩置県を断行し、藩は県となった。

三重県の誕生

　1871(明治4)年の廃藩置県によって、現在の三重県域は当初11県となったが、同年11月には北部の6県を安濃津県に、南部の5県を度会県に統合して2県となった。安濃津県は県庁所在地を津としたが、翌年四日市に移され、四日市の属する三重郡にちなんで県名が三重県と改称された。のち、県庁は再び津に戻るが、県名は存続した。1876年4月には度会県が三重県に統合され、現在の三重県が誕生した。初代県令は岩村定高であった。

　また、政府は1873年に地租改正法を公布したが、改正作業は複雑で手間取り、新しく三重県に統合された旧度会県での作業はさらに遅れた。1876年12月、旧度会県の飯野郡では大雨による被害が深刻となり、県への地租米納や地方税の軽減請願のために集まっていた農民約1000人はやがて暴徒と化し、松阪で銀行などを襲撃した。この騒動は旧度会県域に拡大して、各地で暴動が頻発し、北上して旧三重県域にも広がった。暴動は数日間で鎮圧されたが、参加者として処罰された者は5万人にのぼり、戸長役場や学校などが多くの被害を受けた。暴動は近隣県にも広がりをみせ、政府は地租を3％から2.5％に引き下げるとともに、民費も軽減した。いわゆる伊勢暴動である。

　自由民権運動の影響は、1878年頃から三重県にもおよんできたが、翌年の第1回通常県会では予算削減をめぐって県令と県会の対立事件にまで発展した。その後、第1回衆議院議員選挙で南勢を地盤とした尾崎行雄が当選、以後、63年間にわたって政界で活躍し、「憲政の神様」と称された。

教育制度も大きくかわり，1872(明治5)年の学制制定とともに徐々に学校が設立されていったが，就学率向上を目指す動きや運営費の地元負担をめぐって，村民らの反感を招くことになった。このことは伊勢暴動の際に学校も襲撃対象となった原因の1つと考えられる。就学率は日清(1894〜95年)・日露(1904〜05年)戦争後，軍部からの要求もあり，飛躍的に伸びていった。教育の高等化や実業教育も拡張され，夜学会(学校外の青年による学習集団)では教養以外にも，農業技術の指導も行われた。阿山郡玉滝村(現，伊賀市阿山町)は，模範村(地方改良運動で取組み結果が優良な村)として表彰され，全国から多数の見学者が訪れた。
　第一次世界大戦末期におこった米騒動をきっかけに，社会運動が全国的に広がったが，1922(大正11)年に被差別部落解放運動の中心組織として，全国水平社が結成されると，その直後に三重県水平社も創設され，全国一の参加者を誇った。
　産業面では，1872(明治5)年，稲葉三右衛門によって四日市港が完成し，川島村(現，四日市市)に開設された県内初の紡績工場は，やがて四日市港を利用して安価なインド木綿を輸入し，三重紡績会社として飛躍的に発展していった。しかし，1929(昭和4)年の世界恐慌によって，県内経済は大打撃を受けた。都市部ではこれまで発展を続けてきた紡績業などが労働者の解雇や賃金引下げを行った。とくに大きな影響を受けた農村部では農会などを中心に農村更生運動が展開され，1931年に満州事変がおこると満州(現，中国東北部)を目指す開拓移民が4000人にもおよんだ。
　満州事変以降，日本は戦争への道を歩んでいくが，1941年12月に太平洋戦争が始まると，久居(現，津市)にある第三十三聯隊からは多くの若者が出征していった。1944年にサイパン島がアメリカ軍によって占領されると，日本本土への空襲が激しくなり，県庁所在地であり海軍工廠のあった津市や海軍燃料廠のあった四日市市を始め，伊勢神宮のある「神都」宇治山田市(現，伊勢市)も空襲を受けて甚大な被害を出した。空襲の混乱のなかで，同年12月には東南海地震がおこり，とくに熊野灘沿岸は津波におそわれるなど，自然災害にも見舞われた。

現代の三重県

　1945(昭和20)年8月15日，日本は敗戦を迎えた。1カ月後には連合国軍による県内への進駐が始まり，10月なかばには県会議事堂にGHQの軍政部が設置されて，民主化が行われることになった。封建制の最大基盤であった地主制の解体を目指した2度にわたる農地改革によって，1950年に小作農家は，全農家数の4％にまで激減した。山林については対象外であったため，大規模山林地主は残ることになった。教育面では，1947(昭和22)年の新制中学校の設置を始め，翌年には新制高等学校，さらに国立三重大学，三重県立大学の開学へと続いた。また，政教分離政策によって伊勢神宮は宗教法人となった。
　戦争で被災した工場も徐々に復興を遂げ，木綿や羊毛を中心に繊維産業が急速に

成長したが,1959年9月26日,津市で観測史上最大の瞬間最大風速51m以上を記録した台風15号(伊勢湾台風)によって,大打撃を受けた。台風の通過が伊勢湾の満潮時刻と重なったために,沿岸部に高潮が押し寄せ,とくに県北部の木曽川周辺は,甚大な損害をこうむった。県内全域の死者・行方不明者は1281人,被災家屋は8万7000戸を超え,被害総額は当時の金額で1826億円余りに達した。この結果,伊勢湾から熊野灘にかけて,防潮堤の建設が急速に進められた。

　1950年に開戦した朝鮮戦争を契機に,日本経済は復興し始め,旧海軍燃料廠のあった四日市地域には,大規模な石油コンビナートが誕生した。塩浜に続いて午起に第二,霞ケ浦に第三のコンビナートがつくられ,操業を開始した。しかし,経済優先の動きは周辺住民の生活に大きな影響を与え,とくに大気汚染による公害は,いわゆる「四日市ぜんそく」として全国的に広く知られるようになった。こうした公害問題が大きく取り上げられるなかで,度会郡南伊勢町(旧南勢町・旧南島町)芦浜に建設が計画された原子力発電所問題もおこった。その後,1988年のいわゆるリゾート法を適用した伊勢・志摩・東紀州地域の「三重サンベルトゾーン」による大規模開発計画も,バブル景気の終焉とともに頓挫した。

　1995(平成7)年に「変革」を訴えて知事に当選した北川正恭は,改革途上の2期8年で退き,「文化力」を主張する野呂昭彦知事によるあらたな県政にゆだねられた。しかし,津市を始め桑名市,四日市市,松阪市,伊勢市など,市内中心部から大規模商業施設の撤退が続くなど,県内中心都市の「地盤沈下」が続いている。

　2期目に入った野呂県政は,「元気」「くらしの安全・安心」「絆」を基本政策として掲げた。また,2008年度から,2013年の伊勢神宮の式年遷宮にあわせ,6年間にわたって「こころのふるさと三重」づくりイベントをスタートさせ,「美(うま)し国」三重のアピールを開始している。「平成の大合併」が進み,広範囲にわたる市域が県内各地で生まれているが,地方自治体の緊縮財政のなかで,県民の豊かさが実現されるのか,あらたな試練は始まったばかりである。

【地域の概観】

桑名から四日市

　北勢(北伊勢)地域は県の北部にあたり、桑名市・いなべ市・四日市市と木曽岬町・東員町・川越町・朝日町・菰野町の3町5町からなる。現在の人口は約58万人で、県全体の30％にあたる。西に鈴鹿山脈を控え、東は伊勢湾に面し、その間を大小の河川が東流し、段丘や丘陵が延びる変化に富んだ地形である。北は愛知県・岐阜県、西は滋賀県に接し、JR関西本線・近鉄名古屋線・国道1号線・東名阪自動車道などが通る交通の要衝である。

　北勢地域では旧石器時代の遺跡も確認されており、古くから人びとが生活していたことがわかる。縄文時代の遺跡は、北野遺跡(いなべ市)、村前遺跡(東員町)、西野遺跡・東北山A遺跡(ともに四日市市)、高原遺跡・西江野遺跡(ともに菰野町)など各地に点在する。また、弥生時代の大谷遺跡・永井遺跡(ともに四日市市)などの発掘調査では、環濠や方形周溝墓が確認され、伊勢湾沿岸地域への稲作文化の到来や発展の様子をうかがうことができる。古墳では高塚山古墳(前方後円墳、桑名市)、前方後円墳(前方後方墳とする説もある)の志氐神社古墳、方墳を中心とした広古墳群・八幡古墳(いずれも四日市市)などがある。

　古代においては、672年の壬申の乱で重要な舞台となった。吉野(現、奈良県)を逃れ、鈴鹿関を越えた大海人皇子(のちの天武天皇)は、三重評(現、三重郡・四日市市)・朝明評(現、四日市市)・桑名評(現、桑名市)を経て美濃(現、岐阜県)へ入り、大友皇子の近江朝廷に対し反撃に転じ、これを破った。このときの大海人皇子一行の経路には、その伝承を伝える史跡が点在し、額田廃寺(桑名市)・員弁廃寺(東員町)・縄生廃寺(朝日町)・智積廃寺(四日市市)が、白鳳期(7世紀後半〜8世紀初頭)にあいついで建立されたことも、壬申の乱との関係で注目される。近年、発掘調査が行われた久留倍官衙遺跡(四日市市)は、この時期の郡役所(評衙・郡衙)であることが明らかとなり、全国的にも貴重な遺跡として整備・保存計画が進んでいる。

　中世、鎌倉時代の地域の様子は、善教寺(四日市市)の阿弥陀如来像胎内文書である藤原実重の『作善日記』などによって知られる。室町時代には、北勢四十八家とよばれる国人領主がそれぞれ居城を築いて割拠していた。桑名は「十楽の津」とよばれる自治的な港町として栄えたが、1567(永禄10)年織田信長の侵攻を受け、織田政権の支配下に入った。その後、中世に栄えた多度神社・多度神宮寺や一向一揆の拠点であった長島の願証寺(ともに桑名市)なども灰燼に帰した。

　近世に入ると、桑名には松平氏11万石、長島は増山氏2万石、菰野は土方氏1万石余りの居城がおかれ、四日市には伊勢国の幕府領支配のための代官所がおかれた。また、桑名・四日市は東海道の42番目・43番目の宿場としても賑わった。

　近代以降は、地場産業である桑名の鋳物工業や四日市の窯業に加え、四日市港を

活用した紡績業などの繊維工業が発達し，さらに第二次世界大戦後は石油コンビナートを中心とした，わが国有数の石油化学工業地域として発展した。

なお，この地域では，古くは信長の伊勢侵攻や，戊辰戦争（1868〜69年）当初に幕府方であった桑名藩が官軍により占領されたこと，1945（昭和20）年の桑名・四日市への激しい空襲，さらに1959年9月の伊勢湾台風の被害などによって，多くの史料や貴重な文化財が失われたと考えられる。

伊勢国の拠点，鈴鹿から津

伊勢湾に面する鈴鹿川流域から雲出川流域にかけての地域を，中勢とよぶ。「平成の大合併」により，現在は，鈴鹿市・亀山市・津市の3市となり，町村が姿を消し，鈴鹿郡・安芸郡・一志郡の郡名も行政区画上なくなった。

鈴鹿市は，第二次世界大戦中に海軍工廠や海軍航空基地など，軍の施設が設置されたこともあり，1942（昭和17）年に市制が施行された。戦後は，その跡地に本田技研工業の工場や鈴鹿電気通信学園（現，NTT研修センター）が進出した。伊勢型紙や鈴鹿墨などの伝統的産業が知られ，鈴鹿山麓には椿大神社が鎮座する。

古代の政治の中心地であり，鈴鹿川左岸の同市広瀬町の長者屋敷遺跡で，規模や建物配置が近江国庁跡と同じ奈良時代の国庁跡が発見された。さらに5kmほど東には，伊勢国分寺・国分尼寺が建立されており，現在は国分寺跡の近くに鈴鹿市考古博物館がある。9世紀以降の国府の所在地は定かではないが，鈴鹿川右岸に「国府」の地名が残る。近世には，神戸藩がおかれ，城下町が形成された。白子湊は，紀州藩領として廻船の拠点であり，伊勢木綿などが集荷され，おもに江戸へ荷出された。18世紀後期にロシアへ漂着し，のちに日本に戻った大黒屋光太夫は，廻船の船頭であった。

亀山市では，シャープ株式会社の工場が進出し，液晶テレビが製造されている。古代から交通の要所であり，同市関町では古代の鈴鹿関の土塁跡が発見された。中世には関氏一族が支配し，正法寺山荘が知られる。近世には亀山藩がおかれ，亀山城の多聞櫓は，県内唯一の江戸時代の城郭建築物である。また，関町は東海道47番目の宿場であった。関宿は重要伝統的建造物群保存地区として，整備が進んでいる。

津市は県庁所在地として行政の中心地であり，県内でもっとも早い1889（明治22）年に市制が施行された。津藩の城下町であるが，第二次世界大戦で中心部は焼失した。弥生時代の稲作文化の伝播は，中勢から北勢へと伊勢湾岸を北進したと考えられている。安濃川流域の納所遺跡では木製竪櫛が出土し，森山東遺跡では水田跡がみつかっている。10世紀には安濃郡が神郡に加えられ，鈴鹿・河曲・奄芸・一志郡には，伊勢神宮領の御厨・御園が集中した。平安時代末期に，伊勢平氏が伊勢湾から伊賀にかけて勢力をもつが，鎌倉時代になると東国武士の支配下におかれた。室町時代には，安濃郡を本拠とする長野氏一族と一志郡に拠点をもつ伊勢国司の北

地域の概観　283

畠氏が対立を繰り返したが、織田信長の伊勢侵攻によって駆逐された。三大津として知られていた安濃津は、1498(明応7)年の大地震によって崩壊した。近世になると、藤堂高虎が津に入部し、伊勢と伊賀を領国とした。1669(寛文9)年には久居藩が分離し、この地域は両藩領と紀州藩領が複雑に入り組んでいた。一身田には、15世紀に関東から移ってきた浄土真宗高田派の本山専修寺があり、寺内町を形成していた。現在、津駅西方は、県立美術館・三重県総合文化センター・県立図書館などがあいついで開館し、文化施設が集中している。同市美杉町では北畠氏関連遺跡の発掘調査が進み、周辺の道路網も整備され、四季の風情を求めて、北畠氏館跡庭園を訪れる人も多い。

豪商を生んだ城下町と街道の繁栄

松阪市域は、伊勢平野の一部をなす北部から東部にかけての低平地、西部から南部にかけて展開する低丘陵地、奈良県境にもほど近い西部山間部と、きわめて変化に富む地形を有している。旧嬉野町域は雲出川水系の中村川流域と雲出川下流右岸の沖積低地からなる。中村川中・下流域には、先史時代以降の遺跡が集中し、古代文化の中心地であった。旧三雲町域も、沖積低地と点在する旧砂堆の微高地からなる低平地が広がる豊かな土地である。伊勢湾沿岸に到達した弥生文化は、中ノ庄遺跡や弥生時代前期の水田跡が発見された筋違遺跡といった農耕集落をいち早くこの地に成立させた。

旧松阪市域は西部の堀坂山系、その山麓の岩内複合扇状地帯とそれに続く東部に沖積平野、そして南部に低丘陵地帯が展開する。蒲生氏郷の松阪築城にともなって成立した城下町松阪は、ほぼ旧市域中央部に位置し、当地域の中心都市として栄えてきた。西方の都から伊勢(神宮)へ向かう東西交通(伊勢本街道など)と、南北交通(伊勢参宮街道および熊野街道)の結節点という地理上の特性を有し、まさに交通の要衝であった。

高見山系から中央構造線に沿って北微東流する櫛田川は、流域に河岸段丘を発達させ、松阪市東部へ流れくだる。この流域にも、多くの人びとが暮らしてきた。櫛田川上流の同市飯高町や飯南町に点在する縄文遺跡からは、サヌカイト製石器が、採集された。県内では採取できないサヌカイト製石器・石材を東方地域へ交易するルートとして、高見峠越え櫛田川ルートの重要性を、縄文遺跡はわれわれに知らしめる。旧勢和村の丹生(現、多気町)は、古代から近世まで水銀産地としておおいに栄え、また近世にあっては、紀州和歌山からの参勤交代路として櫛田川沿いの紀州街道が整備され、重要な地位を占めた。

櫛田川の南をほぼ並行して流れる宮川筋には、熊野街道が通じる。やはり河岸段丘の発達した流域に多くの先史時代の遺跡が分布し、多くの人びとの生活を支えてきた。

古墳時代において、松阪は、旧伊勢国最大の前方後円墳である宝塚古墳に象徴

されるように，中心地を占めた。そして江戸時代も城下町として繁栄し，地域の特産物松坂木綿や白粉を全国に流通させた松坂商人の活躍があった。

このように，当地域は原始・古代から重要な位置を占め続けた。現代においても伊勢自動車道や近畿自動車道紀勢線，国道の改修・バイパス建設などにより，広域経済・文化の中心地として，松阪の地位は高まりつつある。さらに「平成の大合併」で旧飯南郡飯高町および飯南町・一志郡嬉野町および三雲町を合併して，広大な新松阪市が誕生した。今後ますます伊勢平野中南部の中核都市として発展を続けて行くことだろう。

美し国，伊勢・志摩

南勢地域のすべての市町に，旧石器・縄文時代の遺跡が散在するが，鳥羽市の贄遺跡をのぞいて大規模に発掘された遺跡はない。松阪市中ノ庄遺跡の弥生時代前期の土器が「黒潮ルート」で搬入されたと考えられるが，弥生時代前期の遺跡も散見される程度である。中期になると，沖積平野での水田耕作の展開から，集落の進出が目立ち，後期になると宮川左岸の微高地や丘陵地，海岸部の丘陵部で，集落の存在が確認される。古墳時代になると，前期の古墳は皆無で，中期の古墳の存在が数基確認されるのみである。

一方，後期になると，農業生産力の拡大と，島嶼部での製塩，ほかの地方との交易による富の蓄積により，南勢各地に横穴式石室をともなう古墳と木棺直葬をともなう古墳が構築された。

律令時代，大王への貢納制度の残滓として，贄制度による海産物（干鮑・海松）などが運脚によって，平城京に運ばれた。天武天皇によって創建された伊勢神宮は，聖武天皇により西の宇佐八幡宮（大分県）・中央の東大寺（奈良県）毘盧舎那仏とともに，東を護る国家神と位置づけられ，神三郡などの経済的基盤が保障されていた。摂関期から院政期には，神宮は御厨・御園とよばれる荘園を集積した。しかし中世国家の成立後，武士の侵略に悩まされ，崇拝者の奉納する幣物に大きく依存するようになり，御師たちが活躍するようになった。南北朝時代，外宮は南朝方，内宮は北朝方に与して対立したが，北朝方が優勢となった。門前町の山田は，外宮と対立しながら，15世紀中頃には自治権を確立し，「山田三方」を組織した。宇治は，内宮と妥協しながら自治都市となった。山田と宇治は，内宮・外宮・伊勢国司北畠氏などと政治的に対立し，戦闘を繰り返した。山田の神役人（道者）たちが，外宮域に籠城して外宮正殿を焼亡する事態もおこった。

安土・桃山時代になると，1568（永禄11）年の織田信長の伊勢侵攻以降，織田信雄・豊臣秀吉・九鬼嘉隆らの支配を受け，江戸時代には宇治・山田は，山田奉行所の支配下で「山田三方」が一定の自治を認められ，その周辺部には幕府領・神宮領・紀州藩領・鳥羽藩領が存在した。1614（慶長19）年の南伊勢から関東にかけての伊勢踊りの流行以来，伊勢神宮への参詣客が増大した。たび重なる都市火災・飢

饉などの復興期には「御蔭参り」が大流行し，宇治・山田の繁栄を参詣客たちが支えた。

明治維新後，新政府の宗教政策により，御師制度や神主の世襲制が廃止され，神仏分離令により廃仏毀釈が進み，徹底した寺院の破却などは，多くの文化財を伊勢の地から消滅させた。国民国家の形成とともに，伊勢神宮は国家神道の総本山として整備され(第二次世界大戦の敗戦により，多くの事業は中断)，1906(明治39)年の市制施行で宇治山田市となり，町村合併により，1956(昭和31)年伊勢市と名称を変更した。伊勢志摩国立公園の玄関口として，観光旅行のメッカであったが，鳥羽・志摩への観光客の減少とともに，活気を失いつつある。2005(平成17)年，「平成の大合併」で小俣町・二見町・御薗村と合併し，少子高齢化・過疎化・産業構造の北勢への偏在など，「三重県の南北問題」のわずかな防波堤として，伊勢市は存在している。

秘蔵の国，伊賀

伊賀国は，東西約30km・南北約38kmの四周を山に囲まれた小国であったが，西は大和(現，奈良県)・山城(現，京都府)，北は近江(現，滋賀県)，東は伊勢の各国に接し，東海道第一番目の国ということもあって，交通や文化が早くから発達した。伊賀地方に旧石器・縄文時代の遺跡は少なく，弥生時代の遺跡は全面的に広がり，数個の銅鐸が出土している。古墳では，県内で最古の東山古墳(伊賀市)や最大の御墓山古墳(伊賀市)，形象埴輪で有名な石山古墳(伊賀市)，伊賀氏数代にわたる古墳がある美旗古墳群(名張市)などの大型古墳がつくられ，後期の群集墳をあわせると数百基以上にのぼる。

壬申の乱(672年)では，大海人皇子が南から北へ縦断し，斎王群行では，飛鳥・奈良時代は名張・青山を，平安時代に入ると柘植を通った。新家駅は，奈良時代の東海道の駅として，711(和銅4)年に設置され，伊賀国府跡は伊賀市坂下にあった。

伊賀国に阿拝・山田・伊賀・名張の4郡があり，白鳳期には，それぞれ三田廃寺・鳳凰寺廃寺・才良廃寺・夏見廃寺が建立された。とくに，夏見廃寺は斎王であった大来皇女が発願し，建立したと伝えられ，その跡は発掘調査ののち整備された。夏見廃寺展示館には，三尊仏を中心に，千体仏で埋めた金堂の塼仏壁が復元・展示されている。

荘園は早くからみられ，東大寺領・摂関家領・興福寺領・神宮領・皇室領などで，伊賀国のほとんどが荘園化した。とくに，東大寺の黒田荘・玉滝荘が有名である。その後，武士が荘園を押領することが多くなり，名張の大江氏や上野の服部氏らは，領主側から悪党とよばれた。その後も，小土豪(国人)が600を超す城館に割拠し，その勢力の均衡を保つための諜報活動が活発となり，忍術が発達した。戦国時代末期には，有力土豪が惣国一揆などを結成し，外敵に対していたが，1581(天

正9)年の天正伊賀の乱で,織田信長の伊賀侵攻によって鎮圧された。
　1585年,豊臣秀吉は筒井定次を大和国郡山より伊賀に移封,1608(慶長13)年,徳川家康の信任厚かった藤堂高虎が伊予国(現,愛媛県)今治から津に移封され,伊賀国も上野に城代家老をおいて無足人制と平高制を実施し,明治維新まで津藩領だった。伊賀国出身の人物は,室町時代の能楽者観阿弥,江戸時代前期の俳人松尾芭蕉が特筆される。
　廃藩置県後,伊賀は三重県の中西部に位置し,関西鉄道(現,JR関西本線)柘植駅は県内で最初に開業した鉄道駅で,文豪横光利一はその鉄道工事関係の仕事できていた父と柘植出身の母との間に生まれた。1896(明治29)年,阿拝郡と山田郡,名張郡と伊賀郡が合併し,阿山郡・名賀郡の2郡となり,1953(昭和28)年の町村合併促進法に基づき,上野市・名張市・伊賀町・阿山町・青山町・大山田村・島ヶ原村となり,さらに2004(平成16)年11月1日より,伊賀市と名張市の2市となった。
　1965(昭和40)年の名阪国道の開通は,伊賀の工業化やベッドタウン化を推し進め,大きく社会を変化させていった。

世界遺産と神話の東紀州

　東紀州は県の南部にあたり,尾鷲市・熊野市と紀北町・御浜町・紀宝町の2市3町からなる。西から1000m級の急峻な山地が海岸まで迫り,東は熊野灘に面する。海岸線は熊野市鬼ヶ城までがリアス式海岸で,複雑な入江を形成するため,良港が発達した。鬼ヶ城以南は,一変して単調な砂利浜が続くが,後背湿地が発達し,古代における渇港の存在を想定する指摘もある。温暖多雨の気候により,深い山々には樹木が多数繁茂することから「木国」とされ,「紀国」の国名の由来になったといわれている。このような,良港の存在と良質の船材になる樹木が豊富に育つ自然条件が,中世以降,水軍の形成を促すなど,当地域の歴史を特色づけてきたといえる。
　旧石器時代の遺跡は確認されていないが,縄文時代については,各期の遺跡が確認されている。平地が少ないという制約のためか,弥生時代の遺跡は,津の森遺跡(熊野市)などわずかしか確認されていない。古墳がほとんどみられないという特徴があり,紀北町が県内における古墳の南限で,以南では,和歌山県に至るまで確認されていない。律令制定以前には,『先代旧事本紀』に「熊野国造」の任命記事があり,豪族が支配する1つの文化圏を形成していたと推測される。律令期以降は現熊野市二木島町の逢川以南が紀伊国となり,以北の現北牟婁郡・尾鷲市は,志摩国英虞郡に編入されたと考えられる。
　中世になると,院政期に紀伊国熊野三山への参詣が隆盛を迎え,当地域には,東国や伊勢から熊野三山へ参詣する道が開かれた。こうして,熊野三山が大きな勢力をもつようになると,南部の現南牟婁郡・熊野市の大部分を神領地とした。北部の志摩国では,伊勢神宮領が多く,木本御厨(現,紀北町)は11世紀という早い時

期の成立であった。南北朝の動乱にともない，両神領地はほとんど消滅したと考えられる。各地では土豪の成長がみられ，水軍を形成するものもあった。なかでも，尾鷲市九木浦に成長した九鬼氏は，14世紀なかばに志摩地方を支配し，そこに拠点を移した。九鬼嘉隆のとき，鳥羽城を構え，織田信長・豊臣秀吉の水軍として名を馳せた。一方，新宮（現，和歌山県新宮市）を拠点に勢力を拡大した堀内氏は，氏善の1582（天正10）年に現紀北町までを支配下に入れ，以後，同町までが紀伊国になったとされる。

近世には，関ヶ原の戦い（1600年）後，浅野幸長が入国し，新宮に一族の浅野忠吉を配した。1619（元和5）年には，浅野氏にかわり，徳川頼宣が駿河国（現，静岡県）から入国，紀伊国と伊勢国の一部をあわせて55万5000石を領し，新宮に付家老水野重仲をおいた。紀州藩は，紀伊国南部に口熊野・奥熊野の2つの代官所をおいたが，当地域は奥熊野代官所の管轄下となった。

近代に入り，1871（明治4）年に廃藩置県が行われ，牟婁郡は熊野川を境にして，西半分は和歌山県に属し，東半分は度会県の一部となった。1876年，度会県は三重県に合併され，牟婁郡東部もまた三重県に属することになった。1879年には，牟婁郡は南・北牟婁郡に分割され，その後，町村合併を繰り返しながら現在に至っている。高度経済成長期以降，かつて「陸の孤島」といわれた当地域にも開発の波が押し寄せたが，豊かな海・山が手つかずのまま残る地域も多かった。このため良好な状態で残ってきた熊野参詣道伊勢路は，2004（平成16）年に「紀伊山地の霊場と参詣道」の構成資産としてユネスコの世界遺産に登録された。これにより，過疎に悩む当地域を活性化させる貴重な文化的資源として，期待が寄せられている。

| 【文化財公開施設】 | ①内容，②休館日，③入館料 |

六華苑　〒511-0009桑名市桑名字鷹場663-5　TEL0594-24-4466　①諸戸庭園と旧諸戸清六邸，②月曜日，祝日の翌日，年末年始，③有料

桑名市博物館　〒511-0039桑名市京町37-1　TEL0594-21-3171　①桑名藩関係資料・万古焼，②月曜日，祝日の翌日(日曜日をのぞく)，年末年始，③無料(特別の場合はのぞく)

楽翁公百年祭記念宝物館　〒511-0032桑名市吉之丸9　TEL0594-22-2238　①桑名藩関係資料，②5月2・3日の例祭のみ開館(他日は要事前連絡)，③有料

輪中の郷　〒511-1102桑名市長島町西川1093　TEL0594-42-0001　①輪中をテーマとする郷土の歴史・民俗・文化，②月曜日(祝日の場合は翌日)，年末年始，③有料

木曽岬町文化資料館　〒498-0807桑名郡木曽岬町西対海地250　TEL0567-68-1617(町教育委員会)　①民俗資料，②年末年始をのぞく土・日曜日のみ開館，③無料

藤原岳自然科学館　〒511-0518いなべ市藤原町坂本870-1　TEL0594-46-8488　①鈴鹿山系の地質・動植物資料，②施設に確認のこと，③無料

東員町郷土資料館　〒511-0255員弁郡東員町長深660　TEL0594-86-2816　①民俗・考古資料，②見学は町教育委員会に要事前連絡，③無料

朝日町歴史博物館　〒510-8103三重郡朝日町柿2278　TEL059-377-6111　①縄生廃寺出土品ほか歴史資料，②月曜日，祝日，年末年始，毎月末日(土・日・月曜日の場合は翌火曜日)，③常設展は無料

朝日町資料館　〒510-8102三重郡朝日町小向873　TEL059-377-2513　①歴史・民俗資料，萬古焼など，②水・土曜日のみ開館(年末年始をのぞく)，③無料

菰野町郷土資料館　〒510-1233三重郡菰野町菰野1097-3　TEL059-394-2200　①歴史・考古・民俗資料，②月・水・金曜日のみ開館(年末年始をのぞく)，③無料

四日市立博物館　〒510-0075四日市市安島1-3-16　TEL059-355-2700　①四日市の自然と歴史・産業・天文，②月曜日(祝日の場合は翌日)，年末年始，③有料

鈴鹿市考古博物館　〒513-0013鈴鹿市国分町224　TEL059-374-1994　①鈴鹿市内出土の考古資料，②月曜日，第3火曜日，祝日の翌日(日曜日をのぞく)，年末年始，③有料

佐佐木信綱記念館　〒513-0012鈴鹿市石薬師町1707-3　TEL059-374-3140　①歌人・国文学者佐佐木信綱の遺品・著作，生家，②月曜日・火曜日，第3水曜日(月曜日のみ休日の場合は開館)，年末年始，③無料

鈴鹿市伝統産業会館　〒510-0254鈴鹿市寺家町3-10-1　TEL059-386-7511　①伊勢型紙・鈴鹿墨資料，②月曜日(祝日の場合は翌日)，年末年始，③無料

高宮資料館　〒513-0003鈴鹿市加佐登町2012-2　TEL059-378-0951　①加佐登神社境内出土の考古資料，②見学は館へ要事前連絡，③志納

大黒屋光太夫記念館　〒510-0224鈴鹿市若松中1-1-8　TEL059-385-3797　①光太夫・神昌丸関係資料，②月曜日・火曜日，第3水曜日(月曜日のみ休日の場合は開館)，年末年始，③無料

稲生民俗資料館　〒510-0204鈴鹿市稲生町2-24-18　伊奈富神社境内　TEL059-386-4198　①稲作・農業関係資料，②月曜日・火曜日，第3水曜日(月曜日のみ休日の場合は開館)，年末年始，③無料

前川定五郎資料室　〒513-0027鈴鹿市岡田1-29-1　牧田小学校内　TEL059-382-9031(市文化

施設名	住所・連絡先	内容

振興部文化課）①歴史資料，②月～金曜日（祝日をのぞく），年末年始（見学の3日前までに鈴鹿市文化振興部文化課へ要連絡），③無料

伊勢型紙資料館　〒510-0242鈴鹿市白子本町21-30　TEL059-368-0240　①伊勢型紙関係資料，②月曜日・火曜日，第3水曜日（月曜日のみ休日の場合は開館），年末年始，③無料

庄野宿資料館　〒513-0831鈴鹿市庄野町21-8　TEL059-370-2555　①東海道庄野宿関係資料，②月曜日・火曜日，第3水曜日（月曜日のみ休日の場合は開館），年末年始，③無料

関まちなみ資料館　〒519-1112亀山市関町中町482　TEL0595-96-2404　①東海道関宿関係資料，②月曜日（祝日の場合は翌日），4・5・9・10・11月は無休，年末年始，③有料

亀山市歴史博物館　〒519-0151亀山市若山町7-30　TEL0595-83-3000　①亀山市内の歴史・考古資料，②火曜日（祝日の場合は翌日），年末年始，③有料

関宿旅籠玉屋歴史資料館　〒519-1112亀山市関町中町444-1　TEL0595-96-0468　①東海道関宿関係資料，②月曜日（祝日の場合は翌日），4・5・9・10・11月は無休，年末年始，③有料

三重県立美術館　〒514-0007津市大谷町11　TEL059-227-2100　①美術・歴史・考古資料，②月曜日（祝日の場合は翌日），祝日の翌日（土・日曜日をのぞく），年末年始，③有料

三重県立博物館　〒514-0006津市広明町147-2　TEL059-228-2283　①考古・歴史・民俗資料，動植物・鉱物資料，②休館中，2014（平成26）年に津市に県立博物館として開館予定

津市一身田寺内町の館　〒514-0114津市一身田町758　TEL059-233-6666　①一身田寺内町の歴史・民俗資料，②月曜日（祝日の場合は翌日），年末年始，③無料

高田本山専修寺宝物館　〒514-0114津市一身田町2819　TEL059-232-4171　①親鸞と高弟真蹟などの資料，②見学は館へ要事前連絡，③無料

石水博物館　〒514-0821津市垂水3032-18　TEL059-227-5677　①川喜田家寄贈資料（茶道具，絵画，古文書等），②月曜（祝日の場合は翌日），年末年始，③有料

谷川士清旧宅　〒514-0041津市八町3-9-18　TEL059-225-4346　①国学者谷川士清関係資料，②月曜日（祝日の場合は翌日），祝日の翌日，年末年始，③無料

津市香良洲歴史資料館　〒514-0300津市香良洲町6320　TEL059-292-2118　①民俗資料の展示と平和記念展示室，②月曜日（祝日の場合は翌日），年末年始，③有料（市民は無料）

津市芸濃郷土資料館　〒514-2211津市芸濃町椋本6824　芸濃総合文化センター内　TEL059-265-6000　①芸濃町の歴史・民俗資料，②火曜日（祝日の場合は翌日），年末年始，③無料

津市埋蔵文化財センター　〒514-0058津市安東町1225　TEL059-229-0210　①津市内の埋蔵文化財，②土・日曜日，祝日，年末年始，③無料

津市美里ふるさと資料館　〒514-2112津市美里町北長野1445　TEL059-279-3501　①歴史・民俗資料，②月曜日（祝日の場合は翌日），年末年始，③無料

津市安濃郷土資料館　〒514-2326津市安濃町東観音寺51-3　安濃交流会館内　TEL059-268-5678　①歴史・民俗資料，②木曜日（祝日の場合は翌日），年末年始，③無料

津市美杉ふるさと資料館　〒515-3312津市美杉町上多気1010　TEL059-275-0240　①歴史・民俗資料，北畠氏関係資料，②月曜日（祝日の場合は翌日），年末年始，③有料

津市白山郷土資料館　〒515-2622津市白山町中ノ村127-11　TEL059-262-6647　①歴史・民俗資料，②月曜日（祝日の場合は翌日），年末年始，③無料

松浦武四郎記念館　〒515-2109松阪市小野江町383　TEL0598-56-6847　①蝦夷地探検で知られる松浦武四郎関係資料，②月曜日，祝日の翌日(祝日が日曜日の場合は翌々日)，年末年始，③有料

松阪市立歴史民俗資料館　〒515-0073松阪市殿町1539　TEL0598-23-2381　①松阪木綿・伊勢白粉・商人関係資料，②月曜日，祝日の翌日，年末年始，③有料

本居宣長記念館　〒515-8515松阪市殿町1536-7　TEL0598-21-0312　①国学者本居宣長の旧宅鈴屋と関係資料，②月曜日，年末年始，③有料

御城番屋敷　〒515-0073松阪市殿町1385　TEL0598-26-5174　①松阪城の警備を担当した紀州藩士の組長屋，②月曜日(祝日の場合は翌日)，年末年始，③無料

松阪商人の館　〒515-0081松阪市本町2195　TEL0598-21-4331　①旧小林清左衛門家住宅の公開，②月曜日，祝日の翌日，年末年始，③有料

松阪市文化財センター「はにわ館」　〒515-0821松阪市外五曲町1　TEL0598-26-7330　①宝塚古墳出土の船形埴輪ほか，松阪市内の考古資料，②月曜日，祝日の翌日，年末年始，③有料

松阪市嬉野考古館　〒515-2323松阪市嬉野権現前町428-88　嬉野ふるさと会館内　TEL0598-42-7000　①嬉野出土の考古資料，②月曜日・第2火曜日(祝日の場合は翌日)，③無料

多気町郷土資料館　〒519-2181多気郡多気町相可1620　TEL0598-38-1132　①考古・歴史・民俗資料，②月曜日，祝日，年末年始，③無料

斎宮歴史博物館　〒515-0325多気郡明和町竹川503　TEL0596-52-3800　①斎王・国史跡斎宮跡関係資料，②月曜日(祝日の場合は翌日)，祝日の翌日，年末年始，③有料

明和町立歴史民俗資料館　〒515-0332多気郡明和町馬之上944-2　ふるさと会館内　TEL0596-52-7131　①歴史・民俗資料，②月曜日，祝日，毎月末日，年末年始，③無料

村山龍平記念館　〒519-0415度会郡玉城町田丸114-1　TEL0596-58-8212　①考古資料，田丸城関係資料，『朝日新聞』の創始者村山龍平の遺品・書簡，②年末年始，③無料

大紀町郷土資料館　〒519-2703度会郡大紀町滝原2503-1　TEL0598-86-3023　①旧大宮町を中心とする歴史・民俗資料，②火・木・日曜日のみ開館，③無料

度会町郷土資料館　〒516-2103度会郡度会町棚橋69　TEL0596-62-1588　①森添遺跡出土品など考古資料，民俗資料，②火・木・日曜日のみ開館(見学には町公民館へ要事前連絡)，③無料

愛洲の館　〒516-0101度会郡南伊勢町五ケ所浦2366　TEL0599-66-2440　①郷土の農具・漁具など生活用具，考古資料，②火曜日，年末年始，③有料

神宮徴古館・農業館・美術館　〒516-0016伊勢市神田久志本町1754-1　TEL0596-22-1700　①〔徴〕伊勢神宮神宝・参宮資料，考古資料，〔農〕神宮御料地関係資料，明治時代の農林水産業資料，〔美〕日本の美術・工芸の歩みを展望できる絵画・書・工芸品など，②月曜日(祝日の場合は翌日)，年末，③有料

神宮文庫　〒516-0016伊勢市神田久志本町1711　TEL0596-22-2737　①伊勢神宮関係資料(神道・文学・歴史の貴重本多数)，②日曜日，祝日，年末年始，図書閲覧日は木〜土曜日，③無料

皇學館大学佐川記念神道博物館　〒516-0016伊勢市神田久志本町1704　TEL0596-22-6471　①神道・考古・歴史資料，②日曜日，祝日，4月30日(大学創立記念日)，10月17日(神

	宮神嘗祭)，年末年始，大学休校日，③無料
お伊勢まいり資料館	〒516-0026伊勢市宇治浦田1-15-20　TEL0596-24-5353　①江戸時代の伊勢参拝を人形で再現，②火曜日，年末年始，③有料
伊勢市立古市参宮街道資料館	〒516-0034伊勢市中之町69　TEL0596-22-8410　①古市歌舞伎の衣装など民俗資料，②月曜日(祝日の場合は翌日)，祝日の翌日，年末年始，③無料
金剛證寺宝物館	〒516-0021伊勢市朝熊町岳548　TEL0596-22-1710　①伊勢国朝熊山経ケ峯経塚出土品，②水曜日(1月中と祝日の場合は開館)，③有料
尾崎咢堂記念館	〒516-0052伊勢市川端町97-2　TEL0596-22-3198　①尾崎行雄関係資料，②月曜日(祝日の場合は翌日)，年末年始，③有料
海の博物館	〒517-0025鳥羽市浦村町大吉1731-68　TEL0599-32-6006　①漁労用具・海女具・船大工道具，②6月26〜30日，12月26〜30日，③有料
志摩市立磯部郷土資料館	〒517-0214志摩市磯部町迫間4　TEL0599-55-2881　①御田植祭関係資料，歴史・民俗資料，②月曜日，毎月最終木曜日，祝日，年末年始，③無料
芭蕉翁記念館	〒518-0873伊賀市上野丸之内117-13　上野公園内　TEL0595-21-2219　①松尾芭蕉関係資料，②年末年始，③有料
俳聖殿	〒518-0873伊賀市上野丸之内　上野公園内　TEL0595-21-3148　①松尾芭蕉の旅姿を模した檜皮葺の八角堂，②10月12日(芭蕉祭)のみ内部の伊賀焼等身大の芭蕉坐像を公開，③無料
伊賀文化産業城(伊賀上野城)	〒518-0873伊賀市上野丸之内106　TEL0595-21-3148　①藤堂家旧蔵の武具・甲冑，伊賀焼・組紐関係資料，②12月29〜31日，③有料
伊賀流忍者博物館・忍者伝承館	〒518-0873伊賀市上野丸之内　上野公園内　TEL0595-23-0311　①忍者関係資料，②12月29日〜1月1日，③有料
伊賀信楽古陶館	〒518-0873伊賀市上野丸之内57-12　TEL0595-24-0271　①伊賀焼・信楽焼の古陶および現代作家作品，②12月29日〜1月1日，③有料
だんじり会館	〒518-0873伊賀市上野丸之内122-4　TEL0595-24-4400　①上野天神祭桜車，鬼行列の再現展示，②4月第3日曜日，10月23〜25日，12月29日〜1月1日，③有料
旧崇廣堂	〒518-0873伊賀市上野丸之内78-1　TEL0595-24-6090　①津藩藩校有造館の支校，②12月29日〜1月3日，③有料
上野歴史民俗資料館	〒518-0873伊賀市上野丸之内116-2　TEL0595-21-6666　①考古・歴史・民俗資料，昭和30年代の農家を復元，②12月29日〜1月3日，③有料
伊賀越資料館	〒518-0825伊賀市小田町1321　TEL0595-23-5370　①伊賀越仇討ち関係資料(荒木又右衛門・河合又五郎の遺品など)，②12月29日〜1月1日，③有料
旧小田小学校本館(近代初等教育資料展示室)	〒518-0825伊賀市小田町141-1　TEL0595-21-9957　①県内最古の小学校校舎，明治時代〜昭和40年代の教科書・学習用具の展示，②12月29日〜1月3日，③有料
蓑虫庵	〒518-0848伊賀市上野西日南町1820　TEL0595-23-8921　①松尾芭蕉の高弟服部土芳の草庵，②月曜日，祝日の翌日，12月29日〜1月3日，③有料
芭蕉翁生家	〒518-0871伊賀市上野赤坂町304　TEL0595-24-2711　①松尾芭蕉の生家，②12月29日〜1月3日，③有料
入交家住宅	〒518-0859伊賀市上野相生町2828　TEL0595-26-0313　①入交家邸の公開およ

び関係資料，②年末年始，③有料

城之越遺跡・学習館　　〒518-0115伊賀市比土字城之越4724　TEL0595-36-0055　①湧水点祭祀遺構の野外展示，②12月29日～1月3日，③有料

柘植歴史民俗資料館　　〒519-1402伊賀市柘植町1706　TEL0595-45-1900　①考古・歴史・民俗資料，②月曜日，12月29日～1月3日，③無料

大山田郷土資料館　　〒518-1417伊賀市富永1004-2　TEL0595-48-0303　①考古・歴史・民俗資料，②月曜日，12月29日～1月3日，③無料

伊賀焼伝統産業会館　　〒518-1325伊賀市丸柱169-2　TEL0595-44-1701　①伊賀焼および関係資料，②月曜日(祝日の場合は翌日)，年末年始，③有料

初瀬街道交流の館「たわらや」　　〒518-0226伊賀市阿保1418　TEL0595-52-1110　①参宮講看板など歴史・民俗資料，②火曜日，年末年始，③有料

名張市立図書館江戸川乱歩コーナー　　〒518-0712名張市桜ケ丘3088-156　TEL0595-63-3260　①江戸川乱歩の著書・原稿・遺品，②月曜日(祝日はのぞく)，毎月最終火曜日(祝日の場合は翌日)，特別整理期間，年末年始，③無料

夏見廃寺展示館　　〒518-0441名張市夏見2759　TEL0595-64-9156　①夏見廃寺金堂復元，出土品など関係資料，②月・木曜日(祝日の場合は翌日)，年末年始，③有料

名張藤堂家邸跡　　〒518-0718名張市丸之内54-3　TEL0595-63-0451　①名張藤堂(宮内)家邸の公開および関係資料，②月・木曜日(祝日の場合は翌日)，12月29日～1月3日，③有料

美旗市民センター歴史資料室　　〒518-0616名張市美旗町南西原229-3　TEL0595-65-3007　①美旗古墳群など歴史資料，②第3日曜日，年末年始，③無料

紀北町立紀伊長島郷土資料館　　〒519-3205北牟婁郡紀北町紀伊長島区長島2141 紀伊長島体育館内　TEL05974-7-3906　①考古・歴史・民俗資料，②月・水・金曜日，12月29日～1月3日，③無料

紀北町立海山郷土資料館　　〒519-3404北牟婁郡紀北町海山区中里96　TEL0597-36-1948　①考古・歴史・民俗資料，②月曜日，祝日，年末年始，③無料

紀宝町ふるさと資料館「みどりの里」　　〒519-5835南牟婁郡紀宝町大里2887　田代公園内　TEL0735-33-1010　①歴史・民俗資料，②月曜日(祝日の場合は翌日)，③無料

尾鷲市立中央公民館郷土室　　〒519-3616尾鷲市中村町10-41　TEL0597-23-8281　①考古・歴史・民俗資料，大庄屋文書，②第3日曜日，祝日，年末年始，③無料

熊野市歴史民俗資料館　　〒519-4325熊野市有馬町599　TEL0597-89-5161　①考古・歴史・民俗資料，②月・木曜日(祝日の場合は翌日)，年末年始，③無料

熊野市紀和鉱山資料館　　〒519-5413熊野市紀和町板屋110-1　TEL05979-7-1000　①紀州鉱山関係資料，歴史・民俗資料，②月曜日(祝日の場合は翌日)，12月30日～1月1日，③有料

【無形民俗文化財】

国指定

桑名石取祭の祭車行事　　桑名市本町(春日神社ほか)　　8月第1日曜日とその前日の土曜日
伊勢太神楽　　桑名市太夫(増田神社ほか)　　12月24日
鳥出神社の鯨船行事　　四日市市富田　　8月14・15日
御頭神事　　伊勢市御薗町高向　　2月11日
志摩加茂五郷の盆祭行事　　鳥羽市松尾町・河内町　　8月14・15日
安乗の人形芝居　　志摩市阿児町安乗　　旧暦8月14・15日，1月2日
磯部の御神田　　志摩市磯部町上之郷(伊雑宮御料田)　　6月24日
上野天神祭のダンジリ行事　　伊賀市上野　　10月23〜25日

県指定

多度大社上げ馬神事　　桑名市多度町多度(多度大社)　　5月4・5日
猪名部神社上げ馬神事　　員弁郡東員町北大社(猪名部神社)　　4月第1土曜日
獅子舞　　員弁郡東員町六把野新田
鳥出神社の鯨船行事　　四日市市富田
伊奈冨神社の獅子神楽　　鈴鹿市稲生西2丁目　　1月15日ほか
椿神社の獅子神楽　　鈴鹿市山本町　　2月21日ほか
オンナイ念仏会　　鈴鹿市三日市2丁目　　8月4日
唐人踊附大幟　　津市丸之内　　10月第2月曜日直前の土・日曜日
香良洲町の宮踊り　　津市香良洲町　　8月15日
牛蒡祭　　津市美杉町下之川　　2月11日
射和祇園祭の屋台行事　　松阪市射和町(射和寺)　　7月中旬の土・日曜日
かんこ踊　　松阪市小阿坂町(阿射加神社)　　1月14日
かんこ踊　　松阪市猟師町　　8月13〜15日
かんこ踊　　松阪市松崎浦町・松ケ島町新田　　8月14〜16日
本郷の羯鼓踊　　松阪市飯南町向粥見本郷(医王寺)　　4年ごとの8月14日
馬瀬の狂言　　伊勢市馬瀬町　　2月20日
佐八の羯鼓踊　　伊勢市佐八町　　8月15・16日
円座の羯鼓踊　　伊勢市円座町　　8月15日
伊勢神宮の御田植　　伊勢市楠部町　　5月中旬
猿田彦神社の御田祭　　伊勢市宇治浦田(猿田彦神社)　　5月5日
東大淀の御頭神事　　伊勢市東大淀町　　旧暦1月11日に近い前の土曜日
和谷式神楽　　伊勢市一色町　　3月11日またはそれ以降の近い日曜日
山神の獅子舞　　度会郡玉城町山神　　1月最終日曜日
棚橋の御頭神事　　度会郡度会町棚橋　　旧暦正月12日に近い土曜日
一之瀬獅子神楽　　度会郡度会町南中村・脇出・和井野・市場　　2月11日
国崎の熨斗鰒づくり　　鳥羽市国崎町
ゲーター祭　　鳥羽市神島町　　12月31日〜元旦
波切のわらじ曳き　　志摩市大王町波切　　9月最初の申の日
ささら踊り　　志摩市阿児町立神　　8月14日

| 敢国神社の獅子舞 | 伊賀市一之宮 | 1月3日，4月17日，12月4・5日 |

敢国神社の獅子舞　　伊賀市一之宮　　1月3日，4月17日，12月4・5日
勝手神社の神事踊　　伊賀市山畑　　10月10日
正月堂の修正会　　伊賀市島ケ原　　2月11〜13日
植木神社祇園祭　　伊賀市平田　　7月最終土曜日
花の窟のお綱かけ神事　　熊野市有馬町(花の窟神社)　　2月2日，10月2日
二木島祭　　熊野市二木島町・甫母町・二木島里町　　5月4日，11月4日

【おもな祭り】(国・県指定無形民俗文化財をのぞく)————————————————

野原大神楽　　度会郡大紀町野原　　1月1・2日
はらそ祭　　尾鷲市梶賀町　　1月第2月曜日
ししこ念仏　　津市一身田町　　1月15・16日
初愛宕　　松阪市愛宕町(龍泉寺)　　1月24日
尾鷲ヤーヤ祭　　尾鷲市北浦町(尾鷲神社)　　2月1〜5日
松明調進行事　　名張市赤目町一ノ井(極楽寺)　　2月11日〜3月14日
御船祭　　鳥羽市松尾町(正福寺)　　2月15日
初午大祭　　松阪市中町(継松寺)　　3月最初の午の日
一色能楽　　伊勢市一色町　　3月11日またはそれ以降の近い日曜日
神戸の寝釈迦　　鈴鹿市神戸　　3月14〜16日
てんてん　　松阪市飯南町向粥見　　4月第1日曜日
日置神社の神事踊　　伊賀市伊賀町下柘植　　4月10日
唐人おどり　　鈴鹿市東玉垣町　　4月上旬の日曜日
御衣祭(神御衣祭)　　松阪市井口中町(神麻績機殿上神社)・大垣内町(神麻績機殿下神社)
　　5月1〜14日頃・10月1〜14日頃
潮かけ祭　　志摩市志摩町和具　　6月26日
甚目の虫送り　　松阪市甚目町　　7月第2日曜日
しろんご祭　　鳥羽市菅島町　　7月11日
広瀬のかんこ踊　　鈴鹿市広瀬町　　7月中旬
祇園祭　　松坂市(御厨・大雲・松阪各神社)　　7月14〜16日
大淀の祇園祭　　多気郡明和町大淀　　旧暦6月14日に近い日曜日
ざるやぶり神事　　津市河芸町一色　　7月15日
稲熱　　三重郡川越町　　7月下旬の土曜日
三町石取祭　　桑名市長島町長島下町・長島中町・長島萱町　　7月最終金・土曜日
八重垣神社大門祭　　桑名市大福　　7月最終日曜日
お諏訪おどり　　四日市市水沢町　　7月31日
八王子祭り　　三重郡朝日町　　8月13日
大念仏　　四日市市東日野町・西日野町　　8月13〜15日
杉谷嘉例踊り　　三重郡菰野町　　8月14日
つんつく踊り　　四日市市日永　　8月14・15日
かんこ踊り　　亀山市加太北在家・中在家ほか　　8月14・15日
かんこ踊り　　津市白山町南出・山田野・佐田　　8月14・15日
赤須賀神明社石取祭　　桑名市赤須賀　　8月15・16日

弁天祭	いなべ市大安町大井田	8月25日
磯津の鯨船行事	四日市市磯津	9月22・23日
しゃご馬	津市本町	10月第2月曜日直前の土・日曜日
市場町獅子舞	四日市市市場町	10月9日
坂本曳山囃子	いなべ市藤原町坂本	10月10日
長太鯨船行事	鈴鹿市北長太町	10月中旬
傘鉾	亀山市野村町	10月14日
津夜城でこさん	松阪市嬉野津夜城町	旧暦10月15日
元取千本つき	津市白山町城立	12月1日
山の神	度会郡南伊勢町斎田	12月7日に近い日曜日
伊勢のお木曳	伊勢市内(内宮・外宮付近)	20年ごと式年遷宮前

【有形民俗文化財】

国指定

伊勢湾・志摩半島・熊野灘の漁撈用具　　鳥羽市浦村町

県指定

自筆本桑名日記・自筆本柏崎日記　　桑名市京町
徳蓮寺の小絵馬　　桑名市多度町下野代
刻限日影石　　いなべ市員弁町笠田新田
蝙蝠堂民俗玩具　　四日市市富田1丁目
鯨船山車　　四日市市南納屋町
大入道山車　　四日市市中納屋町
江島若宮八幡神社絵馬群　　鈴鹿市東江島町
朝鮮通信使行列図染絵胴掛　　鈴鹿市白子本町
三重県水産図解・三重県水産図説　　津市広明町
紙本著色熊野観心十界曼荼羅・紙本著色那智参詣曼荼羅　　津市南河路
紙本著色熊野観心十界曼陀羅　　伊勢市小俣町元町
宮古の石風呂　　度会郡玉城町宮古
道薬神石塔　　度会郡度会町栗原
獅子頭　　度会郡度会町下久具
賀多神社能舞台(組立式)　　鳥羽市鳥羽2丁目
越賀の舞台　　志摩市志摩町越賀
参宮講看板附たわら屋看板　　伊賀市阿保
柏尾頭番帳　　伊賀市柏尾
春日神社雨乞願解大絵馬附相撲板番付　　伊賀市川東
紙漉き用具一式　　名張市桜ケ丘
尾鷲神社獅子頭　　尾鷲市北浦町
八鬼山町石及び石造三宝荒神立像・石造不動明王立像　　尾鷲市南浦
鯨の供養塔　　熊野市二木島町
諸手船　　南牟婁郡紀宝町鵜殿

【散歩便利帳】

[観光担当部署]

〈県〉

三重県農水商工部観光局観光・交流室　〒514-8570津市広明町13　県庁6F
　　TEL059-224-2802　FAX059-224-2482

社団法人三重県観光連盟　〒514-0002津市島崎町3-1　三重県島崎会館2F
　　TEL059-224-5904／0120-301714(フリーダイヤル)　FAX059-224-5095

〈市町〉

津市商工観光部観光振興課　〒514-8611津市大門7-15　津センターパレス2F
　　TEL059-229-3234　FAX059-229-3335

桑名市産業振興部観光課観光係　〒511-8601桑名市中央町2-37　TEL0594-24-1231
　　FAX0594-24-1140

いなべ市農林商工部農林商工課商工観光係　〒511-0511いなべ市藤原町市場115
　　TEL0594-46-6309　FAX0594-46-6319

四日市市商工農水部商業観光課勤労観光係　〒510-8601四日市市諏訪町1-5
　　TEL059-354-8175　FAX059-354-8307

鈴鹿市産業振興部商業観光課　〒513-8701鈴鹿市神戸1-18-18　TEL059-382-9016
　　FAX059-382-0304

亀山市産業建設部産業・観光振興室　〒519-0195亀山市本丸町577　TEL0595-84-5049
　　FAX0595-82-9669

松阪市商工観光部商工課観光係　〒515-8515松阪市殿町1340-1　TEL0598-53-4406
　　FAX0598-26-4030

伊勢市まちづくり推進部観光政策課　〒516-8601伊勢市岩渕1-7-29　TEL0596-21-5565
　　FAX0596-21-5566

鳥羽市商工観光課観光係　〒517-0011鳥羽市鳥羽3-1-1　TEL0599-25-1157
　　FAX0599-25-1159

志摩市産業振興部観光戦略室　〒517-0592志摩市阿児町鵜方3098-9　TEL0599-44-0005
　　FAX0599-44-5252

尾鷲市新産業創造課商工観光開発係・熊野古道係　〒519-3696尾鷲市中央町10-43
　　TEL0597-23-8261・8223　FAX0597-22-8225

熊野市観光スポーツ交流課観光交流係　〒519-4392熊野市井戸町796
　　TEL0597-89-4111　FAX0597-89-3742

伊賀市産業振興部観光振興課　〒518-8501伊賀市上野丸之内116　TEL0595-22-9670
　　FAX0595-22-9695

名張市産業部商工観光室　〒518-0492名張市鴻之台1番町1　TEL0595-63-7648

木曽岬町産業環境課　〒498-8503桑名郡木曽岬町西対海地251　TEL0567-68-6105
　　FAX0567-68-3792

東員町産業課産業振興係　〒511-0251員弁郡東員町山田1600　TEL0594-86-2808
　　FAX0594-86-2852

朝日町産業振興課　〒510-8522三重郡朝日町小向893　TEL059-377-5658

FAX059-377-4543
川越町産業開発課　　〒510-8588三重郡川越町豊田一色405　TEL059-366-7120
FAX059-366-2221
菰野町観光商工課　　〒510-1292三重郡菰野町潤田1250　TEL059-391-1129
FAX059-371-1188
多気町農林商工課　　〒519-2181多気郡多気町相可1600　TEL0598-38-1117
FAX0598-38-1140
明和町産業課商工観光係　　〒515-0332多気郡明和町馬之上945　TEL0596-52-7118
FAX0596-52-7138
大台町産業課　　〒519-2404多気郡大台町佐原750　TEL0598-82-3786
FAX0598-82-1618
玉城町産業建設チーム農林商工グループ　　〒519-0415度会郡玉城町田丸114-2
TEL0596-58-8205　FAX0596-58-4494
度会町総務企画課企画防災係　　〒516-2195度会郡度会町棚橋1215-1　TEL0596-62-2421
FAX0596-62-1647
南伊勢町企画商工観光課　　〒516-0194度会郡南伊勢町五ヶ所浦3057　TEL0599-66-1366
FAX0599-66-1846
大紀町商工観光課観光係　　〒519-2703度会郡大紀町滝原1610-1　TEL0598-86-2243
FAX0598-86-3276
紀北町産業振興課商工・観光係(本庁)　　〒519-3492北牟婁郡紀北町海山区相賀495-8
TEL0597-32-1111　FAX0597-32-2331
御浜町産業建設課　　〒519-5292南牟婁郡御浜町阿田和6120-1　TEL05979-3-0519
FAX05979-2-3502
紀宝町企画調整課商工観光係　　〒519-5701南牟婁郡紀宝町鵜殿324
TEL0735-33-0334　FAX0735-32-1244

[文化財担当部署]
〈県〉
三重県教育委員会文化財保護室　　〒514-8570津市広明町13　県庁7F　TEL059-224-2999・
3328　FAX059-224-3022
三重県埋蔵文化財センター　　〒515-0325多気郡明和町竹川503　TEL0596-52-1732
FAX0596-52-7035
〈市町〉
津市教育委員会文化課　　〒514-8611津市西丸之内23-1　TEL059-229-3250
FAX059-229-3247
津市埋蔵文化財センター　　〒514-0058津市安東町1225　TEL059-229-0210
FAX059-229-4601
桑名市教育委員会文化課文化振興係　　〒511-8601桑名市中央町2-37　TEL0594-24-1361
FAX0594-27-3272
いなべ市教育委員会生涯学習課　　〒511-0292いなべ市大安町大井田2704　いなべ市中央公
民館内　TEL0594-78-3523　FAX0594-78-3509

四日市市教育委員会社会教育課文化財係　　〒510-8601四日市市諏訪町1-5
　TEL059-354-8240　FAX059-354-8308
鈴鹿市文化振興部文化課　　〒513-8701鈴鹿市神戸1-18-18　TEL059-382-9031
　FAX059-382-9071
亀山市教育委員会まちなみ・文化室　　〒519-0195亀山市本丸町577　TEL0595-84-5078
　FAX0595-82-6161
松阪市教育委員会文化課文化財係　　〒515-8515松阪市殿町1315-3　TEL0598-53-4397・4393
　FAX0598-25-0133
松阪市文化財センター　　〒515-0821松阪市外五曲町1　TEL0598-26-7330
　FAX0598-26-7374
伊勢市教育委員会文化振興課文化財係　　〒519-0592伊勢市小俣町元町540
　TEL0596-22-7884　FAX0596-23-8641
鳥羽市教育委員会生涯学習課社会教育係　　〒517-0022鳥羽市大明東町1-6
　TEL0599-25-1268　FAX0599-25-1263
志摩市教育委員会文化スポーツ課教育文化・文化財係　　〒517-0703志摩市志摩町和具535
　志摩文化会館内　TEL0599-85-2222　FAX0599-85-7800
尾鷲市教育委員会生涯学習課　　〒519-3696尾鷲市中村町10-50　TEL0597-23-8293
　FAX0597-23-8294
熊野市教育委員会社会教育課社会教育係　　〒519-4392熊野市井戸町796　TEL0597-89-4111
　FAX0597-89-6614
伊賀市教育委員会文化財室　　〒518-8501伊賀市上野丸之内116　TEL0595-22-9681
　FAX0595-22-9691
名張市教育委員会文化振興室　　〒518-0492名張市鴻之台1-1　TEL0595-63-7897
　FAX0595-63-9848
木曽岬町教育委員会教育課　　〒498-0807桑名郡木曽岬町西対海地47　TEL0567-68-1617
　FAX0567-69-1441
東員町教育委員会社会教育課社会教育係　　〒511-0251員弁郡東員町山田1700
　TEL0594-86-2816　FAX0594-86-2854
朝日町教育委員会教育課　　〒510-8103三重郡朝日町柿2278　朝日町教育文化施設内
　TEL059-377-6111　FAX059-377-6112
川越町教育委員会生涯学習課　　〒510-8123三重郡川越町豊田一色314　川越町教育文化センター内　TEL059-366-7140　FAX059-364-4813
菰野町教育委員会社会教育課　　〒510-1292三重郡菰野町潤田1250　TEL059-391-1160
　FAX059-391-1195
多気町教育委員会教育文化課　　〒519-2181多気郡多気町相可1587-1　TEL0598-38-1121
　FAX0598-38-1130
明和町教育委員会生涯学習課　　〒515-0332多気郡明和町馬之上945　TEL0596-52-7124
　FAX0596-52-7133
明和町斎宮跡課　　〒515-0332多気郡明和町馬之上945　TEL0596-52-7126
　FAX0596-52-7133

大台町教育委員会社会教育課　　〒519-2404多気郡大台町佐原750　TEL0598-76-3791
　FAX0598-82-3115
玉城町教育委員会教育チーム生涯教育係　　〒519-0415度会郡玉城町田丸114-1
　TEL0596-58-8212　FAX0596-58-7588
度会町教育委員会　　〒516-2195度会郡度会町棚橋1215-1　TEL0596-62-2422
　FAX0596-62-1647
南伊勢町教育委員会事務局分室　　〒516-0101度会郡南伊勢町五ケ所浦2366　愛洲の館内
　TEL0599-66-2440　FAX0596-66-2441
大紀町教育委員会生涯学習課生涯学習係　　〒519-3111度会郡大紀町大内山849-3
　TEL0598-72-4040　FAX0598-72-2470
紀北町教育委員会教育課生涯学習係　　〒519-3492北牟婁郡紀北町海山区相賀495-8
　TEL0597-32-0234　FAX0597-32-3470
御浜町教育委員会　　〒519-5292南牟婁郡御浜町阿田和6120-1　TEL05979-3-0526
　FAX05979-2-3502
紀宝町教育委員会生涯学習室生涯学習係　　〒519-5701南牟婁郡紀宝町鵜殿1147-2 生涯学
　習センター「まなびの郷」内　TEL0735-32-0241　FAX0735-32-3009
東紀州観光まちづくり公社
　　紀北事務所　〒519-3695尾鷲市坂場西町1-1 三重県尾鷲庁舎内　TEL0597-23-3784
　　　　　　　　FAX0597-23-3785
　　紀南事務所　〒519-4393熊野市井戸町371 三重県熊野庁舎内　TEL0597-89-6172
　　　　　　　　FAX0597-89-6184

【参考文献】

『伊勢街道・朝熊岳道・二見道・磯部道・青峰道・鳥羽道』　三重県教育委員会編　三重県教育委員会　1986

『伊勢河崎の町並み　歴史的環境の保全とまちづくり』　観光資源保護財団編　観光資源保護財団　1980

『街道の日本史30　東海道と伊勢湾』　本多隆成・酒井一編　吉川弘文館　2004

『街道の日本史34　奈良と伊勢街道』　木村茂光・吉井敏幸編　吉川弘文館　2005

『街道の日本史36　南紀と熊野古道』　小山靖憲・笠原正夫編　吉川弘文館　2003

『角川日本地名大辞典24　三重県』　「角川日本地名大辞典」編纂委員会編　角川書店　1983

『紀伊続風土記』第1～5輯(復刻)　仁井田好古ほか編　歴史図書社　1970

『郷土史事典　三重県』　平松令三編　昌平社　1981

『熊野街道』(歴史の道調査報告書)　三重県教育委員会編　三重県教育委員会　1981

『熊野古道』　小山靖憲　岩波書店　2000

『熊野古道を歩く　改訂版』　東紀州地域活性化事業推進協議会　2005

『熊野道中記　いにしえの旅人たちの記録』(みえ熊野の歴史と文化シリーズ1)　みえ熊野学研究会編集委員編　みえ熊野学研究会　2001

『図説伊賀の歴史』上・下巻　伊賀の歴史刊行会編　郷土出版社　1992

『図説伊勢・志摩の歴史』上・下巻　伊勢・志摩の歴史刊行会編　郷土出版社　1992

『世界遺産　吉野・高野・熊野をゆく　霊場と参詣の道』　小山靖憲　朝日新聞社　2004

『津市の歴史散歩　改訂版』　津市教育委員会編　津市教育委員会　1995

『日本の古代遺跡52　三重』　伊藤久嗣編著　保育社　1996

『日本歴史地名大系24　三重県の地名』　平凡社　1997

『発見！三重の歴史』　三重県史編さんグループ著・毎日新聞社津支局編　新人物往来社　2006

『初瀬街道・伊勢本街道・和歌山街道　改訂版』(歴史の道調査報告書)　三重県教育委員会編　三重県教育委員会　1985

『松阪市の指定文化財案内　新版』　松阪市教育委員会編　松阪市教育委員会　2006

『三重県史』資料編(考古1，古代上，中世1上下・中世2，近世1・2・4上下・近世5，近代1-4，現代1-3)　三重県編　三重県　1987-2006

『三重県史』別編(統計，建築，絵図・地図)　三重県編　三重県　1989-2003

『三重県史叢書①　県史あれこれ(一)』　三重県総務部学事文書課編　三重県総務部学事文書課　1990

『三重県史叢書④　県史あれこれ(二)』　三重県生活文化部学事課編　三重県生活文化部学事課　1996

『三重県史叢書⑤　県史Q&A』　三重県生活文化部学事課県史編さん室編　三重県　1998

『三重県石造美術』　太田古朴　三重県郷土資料刊行会　1973

『三重県のかくれた名所』　三重フィールド研究会編　三重県良書出版会　1986

『三重県の近代化遺産』　三重県教育委員会編　三重県教育委員会　1996

『三重県の地理散歩』　三重地理学会編　荘人社　1985

『三重県の文化財』　　三重県教育委員会編　三重県教育委員会　1996
『三重県の歴史』（県史24）　　稲本紀昭ほか　山川出版社　2000
『三重の遺跡』　　日本考古学協会編　三重県良書出版会　1978
『三重の近世社寺建築　近世社寺建築緊急調査の報告』　　三重県教育委員会編　三重県教育委員会　1985
『三重の城』　　福井健二　三重県良書出版会　1979
『三重の戦争遺跡』　三重県歴史教育者協議会編　つむぎ出版　2006
『三重の中世城館』　　三重県教育委員会編　三重県良書出版会　1977
『美濃街道・濃州道・八風道・菰野道・巡見道・巡礼道・鈴鹿の峠道　改訂版』（歴史の道調査報告書）　三重県教育委員会編　三重県教育委員会　1985
『大和街道・伊勢別街道・伊賀街道　改訂版』（歴史の道調査報告書）　三重県教育委員会編　三重県教育委員会　1984
『歴史散歩──総集編──』　　津市教育委員会文化課編　津市　1999

【年表】

時代	西暦	年号	事項
旧石器時代			西ノ岡A遺跡(鈴鹿市)、四ツ野B遺跡(津市)、出張遺跡(大台町)、カリコ遺跡・上地山遺跡(ともに玉城町)、松本遺跡(志摩市)など、県内約130カ所でナイフ形石器が出土
縄文時代		草創期	西江野遺跡(菰野町)、田尻上野遺跡(津市)、粥見井尻遺跡(松阪市)、高皿遺跡・牟山遺跡(ともに多気町)、次郎六郎遺跡(志摩市)など。有茎尖頭器は県内約110カ所で確認
		早期	照光寺遺跡(いなべ市)、大鼻遺跡(亀山市)、西出遺跡(津市)、井ノ広遺跡・鴻ノ木遺跡・大原堀遺跡(いずれも松阪市)、坂倉遺跡・牟山遺跡(ともに多気町)、栢垣外遺跡(度会町)など。押型文土器の出土は県内130カ所
		前期	北野遺跡・奥仙遺跡(ともにいなべ市)、野村遺跡(亀山市)、井之上遺跡・山添遺跡(ともに松阪市)、アカリ遺跡(多気町)、万野遺跡(度会町)、丸田遺跡(志摩市)、田中遺跡(伊賀市)など、県内約70カ所
		中期	川向遺跡(いなべ市)、北一色遺跡・東庄内B遺跡・西川遺跡(いずれも鈴鹿市)、大石遺跡(津市)、堀之内遺跡・東野B遺跡・針箱遺跡(いずれも松阪市)、樋ノ谷遺跡(大紀町)、贄遺跡(鳥羽市)、柳谷遺跡(志摩市)、曽根遺跡(尾鷲市)、釜ノ平遺跡(熊野市)など、県内約200カ所
		後期	川向遺跡(いなべ市)、東庄内A遺跡(鈴鹿市)、天白遺跡・下沖遺跡・藪ノ下遺跡・伊勢寺遺跡・王子広遺跡(いずれも松阪市)、新徳寺遺跡・新神馬場遺跡(ともに多気町)、森添遺跡(度会町)、佐八藤波遺跡(伊勢市)、贄遺跡(鳥羽市)、登茂山西岸遺跡(志摩市)、曽根遺跡(尾鷲市)、中戸遺跡・辻垣内遺跡・下川原遺跡(いずれも名張市)など、縄文時代ではもっとも遺跡数が多い
		晩期	山田遺跡(いなべ市)、志知遺跡(桑名市)、上箕田遺跡(鈴鹿市)、蛇亀橋遺跡・磯田畑遺跡・大原堀遺跡(いずれも松阪市)、森荘川浦遺跡・池ノ谷遺跡(ともに多気町)、西出遺跡(明和町)、森添遺跡(度会町)、佐八藤波遺跡(伊勢市)、大築海遺跡(鳥羽市)、曽根遺跡(尾鷲市)、辻堂遺跡(名張市)、森脇遺跡(伊賀市)など。遺跡数は減少
弥生時代		前期	上箕田遺跡(鈴鹿市)、納所遺跡(津市)、中ノ庄遺跡(松阪市)、金剛坂遺跡(明和町)など
		中期	菟上遺跡・永井遺跡(ともに四日市市)、東庄内B遺跡(鈴鹿市)、納所遺跡・長遺跡(ともに津市)、下庄東方遺跡(松阪市)、花ノ木遺跡(多気町)、贄遺跡(鳥羽市)、下川原遺跡(名張市)など
		後期	永井遺跡・西ヶ広遺跡(ともに四日市市)、高松遺跡(津市)、堀

古墳時代			町遺跡・草山遺跡・村竹コノ遺跡(いずれも松阪市), 北野遺跡(明和町), 隠岡遺跡(伊勢市), 白浜遺跡(鳥羽市), 蔵持黒田遺跡(名張市)など
		前期	東山古墳・石山古墳(ともに伊賀市), 筒野古墳・向山古墳・西山古墳(いずれも松阪市), 能褒野王塚古墳(亀山市), 志氏神社古墳(四日市市), 城之越遺跡(伊賀市, 祭祀儀礼), 高茶屋大垣内遺跡の居館跡(津市), 北堀池遺跡の水田跡(伊賀市)
		中期	御墓山古墳(伊賀市), 馬塚古墳(名張市), 宝塚1号墳(松阪市)など, 大きな古墳。おじょか古墳(志摩市), 久居窯跡群(津市)
		後期	長谷山古墳群(津市), 釜生田古墳群(松阪市), 河田古墳群(多気町), 高倉山古墳(伊勢市), 郡山遺跡・徳居窯跡群(ともに鈴鹿市), 小杉大谷窯跡(四日市市)
		終末期	坂本山1号墳(明和町), 蟹穴古墳(鳥羽市)
		(垂仁25)	倭姫命が五十鈴川上に, 斎宮を建てて天照大神をまつるという
		(景行43)	日本武尊, 東征の帰途, 能褒野に死すという
		(雄略18)	伊勢の朝日郎, ヤマト政権に討たれるという
飛鳥時代	646	大化2	度会評・多気評を設置。鈴鹿関をおく
	664	(天智3)	多気郡の4郡を割き, 飯野郡を設ける
	668	(7)	伊賀采女宅子(山田郡司の女), 大友皇子を生む
	672	(天武元)	大海人皇子, 伊賀・伊勢を経て美濃へ入る(壬申の乱)
	690	(持統4)	伊勢神宮の式年遷宮が始まるという
	692	(6)	持統天皇, 伊賀を経て伊勢・志摩に行幸
	7世紀末		額田廃寺・縄生廃寺・智積廃寺などを建立
奈良時代	725	神亀2	大来皇女, 伊賀国名張郡夏見に昌福寺(夏見廃寺か)を建立。また, この頃天花寺廃寺などを建立
	740	天平12	九州で藤原広嗣の乱。聖武天皇, 伊賀から伊勢に行幸
	741	13	伊勢・志摩・伊賀に国分寺・国分尼寺の設置
	746	18	斎宮寮を多気郡におく
	763	天平宝字7	僧満願, 多度神宮寺を創建
平安時代	789	延暦8	鈴鹿関を廃止
	809	大同4	志摩国分尼寺を廃し, 僧尼を伊勢国分尼寺に移す
	812	弘仁3	大国荘, 東寺に施入
	817	8	多気・度会両郡の行政権を伊勢神宮に移管
	886	仁和2	鈴鹿峠越の阿須波道が開かれる
	897	寛平9	醍醐天皇, 飯野郡を伊勢神宮に寄進
	940	天慶3	朱雀天皇, 員弁郡を伊勢神宮に寄進
	948	天暦2	曽禰荘(現, 松阪市), 醍醐寺に施入
	973	延元元	円融天皇, 安濃郡を伊勢神宮に寄進
	987	永延元	伊勢神人ら入京し, 国司平清邦を強訴
	998	長徳4	平維衡, 伊勢で平致頼と戦う

	1017	寛仁元	後一条天皇，朝明郡を伊勢神宮に寄進
	1056	天喜4	東大寺領玉滝杣(現，伊賀市)と黒田荘(現，名張市)の国使不入・国役免除が認められる
	1097	承徳元	平正盛，伊賀国の山田・鞆田の私領を六条院に寄進する
	1168	仁安3	伊勢神宮内宮が焼失する
	1180	治承4	西行，伊勢に逗留する
	1181	養和元	平氏，伊勢国内の兵船を徴発する
	1186	文治2	俊乗房重源，伊勢神宮に参拝
鎌倉時代	1202	建仁2	俊乗房重源，新大仏寺を創建
	1204	元久2	三日平氏の乱おこる，平賀朝雅により平定
	1241	仁治2	藤原実衡の『作善日記』を善教寺阿弥陀如来立像胎内に納める
	1272	文永9	斎王群行，絶える
	1320	元応2	度会家行，『類聚神祇本源』を著す
室町時代	1336	建武3	北畠親房，宗良親王を奉じて伊勢に下向
	1338	暦応元 延元3	北畠親房・結城宗広ら，東国に向けて大湊を出帆
	1360	延文5 正平15	仁木義長，南朝にくだり，長野城による
	1402	応永9	北畠満雅，伊勢国司となる
	1415	22	北畠満雅，挙兵
	1428	正長元	北畠満雅，小倉宮を奉じて挙兵，敗死
	1464	寛正5	真慧，一身田(現，津市)に専修寺の基となる無量寿寺を開く
	1467	応仁元	応仁の乱始まる。足利義視，北畠教具を頼り伊勢に逃れる
	1483	文明15	真盛上人，天台真盛宗を開く
	1498	明応7	明応の大地震，安濃津・大湊の被害甚大
	1567	永禄10	織田信長，長島一向一揆を攻撃，伊勢へ侵攻
安土・桃山時代	1569	12	織田信長，大河内城の北畠具教を攻撃，講和
	1574	天正2	織田信長，長島一向一揆を平定
	1576	4	北畠具教，織田軍に殺害され，北畠一族滅亡
	1581	9	織田信長，伊賀国を平定
	1582	10	本能寺の変。徳川家康，伊賀から伊勢を通り三河へ脱出。新宮城主堀内氏，紀伊長島付近まで制圧
	1588	16	蒲生氏郷，松坂に移り，十楽の掟をくだす
	1594	文禄3	伊勢国の太閤検地，伊勢神宮領検地免除
江戸時代	1600	慶長5	関ヶ原の戦い，西軍は安濃津城を攻撃，城は焼失
	1603	8	山田奉行を設置か
	1608	13	藤堂高虎，伊勢・伊賀国22万石を領する
	1611	16	藤堂高虎，津城および城下町を大改修
	1614	19	紀州北山一揆，3000余人が新宮城を攻める
	1617	元和3	幕府，大湊の角屋七郎次郎に，諸国湊出入許可に関する朱印状

	1633	寛永10	九鬼氏にかわり,内藤氏が鳥羽に入部
	1634	11	荒木又右衛門ら,鍵屋の辻で仇討
	1648	慶安元	豊宮崎文庫開設。津藩士西島八兵衛,雲出井を開く
	1654	承応3	伊賀国の小波田野新田(美旗新田),開発始まる
	1669	寛文9	石川氏にかわり,板倉氏が亀山に入部。久居藩,津藩より分封
	1672	12	河村瑞賢,西廻り海運を開発
	1673	延宝元	三井高利,江戸・京都に越後屋を開業
	1686	貞享3	内宮文庫(のちの林崎文庫)開設
	1694	元禄7	松尾芭蕉没
	1701	14	桑名大火,城も焼失
	1705	宝永2	御蔭参り流行
	1707	4	紀伊半島沖地震,熊野灘・伊勢湾に津波が襲来
	1710	7	松平忠雅が桑名,松平乗邑が亀山,板倉重治が鳥羽に入部。この後も,亀山・鳥羽藩の転封が頻繁に行われる
	1736	元文元	沼波弄山,萬古焼を始める
	1755	宝暦5	木曽川治水工事完成,薩摩藩の平田靱負ら自刃
	1761	11	本草学者野呂元丈没
	1768	明和5	亀山藩83カ村で百姓一揆
	1771	8	御蔭参り流行
	1775	安永4	谷川士清,『和訓栞』を著す。翌年没
	1782	天明2	神昌丸船頭大黒屋光太夫ら,遭難・漂流。桑名藩で百姓一揆
	1792	寛政4	大黒屋光太夫ら,ロシアから帰国
	1796	8	伊勢古市の油屋騒動。津藩の寛政一揆,藩政改革や地平策(均田法)に農民が反発,約3万人が津城下に押し寄せる
	1798	10	本居宣長,『古事記伝』完成
	1805	文化2	伊能忠敬,志摩・熊野の沿岸を測量
	1819	文政2	津藩,藩校有造館を創設
	1833	天保4	安岡親毅,『勢陽五鈴遺響』を著す
	1840	11	斎藤拙堂,『伊勢国司記略』を著す
	1841	12	佐藤信淵,鳥羽藩の財政改革のため,領内を視察
	1845	弘化2	松浦武四郎,蝦夷地探検を始める
	1860	万延元	三重郡室山村(現,四日市市)の伊藤小左衛門,横浜で茶の輸出を始める
	1863	文久3	幕府,尾張・鳥羽・久居藩などに,伊勢神宮警衛を命じる。天誅組の乱で津藩に鎮圧が命じられる
	1864	元治元	桑名藩主松平定敬,京都所司代に任じられる
	1867	慶応3	亀山で助郷一揆おこる。「ええじゃないか」流行
明治時代	1868	明治元	鳥羽・伏見の戦い,津藩は新政府方となり,征討軍に従う。桑名藩,降伏・開城。度会府設置(府知事橋本実梁)

年	元号	事項
1869	明治2	明治天皇，伊勢神宮に参拝。版籍奉還，各藩主を知藩事に任命。度会府を度会県と改称。北伊勢の旧幕府領，度会県に編入
1871	4	廃藩置県，各藩を県とする。伊賀農民一揆おこる。県内を安濃津県と度会県に統合
1872	5	安濃津県庁を四日市におき，三重県と改称。四日市学校（現，中部西小学校）創立。大区・小区制を実施し，三重県は10大区47小区，度会県は7大区72小区とする。『三重新聞』創刊
1873	6	牟婁郡で徴兵令反対一揆。三重県庁を津へ移す
1874	7	度会県，大区・小区制を廃し，20区制に改正。度会県で地券を交付
1875	8	地租改正の本格的作業を実施，度会県で地券を再交付。三重県師範有造学校創立。三菱汽船会社，京浜・四日市間の定期航路を開設
1876	9	度会県を三重県に合併，県令岩村定高。地租改正反対の伊勢暴動（東海大一揆）おこる
1878	11	『伊勢新聞』創刊。国立銀行の開設（津に第百五銀行，亀山に第百十五銀行）
1879	12	大区・小区制廃止，郡役所を開設。第1回三重県会が開会。下部田村（現，津市栄町）に県庁舎完成（現在，愛知県犬山市の明治村に移設，国重文）
1880	13	県立津中学校（現，県立津高校）創立。三重県会事件，税負担軽減・予算削減をめぐり県令と対立，県会議員30人辞職
1882	15	神宮皇學館（現，皇學館大学）創立。川島紡績所開設。津中学生不敬事件
1884	17	稲葉三右衛門，四日市港を完成
1886	19	伊藤伝七，三重紡績株式会社（現，東洋紡績株式会社）を設立
1888	21	四日市に関西鉄道会社設立
1889	22	市制・町村制施行，津市市制を実施。1市18町317村
1890	23	初の衆議院議員選挙。関西鉄道，四日市・草津間開通
1891	24	関西鉄道，亀山・一身田間開通。濃尾大地震
1893	26	津商業会議所設立。御木本幸吉，半円真珠養殖に成功（1896年に特許取得）
1895	28	三重県農会を設立
1896	29	県内21郡を15郡に統合。津電灯会社・北勢電気会社設立
1897	30	四日市市，市制施行。参宮鉄道，津・山田間全通
1899	32	県立富田・上野・宇治山田各中学校（現，県立四日市・上野・宇治山田各高校）創立。関西鉄道，名古屋・湊町間全通
1900	33	四日市市に電話開通
1902	35	愛国婦人会県支部創設。松阪に県立工業学校（現，県立松阪工業高校）創立

	1904	明治37	日赤山田病院開業。久居に県立農林学校(現,県立久居農林高校)創立。見瀬辰平,真円真珠養殖に成功
	1906	39	宇治山田市,市制施行
	1907	40	津市で第9回関西府県連合共進会を開催。関西線・参宮線を国有化
	1908	41	大日本軌道会社の軽便鉄道,久居・安濃郡神戸村間開通(翌年,津市岩田まで延長)。久居に陸軍歩兵第51連隊を設置
	1910	43	神島に灯台設置
	1911	44	国鉄参宮線,鳥羽まで開通
大正時代	1912	大正元	日永・八王子間に大日本軌道開通
	1913	2	県内に第1次護憲運動広がる。四日市・菰野間に大日本軌道開通
	1914	3	安濃鉄道,新町・椋本間開通。三重紡績・大阪紡績が合併し,東洋紡績株式会社となる
	1915	4	伊勢鉄道,高田本山・白子間開通
	1916	5	コレラ流行
	1918	7	8市町村で米騒動おこる。陸軍歩兵51連隊,シベリアへ出兵。鳥羽造船所争議
	1921	10	陸軍航空学校明野分校開設。飯南郡などで小作争議
	1922	11	三重高等農林学校(現,三重大学)創立。三重県水平社結成
	1923	12	郡制廃止
	1924	13	国鉄紀勢東線,相可口・栃原間開通。伊勢鉄道,部田・津新地間,津新地・高田本山間開通。明野陸軍飛行学校開設
	1925	14	陸軍歩兵51連隊解散,歩兵33連隊を久居に設置
	1926	15	郡役所廃止
昭和時代	1927	昭和2	金融恐慌で銀行休業。岸和田紡績津工場で争議。普通選挙による初の県会議員選挙
	1928	3	普通選挙による初の衆議院議員選挙。三・一五事件で19人検挙
	1930	5	伊勢電鉄,津新地・新松阪間開通。国鉄紀勢東線,紀伊長島まで開通。参宮急行電鉄,大阪・山田間開通
	1931	6	三岐鉄道,富田・東藤原間開通
	1932	7	四日市銀行休業。時局匡救事業開始
	1933	8	松阪市,市制施行
	1934	9	伊勢大橋・尾張大橋完成。室戸台風で被害。国鉄紀勢東線,尾鷲まで開通
	1935	10	熊野大橋完成。国鉄名松線,伊勢奥津まで開通
	1936	11	参宮急行電鉄,伊勢電鉄を合併し,関西急行電鉄と改称。吉野熊野国立公園指定。津に県内初のデパート開店
	1937	12	桑名市,市制施行。県内無産運動弾圧始まる
	1938	13	四日市に第二海軍燃料廠設置決定(1941年操業開始)。石原産業

		四日市工場完成
1939	昭和14	長野トンネル開通。四日市銀行,三重銀行として再編成
1940	15	大政翼賛会県支部発会式
1941	16	上野市,市制施行
1942	17	鈴鹿市,市制施行
1943	18	鈴鹿海軍工廠設置
1944	19	関西急行,南海鉄道と合併して,近畿日本鉄道会社に改称。東南海大地震で大被害
1945	20	桑名・四日市・津・宇治山田など,各都市で空襲被害。第二次世界大戦,敗戦。連合軍,県内に進駐
1947	22	公選初代知事に青木理,当選
1948	23	自治体警察発足。新制高校発足
1949	24	国立三重大学開校。連合軍の占領,実質的に終了
1950	25	県立三重大学(医学部・水産学部)開校。レッド・パージ開始
1952	27	宮川総合開発実施計画決定。警察予備隊,久居町に駐屯
1953	28	参宮有料道路開通。台風13号で被害。県立博物館開館
1954	29	名張・尾鷲・亀山・鳥羽・熊野各市,市制施行
1955	30	中部電力三重火力発電所開業
1958	33	四日市第一コンビナート操業開始
1959	34	国鉄紀勢本線全通。伊勢湾台風で大被害。近鉄名古屋線広軌化完成
1960	35	チリ地震津波で被害
1962	37	皇學館大学開校。伊勢湾高潮堤完成
1963	38	県,公害対策室設置
1964	39	新県庁舎落成。伊勢志摩スカイライン開通
1965	40	名阪国道開通
1967	42	県,公害防止条例制定。四日市で公害訴訟の提訴
1969	44	三重テレビ,本放送開始
1970	45	青蓮寺ダム完成。東名阪国道,四日市・亀山間開通。久居市,市制施行
1971	46	津市体育館の地鎮祭で,三重地裁,第1審違憲判決
1972	47	四日市公害訴訟,原告側勝訴。田川亮三,知事に当選。県立大学が国立に移管
1973	48	全国高校総体開催。国鉄伊勢線開通。第60回伊勢神宮式年遷宮
1974	49	東海自然歩道県内コース完成
1975	50	みえ国体開催。近畿自動車道,関・久居間開通
1976	51	県政100年を迎える,県,長期総合計画発表。志摩パールロード完成
1980	55	菰野で全国植樹祭開催
1982	57	松阪大学(現,三重中京大学)開校。JR関西本線,名古屋・亀

			山間電化。県立美術館開館
	1983	昭和58	オレンジロード開通。県，第2次長期総合計画発表
	1984	59	浜島で，全国豊かな海づくり大会開催。名張市八幡工業団地造成なる
	1985	60	津で日教組大会開催。国鉄名松線の存続決定
	1986	61	県，中国河南省と友好都市提携。ミルクロード開通
	1987	62	伊勢鉄道(第三セクター)開業。松阪市中核工業団地起工式
	1988	63	四日市大学開校。三重サンベルトゾーン構想，「リゾート法」で承認
平成時代	1989	平成元	斎宮歴史博物館開館。連合三重発足。津市，市制100年
	1990	2	伊勢自動車道，久居・勢和多気間開通
	1991	3	鈴鹿医療科学技術大学開校。城之越遺跡(伊賀市)で湧水点祭祀遺構発見
	1992	4	県営鈴鹿スポーツガーデン開設。県とスペイン・バレンシア州との姉妹都市提携
	1993	5	伊勢自動車道，勢和多気・伊勢間開通。複合文化施設輪中の郷が完成。第61回伊勢神宮式年遷宮。第17回全国育樹祭
	1994	6	志摩スペイン村開園。世界祝祭博「まつり博三重'94」開幕。総合文化センター・県立図書館開館
	1995	7	北川正恭，知事に当選。第1回三重県民文化祭開幕
	1996	8	粥見井尻遺跡(松阪市)から縄文時代初期の土偶出土。県人権センター開館
	1997	9	北川知事，県総合計画「三重の国づくり宣言」を発表。斎宮歴史博物館，斎宮跡で斎王御所の内院と発表
	1998	10	観菩提寺正月堂の屋根葺替え完了。歴史街道フェスタ開幕
	1999	11	東紀州体験フェスタ開幕
	2000	12	北川知事，芦浜原子力発電所計画中止を表明。中部電力，同計画断念を表明
	2001	13	観音寺に五重塔が完成
	2002	14	鈴鹿市教育委員会，伊勢国府跡の南門を発見。県，GIS(地理情報システム)を開発
	2003	15	野呂昭彦，知事に当選。三重ごみ固形燃料発電所で事故
	2004	16	三重ブランドの認定制度開始
	2005	17	中部国際空港海上アクセスルート港「津なぎさまち」開設
	2006	18	「平成の大合併」終わり，県内29市町となる。久留倍官衙遺跡(朝明郡衙跡，四日市市)国の史跡に指定される

【索引】

―ア―

愛洲氏居館跡・墳墓⋯⋯⋯⋯⋯⋯⋯178
愛洲の館⋯⋯⋯⋯⋯⋯⋯⋯⋯⋯⋯⋯178
敢国神社(伊賀国一の宮)⋯⋯⋯218, 219, 230
阿保宿跡⋯⋯⋯⋯⋯⋯⋯⋯⋯⋯⋯⋯234
赤木城跡⋯⋯⋯⋯⋯⋯⋯⋯⋯⋯⋯⋯270
赤目の峡谷⋯⋯⋯⋯⋯⋯⋯⋯⋯242, 244
明合古墳⋯⋯⋯⋯⋯⋯⋯⋯⋯⋯⋯92, 93
阿古師神社⋯⋯⋯⋯⋯⋯⋯⋯⋯⋯⋯265
阿坂城(白米城)跡・高城跡・枳城跡⋯140
阿射加神社⋯⋯⋯⋯⋯⋯⋯⋯⋯⋯⋯141
麻吉旅館本館⋯⋯⋯⋯⋯⋯⋯⋯⋯⋯191
朝明川砂防堰堤(T11-1・2)⋯⋯⋯⋯50
朝日町資料館(旧朝日町役場庁舎)⋯⋯28
朝日町歴史博物館⋯⋯⋯⋯⋯⋯⋯⋯⋯28
朝熊山経塚群⋯⋯⋯⋯⋯⋯⋯⋯⋯⋯194
飛鳥神社⋯⋯⋯⋯⋯⋯⋯⋯⋯⋯⋯⋯262
愛宕神社(伊賀市上野愛宕町)⋯⋯⋯217
愛宕神社(奥山権現,伊賀市奥山)⋯⋯236
天乃真名井⋯⋯⋯⋯⋯⋯⋯⋯⋯⋯⋯232
安養院⋯⋯⋯⋯⋯⋯⋯⋯⋯⋯⋯⋯⋯134
安養寺(多気郡明和町)⋯⋯⋯⋯168, 169
安養寺(松阪市)⋯⋯⋯⋯⋯⋯⋯⋯⋯149
安楽寺⋯⋯⋯⋯⋯⋯⋯⋯⋯⋯⋯⋯⋯259

―イ―

医王寺(津市)⋯⋯⋯⋯⋯⋯⋯⋯⋯⋯114
医王寺(松阪市)⋯⋯⋯⋯⋯⋯⋯⋯⋯148
伊賀国府跡⋯⋯⋯⋯⋯⋯⋯⋯⋯219, 220
伊賀国分寺跡⋯⋯⋯⋯⋯⋯⋯⋯⋯⋯217
伊賀国分尼寺跡(長楽山廃寺跡)⋯⋯217
伊賀信楽古陶館⋯⋯⋯⋯⋯⋯⋯⋯⋯212
生桑毘沙門天(千福寺)⋯⋯⋯⋯⋯⋯45
伊雑宮(皇大神宮別宮)⋯⋯40, 193, 202, 203
石取会館(旧四日市銀行桑名支店)⋯11, 12
石薬師一里塚跡⋯⋯⋯⋯⋯⋯⋯⋯⋯⋯78
石薬師寺⋯⋯⋯⋯⋯⋯⋯⋯⋯⋯⋯78, 79
石薬師東古墳群⋯⋯⋯⋯⋯⋯⋯⋯55, 167
石山観音⋯⋯⋯⋯⋯⋯⋯⋯⋯⋯⋯⋯⋯90

石山古墳⋯⋯⋯⋯⋯⋯⋯⋯⋯⋯⋯⋯233
一身田寺内町の館⋯⋯⋯⋯⋯⋯⋯⋯⋯93
伊勢安国寺跡⋯⋯⋯⋯⋯⋯⋯⋯⋯⋯⋯42
伊勢型紙資料館(旧寺尾家住宅)⋯⋯⋯75
伊勢河崎商人館⋯⋯⋯⋯⋯⋯⋯185, 186
伊勢国府跡⋯⋯⋯⋯⋯⋯⋯⋯⋯⋯⋯⋯59
伊勢国分寺跡⋯⋯⋯⋯⋯⋯⋯⋯55, 56, 59
伊勢市立郷土資料館⋯⋯⋯⋯⋯183, 184
伊勢寺跡⋯⋯⋯⋯⋯⋯⋯⋯⋯⋯⋯⋯136
猪田神社(伊賀市猪田)⋯⋯⋯⋯⋯⋯232
猪田神社(伊賀市下郡)⋯⋯⋯⋯⋯⋯232
市杵島姫神社⋯⋯⋯⋯⋯⋯⋯⋯104, 105
覆盆子洞⋯⋯⋯⋯⋯⋯⋯⋯⋯⋯⋯⋯179
一乗寺(松阪市)⋯⋯⋯⋯⋯⋯⋯⋯⋯153
一之瀬城跡⋯⋯⋯⋯⋯⋯⋯⋯⋯175, 176
市場寺⋯⋯⋯⋯⋯⋯⋯⋯⋯⋯⋯⋯⋯231
いつきのみや歴史体験館⋯⋯⋯⋯⋯167
射手神社⋯⋯⋯⋯⋯⋯⋯⋯⋯⋯⋯⋯227
威徳院⋯⋯⋯⋯⋯⋯⋯⋯⋯⋯⋯⋯⋯185
いなべ市郷土資料館⋯⋯⋯⋯⋯⋯⋯⋯26
猪名部神社⋯⋯⋯⋯⋯⋯⋯⋯⋯⋯19, 24
伊奈冨神社⋯⋯⋯⋯⋯⋯⋯⋯⋯⋯66, 67
飯福田寺⋯⋯⋯⋯⋯⋯⋯⋯⋯⋯⋯⋯136
入交家住宅⋯⋯⋯⋯⋯⋯⋯⋯⋯⋯⋯216
岩根の磨崖仏⋯⋯⋯⋯⋯⋯⋯⋯⋯⋯228
射和文庫(竹川家)⋯⋯⋯⋯⋯⋯⋯⋯153

―ウ―

植木神社⋯⋯⋯⋯⋯⋯⋯⋯⋯⋯⋯⋯223
上野市上水道水源地送水機関室⋯⋯217
上野城跡⋯⋯⋯⋯⋯⋯⋯⋯⋯⋯⋯⋯212
上野文化センター⋯⋯⋯⋯⋯⋯⋯⋯217
宇気比神社⋯⋯⋯⋯⋯⋯⋯⋯⋯⋯⋯170
鵜殿城跡⋯⋯⋯⋯⋯⋯⋯⋯⋯⋯⋯⋯272
釆女の杖衝坂⋯⋯⋯⋯⋯⋯⋯⋯32, 41, 77
鵜森神社⋯⋯⋯⋯⋯⋯⋯⋯⋯⋯⋯⋯⋯37
産田神社⋯⋯⋯⋯⋯⋯⋯⋯⋯⋯⋯⋯268
馬塚古墳⋯⋯⋯⋯⋯⋯⋯⋯⋯⋯⋯⋯237
海の博物館⋯⋯⋯⋯⋯⋯⋯⋯⋯⋯⋯201

梅戸城跡	27
宇流冨志禰神社	240
嬉野考古館	138, 139
雲林院井堰	92

―エ―

栄松寺	113
永善寺	141
栄楽館	216
江島若宮八幡神社	62, 64
江戸川乱歩生誕地の碑	240
江の浦トンネル(旧長島隧道)	257
延寿院	244
延命寺(亀山市)	85
延命寺(津市)	112

―オ―

大石不動院(金常寺)	146
王塚古墳(西ノ野1号墳)	73, 74
大内山一里塚	162
大久保城跡	76
大杉谷	161
大丹倉	269
大村神社	235
大河内城跡	145
奥熊野代官所跡	266
おじょか古墳	204
織田(北畠)信雄	23, 143-145, 172, 178, 233, 256
織田信長	19, 23, 34, 45, 48, 54, 69, 80, 85, 98, 99, 109, 110, 119, 138, 140, 144, 145, 160, 172, 195, 198, 222, 233, 256, 262
鬼ヶ城・獅子巌	266, 267
尾鷲市中央公民館郷土室	261
尾鷲神社	260

―カ―

海蔵寺(桑名市)	7
鍵屋の辻	214
果号寺	227
加佐登神社	57, 58
春日神社(伊賀市川東)	221
春日神社(伊賀市西山)	227
春日神社(桑名宗社,桑名市本町)	10, 11, 13
春日神社(名張市矢川)	242
賀多神社	199
片樋のまんぼ	26
勝手神社(伊賀市)	219
勝手神社(名張市)	242
勝速日神社	62
角屋	90, 91
狩野光信の墓	15
鹿伏兎城跡	87
神島	196, 200
亀山城跡	81-83
亀山市歴史博物館	80, 82
蒲生氏郷	124-126, 129-131, 144
粥見井尻遺跡	147, 148, 167
香良洲歴史資料館	103
河崎まちなみ館	186
川俣神社	79, 80
河村瑞賢の生誕地記念碑	177
観阿弥ふるさと公園	239
神麻続機殿神社	135
勧学寺	17
寒松院	103
願証寺	23
観音寺跡(三重郡菰野町)	49
観音寺(伊賀市東谷)	231
観音寺(鈴鹿市神戸)	71
観音寺(子安観音,鈴鹿市寺家)	64
観音寺(鈴鹿市高塚町)	58, 59
観音寺(津市大門町)	100, 101
観音寺(松阪市大石町)	147
神服織機殿神社	135
神戸城跡	68, 70
神戸の見付	70
観菩提寺	228, 229
甘露寺	177

―キ―

紀伊山地の霊場と参詣道	248
北泉家住宅主屋(旧上野警察署庁舎)	213

北畠神社・北畠氏館跡庭園	117, 118
北畠親房	105, 117, 171, 176, 186, 188
北畠具教	110, 118, 133, 145, 149, 154, 160, 171, 232
北畠満雅	70, 140, 145, 168
貴禰ヶ谷社	271, 272
紀宝町ふるさと資料館	272
木本隧道	266
旧明村役場庁舎	91
旧小田小学校本館	214
旧亀山製糸室山工場	44
旧北伊勢陸軍飛行場掩体	61
旧久我屋敷	23
旧越賀村郷蔵	207
久昌寺	179
旧崇廣堂	213, 214
汲泉寺	162
旧東洋紡績株式会社富田工場原綿倉庫	31, 32
旧豊宮崎文庫跡	183, 184
旧林崎文庫	191, 192
旧広野家住宅(角屋)	199
旧舟木橋	161
旧三重県第三尋常中学校校舎	212
旧諸戸家住宅・旧諸戸氏庭園	4-6
旧麗沢舎跡	221
教倫堂跡	69
玉淀寺	112
霧山城跡	117, 118
紀和町鉱山資料館	271
近長谷寺(多気郡多気町)	109, 156, 157
近鉄宇治山田駅本屋	187

—ク—

九鬼岩倉神社	201
九木神社	261, 262
九鬼守隆	194, 198-200
九鬼嘉隆	194, 198-202, 262
鯨供養塔	264
国東寺	174
国津神社	119
久保古墳	151
九品寺	217
熊野参詣道(熊野古道・熊野街道)伊勢路	162, 248-251, 260, 264
熊野市立歴史民俗資料館	268
久留倍官衙遺跡	33, 35
車塚	220
桑名市博物館(百五銀行旧桑名支店)	11, 12, 14, 22
桑名城跡(九華公園)	8-10

—ケ—

継松寺	130
顕正寺	42, 69
見徳寺	218
賢明寺	113

—コ—

皇學館大学記念館(旧神宮皇學館大学本館)	189
皇學館大学佐川記念神道博物館	189
厚源寺	94
光善寺	109
廣禅寺	217
広泰寺	173
皇大神宮(内宮)	85, 135, 172, 180, 181, 189, 191-193, 196, 202
河田神社(河田御霊社)	156
神館飯野高市本多神社	71
広徳寺	224
光徳寺	14, 15
光明寺(伊勢市)	187
光明寺(津市)	113
光蓮寺	26
五箇篠山城跡	147
五ヶ所城跡	178
刻限日影石	25, 26
国分寺(松阪市)	136
極楽寺(伊賀市)	236
極楽寺(名張市)	243
越賀の舞台	207
御城番長屋東棟・西棟	126

庫蔵寺	201, 202
金剛寺	259, 260
金剛證寺	175, 194, 202

― サ ―

西音寺	222
幸神神社	173
斎宮跡	166, 167, 169
斎宮歴史博物館	166, 167
西光寺(伊賀市界外)	218
西光寺(伊賀市下柘植)	220
西導寺	160
西念寺	229
西方寺(奈津観音堂)	177
最明寺	264
西蓮寺	227, 228
酒井神社(奄芸郡衙跡)	68
坂倉遺跡	155, 156
坂下宿跡	87, 88
坂手島	200, 201
坂手村砲台跡	200
坂本山古墳公園	109
佐久米古墳群	134
佐佐木信綱記念館	77
薩摩義士墓所	7
猿田彦神社	191, 195
猿蓑塚	225
珊瑚寺	157, 158
山田寺	173

― シ ―

慈恩寺	83
寺音寺古墳	223
地蔵院(関の地蔵, 亀山市)	85, 86
地蔵院(津市)	102
慈尊寺	228
慈智院	94
七里の渡(間遠の渡)	7, 8, 10, 40
七里御浜(浜街道)	251
四天王寺	97, 98, 103
島勝神社	259
島ヶ原宿跡	229
志摩国分寺跡	203
寂照寺	190, 191
十念寺	15
鷲嶺の水穴	179
樹敬寺	131, 132
常安寺	198, 199
勝因寺	230
成願寺	112, 115, 116
勝久寺	94
上行寺	215
松原寺	93
照源寺	15, 16
浄眼寺	140
常住寺	228
常照寺	108
正泉寺	178
浄土寺	170
庄野宿資料館(旧小林家住宅)	79
常福寺(伊賀市)	234
常福寺(津市)	116
正法寺山荘跡(亀山市)	86
正法寺(度会郡度会町)	174
浄明院	102
常楽寺	236
城之越遺跡	233, 234
徐福の宮	266
白鳥塚古墳	57
真巌寺	261, 262
真教寺(閻魔堂)	103
神宮祭主職舎(旧慶光院)	191, 192
神宮寺(丹生大師, 多気郡多気町)	158-160
神宮寺(鈴鹿市)	67
神宮徴古館・神宮農業館	184, 188, 190
神宮文庫	184, 188, 189, 192
新上屋跡	131
真盛上人誕生地	112
真盛廟	228
新大仏寺	223-225
真福院	118

神福寺	87
真福寺	152

―ス―

瑞応寺	24
瑞巌寺	135, 136
末広橋梁(旧四日市港駅鉄道橋)	39, 40
菅島	200, 201
須賀神社	65
菅原神社(上野天神,伊賀市)	214, 215, 230
菅原神社(鈴鹿市)	56, 57
杉谷遺跡	31, 49
杉谷城跡	49
杉谷神社	240-242
菅笠日記の碑	235
鈴鹿市考古博物館	56, 62
鈴鹿市伝統産業会館	75
鈴鹿峠	87, 88

―セ―

青雲寺	218
清光寺	131
西来寺	101, 102
勢和郷土資料館	147, 158
石上寺	80
石水博物館	100
関町関宿伝統的建造物群保存地区	85
世義寺	184, 185, 187
善教寺	31
専修寺	93-96, 107
専正寺	17
善福寺	93
仙遊寺	205

―ソ―

宗英寺	81
曽根遺跡	262
曽根城跡(城山公園)	263
曽根次郎坂・太郎坂	250, 263

―タ―

泰運寺	149
大円寺薬師堂	107
大紀町郷土資料館	161
太江寺	197
大黒屋光太夫記念館	63
太子寺	71, 72
大樹寺	34, 35
大昌寺	255
大智院	23
大超寺	216
大日堂(松阪市射和町)	153
大日堂(三重郡菰野町竹成)	47
大福田寺	16
平知盛の墓[伝]	179
田垣内家石蔵	268
高岡城跡	54
高倉神社	225-227
宝塚古墳(1・2号墳)	127, 129, 151
多気郷土資料館	154
滝原宮・滝原竝宮(皇大神宮別宮)	161, 203
竹大與杼神社	169
竹原八郎屋敷跡(花知神社)	269
田城跡	201
橘守部誕生地遺跡	28
楯ヶ崎	265
多度大社	18-20, 24
種生神社	236
谷川士清旧宅・墓	106
田平子峠刑場跡	270, 271
田丸城跡	171, 172
田宮寺	172, 173

―チ―

近津長谷城跡	157
千種城跡	48, 49
千種神社(金ヶ原城跡)	48
智積廃寺跡	47
智積養水	46, 47
潮音寺	102
長久寺	162
長盛寺	154
朝田寺	133, 134

索引 315

長徳寺(津市芸濃町)	92
長楽寺(伊賀市)	228
長楽寺(北牟婁郡紀北町)	255, 256
長隆寺	232
鎮国守国神社	8, 10

―ツ―

津偕楽公園	97
月出の中央構造線	150
月本の追分	141, 142
柘植歴史民俗資料館	222
辻垣内瓦窯跡	138, 139
津城跡	99, 100
津田神社	155
筒野1号墳(壱師君塚)	137
ツヅラト峠道	162, 249
椿大神社	74, 76
爪切不動尊	207

―テ―

寺田山古墳群	54, 55
寺村家住宅	217
天白遺跡	137, 159

―ト―

土井本家住宅・土井子供くらし館	260, 261
等観寺	182, 183
答志島	196, 198, 200
唐人塚	264
道瀬歩道トンネル(旧道瀬隧道)	257
藤堂元甫の墓	228
藤堂高虎	98-100, 103, 109, 111, 172, 175, 212, 215, 223, 228, 270, 271
藤堂高久公墓所	228
東林寺	27
桃林寺	76
徳楽寺	226
徳蓮院	240
徳蓮寺(虚空蔵寺)	20, 21
鳥羽城跡	197, 198
鳥羽みなとまち文学館	199
富田一里塚跡	31, 32

外山古墳群	220
豊受大神宮(外宮)	171, 180-185, 189-191, 193, 196, 197, 250, 260
豊浦神社	258
瀞八丁	272

―ナ―

縄生廃寺跡	28-30, 35
長島城跡(北牟婁郡紀北町)	255
長島城跡(桑名市)	22, 23
長島神社	256
長野氏城跡	109
中ノ瀬磨崖仏	223
仲山神社(津市美杉町下之川)	116, 117
仲山神社(津市美杉町八知)	117
波切城跡	205
波切神社	205
夏見廃寺跡(昌福寺跡)	238, 241
名張藤堂家邸跡	239, 240
鳴塚古墳	224
南陽寺(釈迦堂)	67

―ニ―

丹生神社	158
荷坂峠道	249
西ノ野古墳群	73
日本サンショウウオセンター	244
如来寺	71, 72

―ヌ・ネ・ノ―

沼波弄山の墓	14
猫谷第一・第二堰堤	50
念仏寺	215
能褒野王塚古墳(能褒野陵)	59, 60
野見坂の地層褶曲	176
野村一里塚	83
野呂元丈出生地	146

―ハ―

梅香寺	183
廃補陀落寺跡・廃補陀落寺町石	227
白山比咩神社(津市白山町川口)	113
白山比咩神社(津市白山町南出)	113, 114
白山比咩神社(津市白山町山田野)	113,

芭蕉翁記念館	212
長谷川邸	128
長谷寺(遠長谷寺,津市)	109
波田須道	251
服部土芳の墓	228
花垣神社	231
花の窟神社	251, 267, 268
浜島古墳	208
浜田城跡(鵜森公園)	37
飯泉寺	117

― ヒ ―

日神石仏群	120
久居城下(高通公園)	111
日永の追分・日永一里塚跡	32, 40, 41
日ノ谷旧坑跡	159
日保見山八幡宮	186, 187
広古墳群	33, 34
賓日館	196

― フ ―

風伝峠道	254
福岡醬油店	229
福壽寺	203
福成就寺	243
福蔵寺(亀山市)	85
福地城跡(芭蕉公園)	221, 222
福田寺	161
普賢寺	157
二木島一里塚	264
二見浦	196
仏光寺	256
仏勝寺	230
仏土寺	158, 225, 226
不動寺	228
府南寺	73
古里歩道トンネル(旧海野隧道)	257

― ヘ・ホ ―

平氏発祥伝説地	108
片山寺	177
遍照寺	80, 82, 83
法雲寺(鈴鹿市)	75, 76
宝厳寺	235
鳳凰寺跡	223
宝樹寺	113
法泉寺	154
本宮道	251, 254
本多忠勝の墓	16
本龍寺	255

― マ ―

馬越峠道	249
町井家住宅	233
松浦武四郎生家	142, 143
松尾芭蕉生家・釣月軒	216
松ヶ島城跡	144
松阪市文化財センター展示室・はにわ館	126, 128, 129
松阪城跡	124-126
松阪商人の館(旧小津家住宅)	128, 129
松阪市立図書館郷土資料室	128
松阪市立歴史民俗資料館(旧飯南郡図書館)	125
松下社(蘇民の森)	197
松平定綱及一統之墓所	15
松平定良の墓	16
松本峠道	251
丸山城跡	232, 233
万寿寺	222

― ミ ―

三重県埋蔵文化財センター	55, 167
三重県立熊野古道センター	250
三重県立博物館	97
水池土器製作遺跡	169
水屋神社	148, 149
三瀬砦跡	160
三瀬館跡	160
道方の浮島	176
三井家邸宅跡	129, 130
南浦(大鹿)廃寺	56
峯城跡	60, 61
蓑虫庵	217

索引

美濃夜神社(溝淵明神)	92
御墓山古墳	220
美旗古墳群	237
御舟島	272
宮川堤	183
海山郷土資料館(旧向栄館)	258
明星寺	196
妙福寺	68
弥勒寺	238

── ム ──

向山古墳	137
椋本の大ムク	92
無動寺	242
村山龍平記念館	172
室古神社	265

── モ ──

本居宣長奥墓	132, 152
本居宣長旧宅(鈴屋)	125-127
本居宣長宅跡・本居春庭旧宅	128
本居宣長墓附本居春庭墓	132
百地城(百地砦,百地丹波守城)跡	218
森有節の墓	15

── ヤ ──

八鬼山道	249
薬師寺(伊賀市島ケ原)	229
薬師寺(伊賀市鳳凰寺)	223, 224
薬師寺(松阪市嬉野一志町)	138
薬師寺(松阪市船江町)	143, 144
薬師堂(員弁郡東員町穴太)	25
薬師堂(熊野市紀和町楊枝)	254
薬師堂(志摩市大王町)	205
矢田城跡(走井山公園)	17
八代神社	200
野登寺	61
日本武尊尾津前御遺跡	21

── ユ ──

柚井遺跡	21, 22, 190
結城神社	105
結城宗広の墓	188

── ヨ ──

四郷郷土資料館(旧四郷村役場)	43, 44
四日市旧港港湾施設(稲葉翁記念公園)	38
四日市市立博物館	36, 47

── ラ ──

来迎寺(伊賀市上友田)	222
来迎寺(松阪市飯南町)	148
来迎寺(松阪市白粉町)	132
楽翁公百年祭記念宝物館	10

── リ ──

離宮院跡	170
龍光寺	70, 71, 76
滝仙寺	236
龍泉寺	133
両泉寺	148
林光寺	71

── レ・ロ ──

霊山山頂遺跡	220
霊山寺	220, 221
蓮華寺(名張市)	242
蓮華寺(太神宮法楽寺,度会郡度会町)	174-176
蓮光院	98
蓮生寺	23
蓮徳寺	231
六地蔵石幢(笛川地蔵院跡)	168
六華苑	4, 5, 7

── ワ ──

和具観音堂	206, 207
輪中の郷	22

【執筆者】(五十音順, 2012年現在)

編集委員長
倉田守　くらたまもる(県立四日市高校)

編集委員
梅澤裕　うめざわゆたか(三重県教育委員会)
田村陽一　たむらよういち(三重県埋蔵文化財センター)
新田康二　にったやすじ(県立南伊勢高校南勢校舎)
東浩成　ひがしひろしげ(県立尾鷲高校)
和田忠臣　わだただおみ(伊賀市文化財保護指導委員)

執筆者
奥義次　おくよしつぐ(三重県史編集委員)
中井利成　なかいとしなり(県立志摩高校)
服部久士　はっとりひさし(三重県生活部文化振興室県史編さんグループ)
向井理　むかいおさむ(県立木本高校)
矢川友子　やがわともこ(県立久居高校)
山中洋　やまなかひろし(県立稲生高校)
渡辺尚登　わたなべひさと(県立桑名高校)

【写真所蔵・提供者】(五十音順, 敬称略)

朝日町歴史博物館
安楽寺
伊賀市教育委員会
伊佐和神社
猪名部神社
永善寺
尾鷲市新産業創造課
亀山市教育委員会
観音寺(子安観音)
近長谷寺
国(文化庁)保管
桑名市観光課
桑名市教育委員会
斎宮歴史博物館
志摩市観光戦略室
正法寺

真巌寺
神宮司庁
菅原神社
鈴鹿市教育委員会
清光寺
太子寺
玉城町教育委員会
田宮寺
朝田寺
長楽寺
津市観光振興課
津市南河路自治会
土井八郎兵衛
鳥羽市観光戦略室
名張市文化振興室
奈良国立博物館

東紀州観光まちづくり公社
　紀北事務所・紀南事務所
府南寺
遍照寺
松阪市教育委員会
三重県生活部
三重県埋蔵文化財センター
妙福寺
本居宣長記念館
有限会社伊勢文化舎
四日市市教育委員会
龍光寺
林光寺
度会町教育委員会

本書に掲載した地図の作成にあたっては, 国土地理院長の承認を得て, 同院発行の50万分の1地方図, 20万分の1地勢図, 数値地図25000(空間データ基盤)を使用したものである(平18総使, 第78-3056号)(平18総使, 第79-3056号)(平18総使, 第81-3056号)。

歴史散歩㉔
三重県の歴史散歩

2007年7月25日　1版1刷発行　　2015年12月25日　1版3刷発行

編者	三重県高等学校日本史研究会
発行者	野澤伸平
発行所	株式会社山川出版社
	〒101-0047　東京都千代田区内神田1-13-13
	電話　03(3293)8131(営業)　03(3293)8135(編集)
	http://www.yamakawa.co.jp/　振替　00120-9-43993
印刷所	図書印刷株式会社
製本所	株式会社ブロケード
装幀	菊地信義
装画	岸並千珠子
地図	東京地図出版株式会社

Ⓒ 2007 Printed in Japan　　　　　　　　　ISBN978-4-634-24624-9

・造本には十分注意しておりますが，万一，落丁・乱丁などがございましたら，小社営業部宛にお送りください。送料小社負担にてお取り替えいたします。
・定価は表紙に表示してあります。

京都府
滋賀県
岐阜県
愛知県
三重県
大阪府
琵琶湖
伊勢湾
三河湾
知多湾
中部国際空港
名古屋港
武奈ヶ岳
御在所山 1212
名神高速道路
新名神高速道路
東名阪自動車道
伊勢湾岸自動車道
伊勢自動車道
高島市
長浜市
米原市
彦根市
近江八幡市
守山市
野洲市
草津市
栗東市
湖南市
甲賀市
大津市
東近江市
多賀町
愛荘町
甲良町
竜王町
日野町
京都市
宇治市
城陽市
八幡市
長岡京市
向日市
大山崎町
宇治田原町
井手町
和束町
京田辺市
木津川市
笠置町
精華町
南山城村
奈良市
大和郡山市
天理市
山添村
平群町
斑鳩町
生駒市
四條畷市
大東市
東大阪市
八尾市
柏原市
田原本町
伊賀市
名張市
亀山市
鈴鹿市
津市
四日市市
三重郡 菰野町
朝日町
川越町
桑名市
員弁郡 東員町
いなべ市
大垣市
養老町
関ケ原町
海津市
羽島市
一宮市
稲沢市
愛西市
津島市
あま市
弥富市
木曽岬町
飛島村
名古屋市
北名古屋市
岩倉市
江南市
犬山市
小牧市
春日井市
瀬戸市
尾張旭市
長久手市
東郷町
みよし市
豊田市
豊明市
東海市
大府市
知多市
常滑市
美浜町
武豊町
南知多町
半田市
阿久比町
東浦町
刈谷市
知立市
安城市
高浜市
碧南市
西尾市
田原市
佐久島
篠島
多治見市
米原Jct
一宮Jct
小牧Jct
名古屋西Jct
四日市Jct
亀山
東海道新幹線
関西本線
近鉄名古屋線
名松線
近鉄大阪線
湖西線
よっかいち
かめやま
いがうえの
いがかんべ
まつさか